Kobudô 1 – Bô und Sai

Roland Habersetzer

Kobudô

Band 1: Bô und Sai

Aus dem Französischen
von Frank Elstner

Palisander

Hinweis: *Weder der Autor noch der Verlag übernehmen Verantwortung für Folgen, die sich aus dem Gebrauch oder dem Mißbrauch von Informationen, die in diesem Werk enthalten sind, ergeben können. Sie erinnern des weiteren daran, daß beim Umgang mit den hierin beschriebenen Waffen die jeweiligen landesspezifischen waffentechnischen Regelungen unbedingt einzuhalten sind. Es obliegt der Eigenverantwortung des Praktizierenden, sich über diese Bestimmungen ausreichend zu informieren. Allgemein gilt, daß der Umgang mit den Waffen des Kobudô vernünftig, vorsichtig, kontrolliert und angemessen zu erfolgen hat.*

Der Verlag dankt Dr. Sven Hensel, Oliver Siegemund (CRB), Dr. Janett Wölfel und Norbert Wölfel vom Chemnitzer Karateverein, Helmut Götz, Mitglied des CRB aus Weiden und Franz Scheiner, Mitglied des CRB aus Würzburg, für die fachliche Unterstützung bei der Redaktion.

3. Auflage 2024
Titel der Originalausgaben:
Kobudô 1. Sai

Kobudô 3. Bo

Découvrir les Kobudo d'Okinawa

Deutsch von Frank Elstner

Umschlaggestaltung: Anja Elstner unter Verwendung von Zeichnungen des Autors
Redaktion & Layout: Viola Rott und Frank Elstner
Illustrationen: Roland Habersetzer, Archiv Roland Habersetzer
Fotos: Gabrielle Habersetzer, Archiv Roland Habersetzer
Druck- und Bindearbeiten: Shanghai KS Printing Co., Ltd.
Printed in China
ISBN-13: 978-3-938305-02-7

www.palisander-verlag.de

In Zeiten des Krieges muß man die Künste des Budô üben, um überleben zu können, in Zeiten des Friedens, um länger leben zu können …

Matayoshi Shinpô (1922-1997)

Roland Habersetzer mit Sai (Saint-Nabor, 2006)

Roland Habersetzer
Centre de Recherche Budo – Institut Tengu (CRB-IT)
7b, rue du Looch
67530 Saint-Nabor (Frankreich)
www.tengu.fr

Deutsche CRB-IT Website:
www.wslang.de/karatecrb/

Der Autor

Roland Habersetzer, Jahrgang 1942, ist seit 1957 Praktizierender der Kampfkünste. Bereits 1961 erhielt er den 1. Dan und wurde so zu einem der ersten französischen Schwarzgurte im Karate. Zu Recht wird er sowohl als Spezialist der japanischen Kampfkünste (Budo) als auch der chinesischen (Wushu) angesehen. Nachdem er verschiedene Graduierungen in Frankreich, Japan und China erhalten hatte, wurde Roland Habersetzer im April 2006 in Japan durch O-Sensei Ogura Tsuneyoshi (1924-2009, Schüler von Yamaguchi Gogen und Gima Makoto) der 9. Dan, Hanshi, sowie der Titel eines Soke (Meister-Gründer) für seinen eigenen Kampfkunststil »Tengu no michi« verliehen. Diese Graduierungen und Titel wurden durch Otsuka Tadahiko (1940-2012) vom Tokioter Gojukensha, einem anerkannten Meister des Goju-ryu, des Naha-te und des Shuri-te und direkter Schüler von Higa Yuchoku (1910-1994), von welchem er selbst den Titel des Hanshi erhalten hat, bestätigt. Damit wurden seine außerordentlichen Bemühungen bei der Verbreitung der Kampfkünste und die hohe Effektivität seines Wirkens gewürdigt. Bestätigt wurden hierdurch ebenfalls die grundlegenden Auffassungen, die Roland Habersetzer stets in seiner Kampfkunstpraxis und in seinem Engagement für eine authentische Tradition vertreten hat, einer Tradition, die im Zeichen des größten Respekts vor den Stufen »Shu«, »Ha« und »Ri« steht. Schließlich stellt dies auch die Legitimation seines eigenen Konzepts der Praxis der Kampfkünste dar.

Im Jahre 1968 erschien sein erstes populärwissenschaftliches Buch über die Kampfkünste. Heute besteht sein Werk aus etwa einhundert Büchern, was ihn zum Autor der weltweit bedeutendsten Buchreihe auf diesem Gebiet werden lässt. Seine Bücher, die in mehrere Sprachen übersetzt worden sind, gelten in allen frankophonen Ländern als historisches, technisches und pädagogisches Standardwerk. Auch in vielen anderen Ländern besitzen sie hohes Ansehen.

Zehn Jahre lang war eines der aktivsten Mitglieder der jungen Fédération Française de Karaté (von welcher er 1972 ein staatliches Lehrdiplom und 1978 den 5. Dan erhielt) im gesamten Osten Frankreichs, in welcher er echte Pionierarbeit leistete. Doch schon frühzeitig zeigte sich Roland Habersetzer enttäuscht von der Tendenz des Karate, sich von einer Kampfkunst zur Sportart zu entwickeln. Daher trennte er sich schließlich von der Fédération Française de Karaté und ist seither ausschließlich im Rahmen seines Centre de Recherche Budo – Institut Tengu (CRB-IT) tätig. Dabei handelt es sich um eine internationale, unabhängige Organisation, die zahlreiche Budoka zusammengeführt hat, denen vorrangig der Erhalt der geistigen Werte der Kampfkünste des Fernen Ostens am Herzen liegt. Ein weiteres grundsätzliches Anliegen besteht darin, den Sinn, den Nutzen und die Glaubwürdigkeit der Kampfkünste in einer Gesellschaft, die sich stark von der unterscheidet, die sie hervorgebracht haben, zu bewahren. Die Grundlagen hierfür legte er bereits 1974 mit der Gründung des Centre de Recherche Budo (CRB). Die Anerkennung seiner Entwicklung erfolgte von nun an ausschließlich durch seinen japanischen Meister, Ogura Tsuneyoshi, der ihm 1973 den Titel eines Shihan verliehen hatte. Durch sein Wirken im Rahmen des CRB-IT, durch zahlreiche Lehrgänge und Seminare auf der ganzen Welt und natürlich auch durch seine technischen Handbücher und historischen Werke leistete er echte Pionierarbeit, damit die traditionellen Werte seiner Kunst nicht verloren gehen. Zwischen 1962 und 2002 unterrichtete er in seinem Dojo in Straßburg. Stets umfasste sein Ausbildungskonzept sowohl die Kampftechniken als auch deren kulturellen Hintergrund, mit welchem sie seit ihrer Entstehungszeit verbunden sind. Nach wie vor ist er als Budoka sehr aktiv, auch wenn sich seine Lehrtätigkeit inzwischen auf wenige Lehrgänge und Seminare hohen Anspruchs pro Jahr beschränkt.

Der weltweit anerkannte Experte des Karatedo, des Kobudo und des Taiji-quan interessiert sich leidenschaftlich für Kampfkünste in all ihren Erscheinungsformen. Nach Effektivität im Kampf zu streben bedeutet für ihn, alle Entwicklungen vorurteilsfrei zu betrachten. Diese Überzeugung führte den modernen »Ronin«, als den er sich sieht, dazu, seiner Praxis auch andere Techniken hinzuzufügen, was selbst den Umgang mit zeitgenössischen Waffen einschließt. So ist er (mit entsprechenden Diplomen aus den USA und der Schweiz) u. a. als Ausbilder im Kampfschießen mit Handfeuerwaffen tätig.

Mit seinem Institut Tengu, das er 1995 gründete, begann parallel zu seiner Tätigkeit als Budoka eine neue Etappe seiner Forschungen auf dem Gebiet der Kampfkünste. Das Ziel dieses Instituts besteht darin, auf Grundlage des Studiums und des praktischen Vergleichs zahlreicher Formen des Kampfes mit und ohne Waffe zu einem umfassenden Konzept der Selbstverteidigung zu gelangen, das den Gegebenheiten des heutigen Lebens gerecht wird. Die Absicht von Habersetzer Sensei (welcher im Übrigen Lehrer von Beruf ist und 40 Jahre lang Geschichte und Geographie unterrichtete), besteht darin, der Praxis des Karatedo einen Sinn zu verleihen, der in der modernen Gesellschaft Bestand hat, einen Sinn, der nichts mit sportlichen oder spielerischen Varianten zu tun hat. Sein leidenschaftliches Streben gilt einer gültigen Neubestimmung des Konzepts des Kriegertums für unsere Epoche; Techniken, Taktiken und Verhaltensweisen des klassischen Karatedo sollen mit den Gegebenheiten unserer Zeit in Einklang gebracht werden. Stets blieb er in seiner Praxis, in seinem Lehrsystem und in seinen zahlreichen Schriften »grundsätzlich kriegerisch», eine Position, die er kompromisslos behauptet.

»Der Weg des Tengu« (Tengu-no-michi) ist für ihn das Abbild einer neuen Bewusstwerdung, eines Willens, einer modernisierten Methode des Budo. Geistige Einstellung und technische Mittel entsprechen dabei den Anforderungen der heutigen Welt. Indem er nach langen Jahren auf dem Weg des klassischen Karatedo eine authentische Schule (Ryu) der vereinigten Kampfkünste (Sogo Budo) gegründet hat, tat Habersetzer Soke nichts anderes, als den lebendigen Geist der Tradition in die Gegenwart einzubringen. Ganz im Sinne eines Tatsujin (ein »aufrechter Mensch« in der japanischen Tradition) ist er somit seiner ursprünglichen Wahl treu geblieben, indem er die Tradition mit Nachdruck und Überzeugung ehrt und weitervermittelt.

Danksagungen

Der Autor dankt Herrn Jean-Marie Hamert, Herrn Jean-Pierre Richeton, 4. Dan, Herrn Malou Hamert, 3. Dan und Herrn Daniel Petit, 2. Dan, Experten des Centre de Recherche Budo, sowie Herrn Thierry Habersetzer, die mit ihm zusammen auf den Aufnahmen zu sehen sind. Er dankt ebenfalls den Meistern und Experten Matayoshi, Chinen, Izumi, Adaniya, Iko Oshiro, Yoshiaki Gakiyu und Tamano, daß sie es gestattet haben, daß Fotos von ihnen in diesem Buch gezeigt werden.

Illustrationen

Fotos 17 und 286 stammen von Jean-Marie Hamert, alle anderen Fotos vom Autor sowie von Gabrielle und Thierry Habersetzer. Alle Zeichnungen stammen aus der Feder des Autors. Die Fotos 16, 17, 55, 228, 229, 230, 232, 251 bis 256, 258, 259, 286 und 384 wurden während Lehrgängen im Dôjô des CRB in Straßburg aufgenommen.

Dem Andenken von Meister Matayoshi Shinpô gewidmet als Zeichen des Respekts und der Dankbarkeit für das, was er darstellte, und für all sein Wissen. Mögen auch in Zukunft Weitere dem Weg seines Kobudô folgen.

Roland Habersetzer

Der Autor mit Matayoshi Shinpô bei ihrer ersten Begegnung in Straßburg, 1973

Vorwort zur deutschen Ausgabe

Der Einfallsreichtum und die schöpferische Kraft des Menschen in Gefahr brachte zu allen Zeiten Techniken hervor, die dazu dienten, die Konfrontation mit anderen Menschen, mit wilden Tieren oder mit Naturgewalten überleben zu können. Diese Techniken mit und ohne Waffen waren stets mit bestimmten geistigen, religiösen oder philosophischen Grundideen verbunden. Man war überzeugt, daß ein Krieger nur zu siegen vermochte, wenn er Träger von Kräften war, die über ihn hinausgingen, und in deren Besitz er sich durch einen magischen Prozeß bringen konnte. Die Beherrschung einer Waffe galt lange Zeit als eine Art Zauberei. In allen Weltgegenden ist die Geschichte des Menschen als Krieger seit Anbeginn der Menschheit im Grunde überraschend ähnlich.

Für das von der Insel Okinawa stammende Kobudô[1] gilt prinzipiell das gleiche. Allerdings waren dem einfachen Volk, das diese Kampfkunst hervorgebracht hat, intellektuelle oder philosophische Konzepte anfangs noch fremd. Die Schöpfer des Kobudô waren vor allem pragmatisch eingestellt. Was für sie zählte, waren die reinen Kampftechniken mit improvisierten Waffen aus alltäglichen Werkzeugen der Bauern und der Fischer. Somit handelte es sich zu Beginn genau genommen um Kobujutsu, in dem die kriegerische (Bu) Technik (jutsu) das, was sich als Beginn einer Methode innerer Entwicklung (Dô) herausbildete, in den Hintergrund treten ließ. Natürlich sind auch in jener Zeit bereits verschiedene kulturelle Elemente, die charakteristisch für die Insel Okinawa waren, in die einheimischen Kampfkünste eingeflossen. So lassen sich beispielsweise in manchen klassischen Kata des Karatedô (Koshiki Kata) Bestandteile der traditionellen Tänze der Insel (Odori) nachweisen.[2] Aber erst gegen Ende des 19. Jahrhunderts verbanden sich die Techniken wesentlich mit bestimmten geistigen Elementen, die anderen japanischen Kampfkünsten entstammten. In jener Zeit entwickelte sich aus der kriegerischen Kunst des Kobujutsu die Kampfkunst des Kobudô, und dieses Kobudô wurde Teil der großen Familie der

[1] Budô: jpn. Weg des Kriegers (Gesamtheit der japanischen Kampfkünste). Ko: jpn. alt. Das okinawanische Kobudô darf nicht mit dem japanischen Kobudô verwechselt werden.

[2] Vgl. R. Habersetzer, »Koshiki Kata – die klassischen Kata des Karatedô«, Palisander Verlag, Chemnitz, 5. Aufl. 2020.

japanischen Kampfkünste. Letztere waren allesamt Wege (Dô, Michi) für den Menschen, der nach Vervollkommnung strebte. Die Herausforderung dieser Wege bestand in dem intensiven Üben von Techniken, die Ausdruck der Einheit zwischen Körper und Geist waren. Diese Einheit, die durch perfekte Beherrschung der Bewegungsformen und Haltungen erreicht wurde, war die Quelle für vollkommene Effektivität in jeder Hinsicht.

Sai (Dreizack), Bô (Stock), Nunchaku (Dreschflegel) und Tonfa (hölzerner Stiel mit seitlichem Griffstück) sind die vier Hauptwaffen des okinawanischen Kobudô. Ihre Techniken sind sehr komplex. Sie zu beherrschen erfordert ein Höchstmaß an Kontrolle, vor allem in Bezug auf die richtige Einschätzung von Abständen, die fehlerlose Koordination von Bewegungsabläufen und den richtigen Einsatz der inneren Energie (Qi). Das, was mitunter medienwirksam bei öffentlichen Vorführungen als Kobudô präsentiert wird, drängt den eigentlichen Sinn des Kobudô an den Rand, ganz zu schweigen von den Versuchen, diese Kampfkunst in einen Sport umzuwandeln. Tatsächlich hat sich der Endzweck dieser Kunst wie der aller Kampfkünste gewandelt. Ihre Techniken sind nicht mehr dazu bestimmt, im Kampf eingesetzt zu werden, wo sie gegen moderne Waffen weitgehend chancenlos wären. Heute besteht ihr Daseinszweck vorrangig darin, daß der Praktizierende mit ihrer Hilfe seine Persönlichkeit entwickeln kann. Der Gegner steht nicht mehr vor ihm, sondern befindet sich in ihm selbst. Das Ziel, »den Gegner zu besiegen«, wandelte sich zum Ziel, »sein eigenes Ego zu besiegen«.

Man findet im Kobudô den gesamten erzieherischen Reichtum der fernöstlichen Kampfkünste. Dessen außerordentlicher Wert drückt sich darin aus, daß all die Mühe, die man auf sich nimmt, um die Kampftechniken beherrschen zu lernen, dadurch belohnt wird, daß man in sich den Geist des Friedens und der Ehrfurcht vor dem Leben entdeckt. Als Instrumente, die dazu bestimmt sind, die Persönlichkeit zu schmieden (Seishin tanren) und nicht direkt auf die Außenwelt einzuwirken, sind die Waffen des Kobudô tatsächlich Waffen des Friedens. Denn es gilt immer und in jeder Hinsicht, daß die Beherrschung des Selbst die Basis für eine zivilisierte Gesellschaft ist.

Foto 1: Der Autor mit Matayoshi Shinpô Shihan, Präsident der Gesamtokinawanischen Kobudô Assoziation in dessen Dôjô in Japan. Dieses Foto entstand während einer Studienreise, die Roland Habersetzer als Leiter einer bedeutenden Gruppe von Experten des CRB im Sommer 1984 unternommen hat. Die Studienreise war die Fortsetzung einer Beziehung, die 1973 in Straßburg ihren Anfang genommen hatte.

Foto 2: Der Autor zusammen mit Kampfkunst-Meistern im Kôdôkan von Naha. Links im Bild Itokazu Seko, Mitbegründer des Pangai Noon ryû. Das Foto entstand bei der gleichen Gelegenheit wie Foto 1.

Ein aus seinem historischen Zusammenhang gelöstes Kobudô ist natürlich nicht mehr dasselbe, was es ursprünglich war. Diese Kampfkunst mit all ihren Techniken ist durch den Geist des Widerstands, des Nichthinnehmens, des Nichtaufgebens angesichts äußerer Zwänge geprägt. Sie bildete sich heraus, weil das freiheitsliebende Volk Okinawas sich gegen die Unterdrückung durch fremdländische Besatzer zur Wehr setzen wollte. Ihre Techniken, die sich in der Feudalzeit entwickelten, als die Insel von japanischen Invasoren beherrscht wurde, verwandelten Werkzeuge aus dem Alltag der Bauern und Fischer in todbringende Waffen. Praktiziert man diese alte Kampfkunst heute, so ist es wichtig zu versuchen, sie in ihrem ursprünglichen Geiste auszuführen, im Geiste eines Menschen, der frei ist und frei bleiben will, und der nicht alles, was man ihm aufnötigen will, hinnimmt. Eines Menschen, der seinen Widerstandsgeist gegen alles, was ihn zu zerstören versucht, bewahrt. Das Kobudô ist Teil des kulturellen Erbes Okinawas. Aber der dahinterstehende Wille des Menschen zu überleben, ist universell und gilt für alle Zeiten. Das alles sind starke Gründe dafür, die Kunst des Kobudô – die Techniken wie den Geist – nicht der Vergessenheit anheimfallen zu lassen.

Jede Facette des Kobudô erfordert lange Jahre geduldiger Praxis. Glücklicherweise ist es heute dank der phantastischen Entwicklung der audiovisuellen Techniken und der modernen Reisemöglichkeiten einfacher geworden, Zugang zum Kobudô zu erlangen.

Als ich im Jahre 1984 das Museum der Präfektur von Okinawa in Shuri besuchte, war ich äußerst erstaunt und betrübt darüber, daß dort nicht die kleinste Andeutung auf irgendeine Waffe des Kobudô zu finden war. In meinem 1985 erschienen Buch »Sai« schrieb ich daraufhin: »Vielleicht ist es ja die Aufgabe des Westens, dieses verblüffende Vergessen seitens derjenigen, die daran am meisten interessiert sein müßten, überwinden zu helfen.« – Erfreulicherweise haben sich die Zeiten geändert. Im Jahre 1987 hat Hokama Tetsuhiro in seinem Dôjô für Karate und Kobudô in Nishihara (Okinawa Gôjû ryu Kenshikai Honbu dôjô) ein bedeutendes Museum der okinawanischen Kampfkünste eröffnet.

Ich habe im Jahre 1973 mit der Praxis des okinawanischen Kobudô begonnen, als ich zum ersten Mal Matayoshi Shinpô[3] Sensei begegnete, der einer der größten Meister auf diesem Gebiet war (10. Dan). Ich hatte die außerordentliche Ehre, ihn als Gast in meinem Haus im Elsaß empfangen zu dürfen. Später besuchte ich ihn mehrere Male in Japan.

Es war mir stets wichtig, meine Leidenschaft für die ostasiatischen Kampfkünste mit anderen teilen zu können. Aus diesem Grunde habe ich bereits 1975 ein Werk über diese alte okinawanische Kunst verfaßt.[4] Aufgrund des großen Interesses, auf das dieses Buch stieß, entwickelte ich

---

[3] Matayoshi Shinpô (1922-1997): Okinawanischer Experte des Kobudô und des Karate. Sohn von Matayoshi Shinkô (1888-1947) und Erbe des von seinem Vater geschaffenen Stils. (Sein Vater hatte bereits in der Kindheit den Umgang mit zahlreichen Waffen des Kobudô erlernt. Bei Agena Shokohu erlernte Matayoshi Shinkô die Techniken für Bô, Sai, Kama und Eiku, und von Ire Matsutaro die Handhabung von Nunchaku und Tonfa. Er war der erste Okinawaner, der – im Jahre 1911, im Alter von 23 Jahren – China auf dem Weg über die Mandschurei bereiste. Zwei Jahre später kehrte er in seine Heimat zurück, nachdem er in China die Reitkunst, das Bogenschießen, Shuriken jutsu und den Umgang mit dem Lasso erlernt hatte. Im Jahr seiner Rückkehr nahm er gemeinsam mit Funakoshi Gichin an einer öffentlichen Vorführung in Tokio teil und im Jahre 1921 gemeinsam mit Miyagi Chôjun an einer Vorführung vor dem kaiserlichen Kronprinzen Hirohito im Schloß von Shuri, Okinawa. Bei einer zweiten Reise nach China, die ihn nach Shanghai führte, erlernte er die Künste des Suruchin, des Timbe, des Nunte, sowie die Akupunktur und die Wissenschaft der Heilkräuter. Seine Rückreise führte ihn durch Fuzhou, wo er einen Stil des chinesischen Boxens (Kungfu), der auf Okinawa unter dem Namen Kingai noon, Stil des »Weißen Kranichs«, bekannt ist, erlernte.)
Matayoshi Shinpô begann im Alter von acht Jahren mit dem Studium des Karate und des Bô unter der Anleitung von Kyan Chôtoku. Nachdem sein Vater 1934 von seiner zweiten Chinareise zurückgekehrt war, lernte er bei ihm weitere Kobudô-Künste. Im Jahre 1935 begann er außerdem, den Stil des »Weißen Kranichs« (Hakutsuru ken) bei Go Kenki zu erlernen. Nach dem Tod des Vaters führte er dessen Werk weiter. Von 1945 bis 1960 lehrte er Kobudô in Kawasaki, Japan. Er kehrte anschließend auf Okinawa zurück, wo er zunächst im Dôjô Shodôkan von Higa Seikô lehrte. 1969 gründete er sein eigenes Dôjô, das er Kôdôkan – der Ort des erleuchteten Weges – nannte, in Erinnerung an seinen Vater, dessen Vorname Shinkô »wahres Licht« bedeutet. Im Jahr darauf gründete er die Ryûkyû Kobudô Föderation (Ryûkyû Kobudô Renmei). Matayoshi Shinpô unternahm zahlreiche Vorführungs- und Lehrgangsreisen in verschiedene Länder. Seine erste Begegnung mit Roland Habersetzer Sensei fand 1973 in Straßburg statt.
Die Schüler von Meister Matayoshi fahren damit fort, sein »Matayoshi Kobudô« (Shandan Hojin) weiterzuentwickeln. In dieser Kunst sah der Sohn des Begründers jenseits der Techniken stets einen erzieherischen Weg, einen Weg, auf dem man lernt, Ehrfurcht vor dem Leben zu empfinden. (Quelle: Gabrielle und Roland Habersetzer, »Enzyklopädie der kampfkünste des Fernen Ostens«, Palisander Verlag, Chemnitz, 2019).

[4] R. Habersetzer, »Kobudô – ensemble des techniques d'armes de l'île d'Okinawa«, Editions Amphora, Paris, 1975.

Siegel des von Matayoshi Shinpô gegründeten »Gesamtokinawanischen Kobudô Renmei«.

den Stoff weiter, so daß in der Folge drei Bände entstanden.[5] Diese Bücher wurden in zahlreichen Ländern kopiert und plagiiert, mitunter sogar, ohne daß der Name des Autors genannt wurde. Obgleich einige meiner Werke dieses Schicksal teilen, hat mich das nie von meiner Haltung abgebracht, alles, was ich gelernt habe, offenzulegen. Mit dieser Absicht zur Popularisierung waren meine Bücher immer Wegbereiter. Ich wollte die Möglichkeit schaffen, daß auch andere aus den Quellen schöpfen können, damit der Weg offen bleibe, sowohl für jene, die ihn in Zukunft beschreiten wollen, als auch für die letzten authentischen alten Meister, die ihn mit ihrem ganzen Herzen lehren wollen. Ich habe daher niemals die mit dieser Arbeit verbundenen Mühen gescheut.

Ich vertrete die Ansicht, daß das Studium der traditionellen Waffen des Kobudô in den Dôjô häufiger vermittelt werden sollte. Ihre Praxis läßt einen seine Fehler leichter erkennen, sie schärft den Geist und führt zu größerer Bescheidenheit. Beim Umgang mit ihnen wird schnell deutlich, daß ihre eigentliche, ursprüngliche Bedingung der Kampf auf Leben und Tod ist. In diesem Zusammenhang möchte ich jeden Budôka daran erinnern, daß es zwar sehr gut ist, die Waffen immer besser zu beherrschen, man jedoch unbedingt vermeiden muß, tatsächlich einmal auf sie angewiesen zu sein.

All jenen, die mir dabei geholfen haben, daß dieses Werk entstehen konnte, möchte ich meinen aufrichtigen Dank aussprechen. Ich werde niemals vergessen, daß sie mich an ihrem Wissen teilhaben ließen, damit ich es meinerseits weitervermitteln kann. Diese Bücher hätten nicht entstehen

[5] R. Habersetzer, »Sai«, »Nunchaku et Tonfa«, »Bo«, Editions Amphora, Paris 1985, 1986, 1987.

können ohne die Meister Mochizuki Hiro, Chinen Kenyû, Adaniya Seisuke, Tamano Toshio, Suzuki Tatsuo, und vor allem nicht ohne die Meister Matayoshi Shinpô (1922-1997) und Inoue Motokatsu (1918-1993), denen ich diese Seiten mit besonderer Ehrfurcht und Dankbarkeit widmen möchte. Ich wünsche mir, daß auf diesem Wege ihre Kobudô-Kunst zu Ihnen, den Lesern, gelangen möge.

Ich wünsche meinen hochgeschätzten Lesern der deutschen Ausgabe, in diesen Büchern ein traditionelles Wissen zu entdecken oder zu vertiefen, das zum gemeinschaftlichen Erbe der Kampfkünste gehört.

Weiterhin möchte ich dem Palisander Verlag danken, daß er einem Werk neues Leben eingeflößt hat, das einst, als diese Kunst außerhalb Japans noch nahezu unbekannt war, den Weg des Kobudô in Europa bereitet hat.

Roland Habersetzer
9. Dan Karatedô (Japan), Hanshi
Soke: Tengû ryû
Saint-Nabor, Juni 2006

Einführung in das Studium des Kobudô

A) Ryûkyû – Kobu – Jutsu

Als Ryûkyû kobu jutsu hat man einst die auf der Insel Okinawa entstandene Gruppe von Kampfkünsten bezeichnet, die wir heute unter dem Begriff Kobudô kennen.[6] Sie bildeten sich gemeinsam mit dem Okinawa te, dem Vorläufer des Karate, heraus. Es handelt sich hierbei um Kampfkünste mit Waffen, die im allgemeinen nichts anderes waren als gewöhnliche Geräte, wie sie bei der Ernte, beim Reisdreschen, bei der Fischerei usw. verwendet wurden. Um diese Waffen zu beherrschen, nutzte man die Kenntnis lokaler waffenloser Kampftechniken, wie das Naha te, das Shuri te oder das Tôde.[7] Diese Synthese führte zu originellen und relativ komplexen Selbstverteidigungstechniken. Für den Gegner, die Samurai, welche einst die kleine Insel in ihren Besitz bringen wollten, waren diese Techniken oft außerordentlich überraschend und stets erschreckend wirkungsvoll, und sie fügten ihm verheerende Verluste zu.

Tatsächlich sahen sich die an sich friedfertigen Okinawaner, die zumeist Fischer und Landwirte waren, mehrfach in ihrer Geschichte mit Invasionen ausländischer Kräfte konfrontiert. Doch der Widerstandsgeist wurde zu einer Art zweiter Natur dieses Volkes, das unaufhörlich bedroht wurde, da es sich geographisch an einer »Wegkreuzung« befand. Chinesen, Japaner, Malaien, Philippinos, sowie Piraten verschiedenster Herkunft suchten jahrhundertelang die Insel heim oder versuchten, sie zu besetzen. Solch ein Geschick über Generationen kann die Seele eines ganzen Volkes schmieden. Obwohl die Insel seit 1972 wieder unter japanischer Verwaltung steht (nach 1945 war sie von den Amerikanern unter General MacArthur okkupiert worden), fühlen sich ihre Bewohner noch heute sehr verschieden von denen des japanischen Mutterlandes, und sie werden nicht müde, dies zum Ausdruck zu bringen. Tatsächlich ist dieser Unterschied begründet, sowohl ethnisch als auch kulturell; er stellt einen unbe-

---

[6] Ryûkyû: südjapanische Inselgruppe, dessen bedeutendste Insel Okinawa ist. Jutsu: jpn. Technik. Ko: jpn. alt. Bu: jpn.: kriegerisch. Dô: jpn. Weg.

[7] Siehe Roland Habersetzer, »Karaté de la tradition«, Editions Amphora, Paris, 1984.

古武道

ko bu do

streitbaren zivilisatorischen Sachverhalt dar. Die Okinawaner ließen sich während ihrer bewegten Vergangenheit zu keiner Zeit von anderen assimilieren, im Geheimen nährten sie alles, was ihre Originalität ausmachte, und sie führten gegen die seit 1609 herrschenden Samurai des Satsuma-Klans einen Guerillakrieg, der die Okkupanten zermürbte.

Es ist bekannt, daß erst zu Beginn des 20. Jahrhunderts die Ältesten auf Okinawa den Entschluß faßten, ihrem jahrhundertealten Widerstand ein Ende zu setzen und dem verhaßten Feind, welchen die Japaner so lange dargestellt hatten, das Okinawa te zu offenbaren. Noch länger dauerte es jedoch, bis die Japaner davon erfuhren, daß die schöpferische Kraft der Insulaner noch andere geheime Kampfkünste geschaffen hatte, das Kobu jutsu. Erst in den 70er Jahren des 20. Jahrhunderts wurde man sich dieser Tatsache zunächst in Japan und in der Folge in Europa bewußt. Seitdem herrscht Begeisterung über diese Entdeckung, was jedoch nicht ohne Gefahr ist. Der Zauber des Neuen und seine scheinbare Einfachheit könnten letztendlich dazu führen, daß die Kunst verfälscht wird. Die okinawanischen Waffenkünste zeichnen sich dadurch aus, daß sie grundsätzlich und ihrem Wesen nach bis heute für den sportlichen Wettkampf nicht geeignet sind. Dies stellte die beste Garantie dafür dar, daß sie – im Gegensatz zu so vielen anderen Kampfkünsten – unverändert erhalten bleiben konnten, sowohl, was ihre Techniken angeht, als auch hinsichtlich ihres geistig-philosophischen Hintergrunds. Damit bewahrten sie auch den Geist der »Unentgeltlichkeit« und der Reinheit. Dies ist vor allem für diejenigen wichtig, für die Kampfkünste ein authentisches Mittel darstellen, sich selbst beherrschen zu lernen. Nicht zuletzt ist hier auch der Grund dafür zu finden, warum diese okinawanischen Künste auf gleichen Rang wie die anderen japanischen Budô-Künste erhoben wurden und dort unter dem Begriff Kobudô fortbestehen.

Ob dieser Zustand bestehen bleiben kann, ist schwer zu beurteilen. Der Druck seitens der Vertreter einer sportlichen Ausrichtung der Kampfkünste auf die letzten authentischen Hüter dieser Künste ist groß geworden. Hier und da lassen sich mittlerweile Verbiegungen des traditionellen Geistes ausmachen, und tatsächlich werden inzwischen bereits »Kobudô-Meisterschaften« ausgetragen.

Die Zukunft wird offenbaren, ob der Wille jener, die als die letzten »Großen« des Kobudô bezeichnet werden können, sich gegen die Versuche übertriebener Modernisierung durchsetzen kann, die bedauerlicherweise sehr effektiv sind, da sie einen kommerziellen Hintergrund haben.

B) Landwirtschaftliche Geräte, Kriegswaffen, kodifizierte Künste: die Herausbildung einer Kultur

Die langgestreckte Insel Okinawa befand sich in ihrer Geschichte unter dem Einfluß ihrer ungleich mächtigeren Nachbarn China und Japan. Rund tausend Kilometer von der chinesischen Küste entfernt, war Okinawa lange Zeit tributpflichtig gegenüber dem Reich der Mitte. Darüber hinaus diente es als Zwischenstation für alles, was im Umfeld von Soldaten oder Händlern aus dem zu jener Zeit mächtigsten Reich der Welt nach Japan gelangte. Bevor Okinawa durch japanische Samurai okkupiert wurde, war die Insel zudem Schauplatz unaufhörlicher Kämpfe zwischen rivalisierenden Piraten aus aller Herren Länder, was natürlich auch nicht ohne Auswirkungen auf die Insulaner blieb. All diese mannigfaltigen Einflüsse verwandelten Okinawa in einen einzigartigen und außerordentlich fruchtbaren Nährboden für Kampfkünste. Die Okinawaner setzten sich gegen die Fremdlinge zur Wehr; ihr Haß mündete in mehr oder weniger konfusen Racheaktionen, die letztendlich allesamt ergebnislos blieben. Trotzdem führte die niemals erlöschende Hoffnung auf Unabhängigkeit, die dem jahrhundertelangen Widerstand zugrunde lag, dazu, daß sich die Kampfkünste des Kobudô herausbilden konnten.

Um dies zu verdeutlichen, sollen im folgenden die wichtigsten Etappen der Geschichte des tapferen Inselvolkes, das um keinen Preis bereit war, seine Identität aufzugeben, einer kurzen Betrachtung unterzogen werden.

Über die Geschichte Okinawas vor dem 10. Jahrhundert ist sehr wenig bekannt. Die kleine Insel wurde von rivalisierenden Klanen beherrscht, die einander ohne Unterlaß befehdeten. Aber schon sehr früh – zur Zeit der Sui-Dynastie (581-618) – kamen die Ryûkyû-Inseln mit dem chinesischen Festland in Kontakt. Jahrhunderte später, in der Folge des verheerenden Gempai-Krieges in Japan zwischen den Klanen der Taira und der Minamoto (1180-1185), brachten sich zahlreiche Japaner auf Okinawa in Sicherheit. Zweifelsohne gelangten durch beide Ereignisse kriegerische Techniken auf die Insel, die die lokal vorhandenen, noch wenig entwickelten Kampftechniken der Einheimischen bereicherten.

Im 13. Jahrhundert ließ Shunten (auch Sonton genannt), der Fürst von Urasoe, der wahrscheinlich der erste König Okinawas wurde, ein Befestigungssystem bauen, das den Aufstieg einer Kriegerkaste demonstrierte. Seine Nachfolger setzten sein Werk fort.

Im 14. Jahrhundert endete das gegenüber der Außenwelt abgeschottete Dasein der Insel endgültig. Es entstanden Handelsbeziehungen mit China, Korea, Japan, aber auch mit den weiter entfernt liegenden Inseln Java und Sumatra. Im Jahre 1372 leistete König Sato den Treueeid gegenüber Kaiser Ming[8] von China, und Okinawa wurde China gegenüber tributpflichtig.

1429 gelang es König Sho Hashi (1421-1439), die Herrschaft über die drei alten Provinzen Chuzan, Hokuzan und Nanzan zu erlangen und somit das erste vereinigte Königreich auf Okinawa zu schaffen. In jener Epoche entwickelten sich Naha und Shuri zu florierenden Handelsstädten, in denen man alle Produkte Südostasiens finden konnte und in denen Japaner, Chinesen, Malayen, Thailänder und Araber verkehrten. Es ist unschwer zu erkennen, daß die Okinawaner hier gute Möglichkeiten fanden, ihre eigenen Kampftechniken zu bereichern.

Ab 1421 scheint Okinawa auch gegenüber Japan tributpflichtig geworden zu sein.

---

[8] Die Ming-Dynastie währte von 1368 bis 1644.

Zu Beginn des 16. Jahrhunderts geschah etwas, das die originelle Ausrichtung der Kampfkünste der Insel entscheidend beeinflußte. König Sho Shin (1477-1526) ließ das erste Waffenverbot verkünden. Aus Furcht vor Revolten untersagten die Machthaber den Besitz aller Waffen. Diese wurden konfisziert und in einem Lager streng bewacht. Es gibt jedoch nichts, was das Interesse stärker beflügelt, als ein Verbot, und so waren die Okinawaner sehr danach bestrebt, sich trotz allem Waffen für den Kampf zu verschaffen. Zum einen führte dies dazu, daß man lernte, die bloßen Hände und andere Körperteile als Waffen einzusetzen, woraus sich in der Folge die Urformen des Karate entwickelten, und zum anderen lernte man, Geräte des häuslichen Gebrauchs im Kampf zu verwenden, die mit etwas Einfallsreichtum leicht in wirkungsvolle Waffen verwandelt werden konnten.

Zu Beginn des 17. Jahrhunderts wurde die zweite Etappe dieser Entwicklung eingeläutet. Japan war von neuem Schauplatz eines Bürgerkrieges geworden. Der Klan der Tokugawa ging als Sieger daraus hervor, Verlierer war der Satsuma-Klan, der durch die Familie Shimazu angeführt wurde. Der neue Shogun gestattete den zwar besiegten, aber keinesfalls vernichteten Satsuma, die Ryûkyû-Inseln für sich in Beschlag zu nehmen. Das war ein geschickter Schachzug, denn so gelang es ihm, sich gleichzeitig seiner stärksten Gegner zu entledigen und japanische Kontrolle über bis dahin durch China dominiertes Territorium zu gewinnen. Am 5. April 1609 landete der Satsuma-Klan mit 3000 Kriegern auf Okinawa und eroberte die Insel. Die Nachfolger der Satsuma blieben dort bis 1879 an der Macht. Sehr bald nach der Invasion erließ Klanführer Iehisa Shimazu seine ersten Verordnungen für die Insulaner, zu deren wichtigsten die Erneuerung des Verbots jeglichen Waffenbesitzes zählte. Hinzu kam, daß die Praxis jeglicher kriegerischer Übung untersagt wurde. Doch damit nicht genug. Um auch fern von ihrem Mutterland in den Besitz von ausreichend Metall zu gelangen, konfiszierten die japanischen Eindringlinge alle Metallgegenstände und metallenen Werkzeuge, und sie zerstörten schließlich alle Schmieden. Es ist gewiß, daß die Okinawaner auch diesmal dem Verbot trotzten. Das Edikt Shimazus beflügelte den Widerstandsgeist der Ureinwohner. Es begann eine Blütezeit der Kampftechniken. Bereits um 1630 bildeten sich Techniken mit der bloßen Hand, die als Te (Hand) bezeichnet wurden, heraus. Sie stellten eine Kombination aus lokalen Elementen und chinesischem Quanfa (Wushu) dar.[9] Doch die wirkliche Neuheit stellte die eindrucksvolle Perfektion im Umgang mit improvisierten Waffen dar. Dies war die Geburtsstunde der Systeme des Kobudô, wie wir sie heute kennen. Man bezeichnete diese Techniken zu jener Zeit als Tigua, ein Oberbegriff, der auf das Training mit Acker- oder Fischereigeräten, wie sie im täglichen Leben verwendet wurden, angewendet wurde.

All diese gewöhnlichen und harmlos erscheinenden Gerätschaften verwandelten sich in den Händen von Experten in furchtbare Waffen. Von nun an vollzog sich die Entwicklung des Tigua parallel zu der des Okinawa te, der Urform des Karate. Manche dieser Waffen wurden auf äußerst simple Weise eingesetzt, während andere ihre Wirksamkeit einer ausgefeilten Handhabung verdankten.

Zu jener Zeit ging es ausschließlich um den praktischen Nutzen der Kampftechniken. Man befand sich auf der Stufe des Bugei (kriegerische Techniken), jedoch noch nicht auf der des Budô (Kampfkunst, die die geistige Dimension mit einbezieht). Das Training fand unter äußerster Geheimhaltung statt, für gewöhnlich in der Nacht, und die Techniken wurden mündlich weitervermittelt. Mit der Zeit hoben sich allerdings aus der Vielzahl der Praktizierenden einige Experten heraus, die sich durch besondere Begabung auszeichneten. Es entstanden verschiedene Stilrichtungen, und deren Meister kodifizierten ihre Lehren und ließen der Improvisation immer weniger Raum. Doch dies war eine Entwicklung, die erst im Laufe des 19. Jahrhunderts zur Reife gelangte.

1868, im Jahr des Beginns der Meiji-Restauration, wurde alles, was auch nur im entferntesten einer kriegerischen Aktivität ähnelte, im gesamten japanischen Kaiserreich verboten. Dies stellte den Abschluß der Bakumatsu-Periode[10] dar, das Ende des Shogunats, jener Militärregierung, die im Jahre 1603 durch Tokugawa Ieyasu installiert worden war.

---

[9] Siehe R. Habersetzer, »Bubishi – an der Quelle des Karatedô«, Palisander Verlag, Chemnitz, 5. Aufl. 2020; R. Habersetzer, »Koshiki Kata – die klassischen Kata des Karatedô«, Palisander, Chemnitz, 5. Aufl. 2020.

[10] Bakumatsu: jpn. Ende des Shogunats, historische Übergangsperiode in Japan, die von 1853 bis 1867 dauerte, dem Jahr, als die Macht wieder dem Tennô, dem japanischen Kaiser, übergeben wurde. 1868 trat Kaiser Mutsohito die Thronfolge an, der auch als Kaiser Meiji bezeichnet wurde.

1879 wurde Okinawa offiziell zur japanischen Provinz. Damals lebten 350 000 Einwohner auf der Insel, davon 23 000 in der Hauptstadt Naha. Es herrschte nun uneingeschränkt die japanische Ordnung, und die alten Kampfkünste schienen dazu verurteilt auszusterben. Doch noch gab es etliche alte Meister, Träger des bedrohten Erbes. Man zählte damals etwa 100 Kampfkunstschulen. Im Jahre 1903 kam es auf Okinawa zur ersten öffentlichen Vorführung der bis dahin eifersüchtig vor der Neugierde der Japaner gehüteten Kampfkünste; dies bedeutete nichts weniger als eine Offenbarung. Im darauffolgenden Jahr genehmigte die Regierung in Tokio die Ausübung dieser Künste, vor allem des Karate, in den Grundschulen, wo sie Bestandteil des Sportunterrichts wurden. Durch diese Entwicklung entging auch das Kobudô der Gefahr des Vergessenwerdens. Es sollte noch zehn Jahre dauern, bis die rasche Entwicklung des Karate durch Funakoshi Gichin und andere, die die Regeln der Geheimhaltung gebrochen hatten und ihre Kunst auch außerhalb Okinawas lehrten, zu einem Motor der Erneuerung auch für die okinawanischen Waffenkünste wurde. Zweifelsohne stand das Kobudô lange Zeit im Schatten des Karate, aber noch vor dem zweiten Weltkrieg begannen die ersten Japaner, jene sonderbaren Techniken zu studieren, die einst von den verachteten Bauern ihrer alten Kolonie entwickelt worden waren. Damit war das Weiterbestehen dieser Kampfkunst gesichert.

Während des zweiten Weltkriegs wurde die Insel Okinawa stark verwüstet und die Bevölkerung dezimiert. Zwischen dem 1. April und dem 10. Juni 1945 widersetzten sich dort Soldaten und Kamikazekämpfer verzweifelt den amerikanischen Truppen unter General MacArthur. 100 000 Menschen ließen in jenem blutigen Frühjahr an den Küsten Okinawas ihr Leben. Selbstverständlich gehörten auch viele Kampfkunstexperten zu den Kriegsopfern, und die Ausbildungssysteme auf dem Gebiet der Kampfkünste wurden durch den Krieg zerrüttet.

Zwischen 1945 und 1972 stand die Insel unter der Besatzungshoheit der siegreichen US-Amerikaner. Die Besatzungsmacht wurde ab 1950, mit Ausbruch des Korea-Krieges, noch verstärkt. Mehr als 100 000 GI waren damals permanent auf Okinawa stationiert. Viele von ihnen brachten bei ihrer Rückkehr in die USA erste Kenntnisse des Karate und auch des Kobudô in ihre Heimat. Schnell erwachte hierdurch das

allgemeine Interesse an diesen neuartigen Kampfformen, zunächst in den USA, später im gesamten Westen. Wohl nie zuvor sind die okinawanischen Experten so umworben gewesen wie zu jener Zeit. Um dieser neuen Herausforderung zu begegnen, begannen sie sich in Verbänden, die mehr oder weniger miteinander rivalisierten, zu organisieren. Sie kodifizierten ihre Lehren auf neue Weise, nahmen fremde Kata in ihr Lehrsystem auf, modifizierten bestehende Kata und schufen neue. Parallel hierzu gründeten japanische Experten ihre eigenen Stilrichtungen, die sich durch wieder andere Veränderungen auszeichneten. Doch beide Gruppen von Experten, die okinawanischen wie die japanischen, betrachteten sich gleichermaßen als Erben der Kobudô-Meister des 19. Jahrhunderts. Das Ergebnis war, das die Einheit der Kampftechniken dieser alten Kunst endgültig zerstört wurde.

Meister Sakagami Ryûsho war der erste, der Kobudô einer breiten Öffentlichkeit vorführte. Dies geschah im Oktober 1970 während der ersten Karateweltmeisterschaft in Tokio. Im April 1972 organisierte Meister Hayashi Teruô die zweiten Kobudô-Meisterschaften im Rahmen der zweiten Karateweltmeisterschaft in Paris.

Am 15. Mai 1972 wurde Okinawa offiziell wieder der japanischen Regierungshoheit unterstellt.

C) Ein eindrucksvolles Arsenal

Das Kobudô ist für sich ein vollständiges und mannigfaltiges System. Es war perfekt an die Bedürfnisse einer bäuerlichen Bevölkerung angepaßt, die im Gegensatz zu den japanischen Samurai (Rittern) weder ein besonderes Interesse daran noch die Mittel dazu besaß, sich alle Finessen des Zweikampfes zu eigen zu machen. Die Originalität des okinawanischen Kobudô beruht weniger auf den Techniken, die sich im einzelnen herausgebildet haben, als auf deren Synthese und der Geisteshaltung, die hinter ihrer Anwendung stand.

Auch andere Völker Südostasiens, Inselbewohner (Java, Sumatra) oder Festlandbewohner (China, Vietnam) haben identische oder zumindest vergleichbare Waffen entwickelt wie die Okinawaner, und dies aus ähnlichen Gründen wie diese. Sie wußten sich ebenfalls des Dreschflegels, des Stocks, der Sichel usw. im Kampf zu bedienen. Schon im alten China war der Gebrauch dieser Werkzeuge als Waffen bekannt, wie auch im mittelalterlichen Japan. Doch nirgendwo sonst als auf Okinawa wurden die Kampftechniken mit landwirtschaftlichen Geräten so intensiv und so ausgefeilt entwickelt, was zweifelsohne nicht zuletzt an der räumlichen Begrenztheit der Insel lag.

Entscheidend ist auch, daß sich die Techniken im Volk herausbildeten, wenn nicht sogar in der Masse der Bevölkerung, während sie anderswo, vor allem in Japan, einer Kriegerelite vorbehalten blieben, die die Exklusivität ihrer Macht eifersüchtig hütete. Somit blieb ihre Bedeutung in Japan auch eher marginal, sie wurden als Zusatztechniken zu den »edlen« Kampftechniken geübt, deren Grundlage der Umgang mit dem Schwert

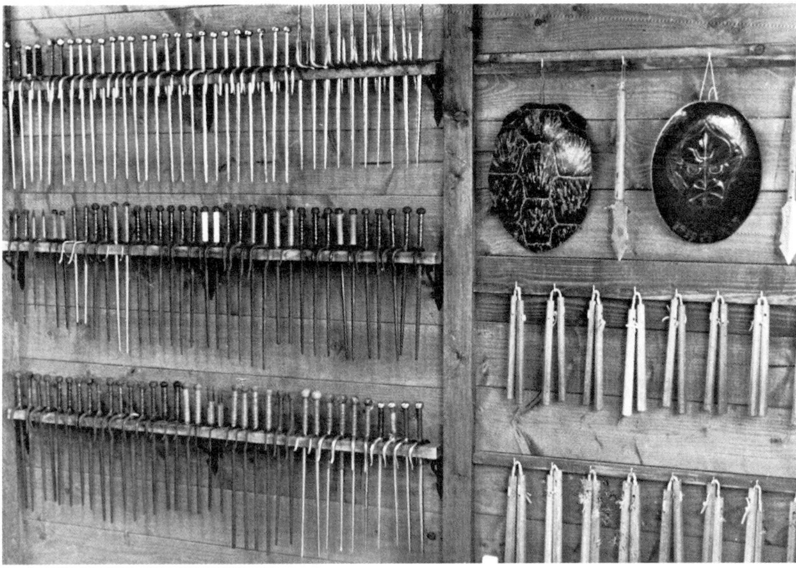

Foto 3: Ein eindrucksvoller Waffenständer, der unterschiedliche Arten Sai (links) und Nunchaku (unten rechts) versammelt. Rechts oben sind Spieße und aus Schildkrötenpanzern gefertigte Chimbe (Timpe) zu sehen. Das Foto wurde im Dôjô von Meister Inoue in Shimizu, Japan, aufgenommen.

war. Auf Okinawa hingegen wurde das Kobudô selbst als »edle« Kunst angesehen.

Kobudô war das Spiegelbild der körperlichen Möglichkeiten und der geistigen Haltung eines ganzen Volkes, das sich unaufhörlich mit Bedrohungen konfrontiert sah. Das ist der Grund, weshalb hier mehr als in jedem anderen Volk diese echte Einheit zwischen den Menschen und den Mitteln, die sie im Kampfe verwendeten, bestand. Es ist vollkommen gerechtfertigt, Kobudô als zivilisatorische Errungenschaft der Okinawaner zu betrachten, bäuerlich geprägt zweifelsohne, doch außerordentlich ausgefeilt. Diese Kampfkünste waren Ausdruck des Wesens einer Bevölkerung von Bauern und Fischern, die sich durch einen unbeugsamen Willen zur Unabhängigkeit auszeichnete, und ihre Entwicklung wurde unterstützt durch die Gewohnheit, die aus einem schwierigen Dasein erwachsenden Probleme einfallsreich zu lösen.

Das Kobudô kennt über 20 Waffen. Die Hauptkünste des Kobudô beziehen sich auf den Umgang mit den wichtigsten unter ihnen: Bô (Stock),

Sai (Dreizack – Gabel mit drei Zinken – aus Metall), Tonfa (Holzstiel), Nunchaku (Dreschflegel für Reis aus Holz – zwei mit einer Schnur verbundene kurze Rundhölzer) und Kama (Sichel). Die Techniken im Umgang mit den ersten vier dieser Waffen sind Gegenstand dieses Werkes.[11]

Zu den Nebenkünsten des Kobudô gehören die Techniken mit Seiryuto (Buschmesser), Chimbe (Schild), Suruchin (Kette), Tekko (Schlagring), Kai (Ruder) und Suburie (Hacke). Einige Waffenarten im Kobudô bzw. der Umgang mit ihnen sind heute im Schwinden begriffen, nicht zuletzt deswegen, weil ihre Meisterung eine sehr lange Ausbildung voraussetzt.

D) Grundlagen für das Kobudô-Training

Die Praxis des Karate stellt eine hervorragende Voraussetzung für verschiedene Kobudô-Künste dar, wie z. B. für die Techniken des Sai, des Nunchaku und des Tonfa. Aikidô ist ebenfalls als Ausgangsbasis geeignet, doch müssen die dort üblichen runderen und fließenderen Bewegungen zu diesem Zweck stark verändert werden. Auch ist zu beachten, daß die okinawanische Kampfkunst mit dem Stock (Bô) sich beträchtlich von der in Japan praktizierten unterscheidet. Erstere wird aus tiefen Positionen heraus betrieben, wie sie typisch für Karate sind, während letztere auf Bewegungen nach Art des Kendô (Schwertkunst) beruht, von denen auch die Praxis des Aikidô inspiriert wurde. Unter diesem Aspekt ist dem Budôka, der mit dem Studium des Kobudô beginnen möchte, anzuraten, sich zunächst einer soliden Grundausbildung im traditionellen Karate (Kihon) zu unterziehen. Was er hierbei erlernt, wird es ihm schneller ermöglichen, seine Konzentration gleichzeitig auf seinen Körper (Stellungen, Bewegungen) und auf den Umgang mit der oder den Waffen des Kobudô richten zu können. Im Gegenzug wird sein Fortschritt im Kobudô sich in seinen Karate-Fertigkeiten widerspiegeln; beispielsweise werden durch die Praxis mit dem Sai die Armkraft und die Handgelenke gestärkt, was seine Blocktechniken, die Grundlage des gesamten Karate, verbessern wird.

---

[11] Siehe auch R. Habersetzer, »Kobudô, Band 2: Nunchaku, Tonfa, Polizei-Tonfa« Palisander, Chemnitz März 2007.

Grundsätzlich kann man an das Kobudô-Training auf zwei verschiedene Arten herangehen. Zum einen kann man es als Ergänzung seiner Karateausbildung betrachten, wo es beispielsweise Zwecken der Körperertüchtigung dienen kann. Aus Mangel an Zeit werden die hierbei erworbenen Kenntnisse zwangsläufig oberflächlich bleiben. Zum anderen kann man sich einer vollständigen Kobudô-Ausbildung unterziehen, durch Trainingseinheiten, die vollständig dieser Kampfkunst reserviert sind. Dies stellt den Idealfall dar, der als einziger die Möglichkeit bietet, eines Tages zu echter Meisterschaft auf diesem Gebiet zu gelangen.

E) Stufen auf dem Weg zur Meisterschaft

Um die Kunst des Kobudô zu erlernen, ist ein systematisches Vorgehen erforderlich. Am Anfang steht das unermüdliche Training der Grundtechniken (Hôjô undô – dies entspricht dem Kihon des Karate). Des weiteren müssen die grundlegenden Kata, die sich durch Kürze und einfache Techniken auszeichnen und wenig spektakulär wirken, geübt werden. Einige von ihnen sind erst in jüngerer Vergangenheit entstanden. Es folgt das Studium der höheren Kata, die weit komplexer sind. Dies sind echte und ursprüngliche Kata, die von den alten Meistern geschaffen wurden.

Es gibt viele derartige Kata. Ihre Namen sind entweder aus den Namen ihrer Erschaffer abgeleitet, oder sie bezeichnen die geographische Herkunft oder die dominierenden Techniken. Früher gab es noch sehr viel mehr Kobudô-Kata, aber etliche sind oftmals einfach deswegen verschwunden, weil sie sehr schwierig zu erlernen waren.

Kata wurden in der Vergangenheit ausschließlich durch persönliches Lehren weitervermittelt, aus diesem Grunde gibt es keine Dokumente, die zweifelsfrei die Authentizität einer Kata belegen können. Dennoch sind, wie alle zeitgenössischen Meister bestätigen, diese Kata im wesentlichen die gleichen geblieben, es sind lediglich mitunter einige Techniken ein wenig modifiziert worden oder ihre Anordnung innerhalb der Kata hat sich etwas verändert. Um diese »Erosion« des Erbes zu begründen, erklären die heutigen Meister, daß manche Abänderungen von Details ihnen notwendig erschienen, weil die Meister von einst nicht so systematisch und sorgfältig vorgegangen seien, wie es auf den ersten Blick aussehe, was in der bäuerlichen Herkunft vieler von ihnen begründet liege. Ich kann nicht beurteilen, ob diese Einschätzung stimmt. Auf jeden Fall wurden die fraglichen Veränderungen vor inzwischen mindestens 40 Jahren durch Meister, deren Kompetenz außer Frage steht, vorgenommen. Die Änderungen betrafen viele der alten Kata und wurden unter gleichen Gesichtspunkten ausgeführt. Ich erwähne dies lediglich aus dem Grund, weil mancher ernsthafte Budôka von dem Augenblick an, ab dem er Zugang zu den alten Kata bekommt und damit ins Herz seiner Kunst eindringt, ein gewisses Unwohlsein empfinden könnte, wenn er sich unverhofft mit technischen Unterschieden auf einem Gebiet konfrontiert sieht, wo er dies nicht erwartet hätte.

In Japan praktiziert man zunächst ausschließlich und jahrelang die Hôjô undô und die Kata, eine Methode des Lernens, die jedem Bewohner der westlichen Welt ermüdend erscheinen wird, die aber zu soliden Grundlagen führt. Tatsächlich ist sie unverzichtbar für jeden, der mehr als nur eine oberflächlichen Annäherung an das Kobudô erreichen möchte. Erst viel später beginnt man, Angriff und Verteidigung mit Partner zu üben, und dies natürlich stets auf konventionelle Weise, d. h. mit wohldefinierten Waffenarten und Angriffsmethoden und unter vollkommener Kontrolle der ausgeteilten Schläge.

Die erste Stufe beim Erlernen des Kobudô ist das Studium des Bô. Hierdurch wird insbesondere das Gefühl für den optimalen Einsatz des Körpers herausgebildet, man erlangt ein starkes Bewußtsein seiner Möglichkeiten und entwickelt auf diese Weise rasch die Eigenschaften, die erforderlich sind, um die anderen Kobudô-Künste anzugehen. Nach dem Bô erlernt der Praktizierende den Umgang mit dem Sai, und jetzt erst kann er beginnen, mit Nunchaku, Tonfa und Kama zu arbeiten. Was die oben erwähnten Nebenwaffentechniken des Kobudô angeht, so sind sie ausschließlich echten Experten ab dem 4. oder dem 5. Dan vorbehalten, sie spielen für die Masse der Praktizierenden keine Rolle.

Nach dem Vorbild des Karate wurde auch im Kobudô ein Gradierungssystem eingeführt. Die Kyû-Grade (aufsteigend vom 5. bis zum 1. Kyû) sind die Schülergrade, die man während ca. drei Jahren durchläuft. Die Dan-Grade (1. bis 10. Dan) sind die Meistergrade.

Einen ersten Zugang zum Kobudô wird man über einen Karateverband oder -verein erlangen können, zumindest wird man dort an geeignete Adressen verwiesen werden können. Welchem Meister man schließlich seine Ausbildung anvertraut, muß der Suchende am Ende selbst entscheiden.

F) Prinzipien

1.) Der Geist

Die Kunst des Kobudô ist faszinierend, aber schwierig zu erlernen. Ihr Studium ist zudem in gewisser Hinsicht undankbar, denn für gewöhnlich hat ihre Beherrschung keinerlei praktischen Nutzen. Dies gilt vor allem, wenn man, wie es im Sinne des Budô-Konzepts ist, darauf verzichtet, für Sportwettkämpfe zu trainieren.

Die Budôkünste üben heute eine besondere Anziehung auf jene aus, denen es eher darum geht, Meisterschaft über sich selbst zu erlangen, als einen hypothetischen Gegner besiegen zu können. Dies rechtfertigt ihre Präsenz in einer modernen Welt, die dem Menschen nicht mehr abverlangt, sein Überleben im ständigen Kampf zu sichern. Doch erst während der letzten beiden Jahrhunderte haben sich die alten Kampfkünste, in deren Zentrum die kriegerischen Techniken standen (Bujitsu), zu Kampfkünsten entwikkelt, in denen der tatsächliche Kampf nicht mehr den eigentlichen Zweck darstellte, sondern der Weg des Kriegers, die Erziehung des Individuums, im Zentrum stand (Budô). Dies spiegelt den Wandel der gesellschaftlichen Verhältnisse wider, die seit jener Zeit zunehmend zivilisierter wurden.

Man hat behauptet, daß die okinawanischen Waffen, vor allem aber das Nunchaku, früher hauptsächlich durch Straßenräuber im Einsatz gegen die edlen, blanken Waffen der Samurai verwendet wurden. Das mag in dem Sinne stimmen, daß sich natürlich jedermann solch rustikale Waffen anfertigen konnte, und die aristokratische Elite wird gegenüber diesen Waffen genügend Verachtung empfunden haben, um sie dem einfachen Volk zu überlassen. Doch mit der Zeit hat die Entwicklung, wie sie in Japan stattgefunden hat, auch dieses Gebiet ergriffen. Aus dem Kobujutsu wurde vor allem in der Zeit zwischen 1850 und 1900 das Kobudô, in Anlehnung an die großen japanischen Budô-Künste Kendô, Jûdô und Aikidô. Die Geisteshaltung, die ihrer Praxis seither zugrunde liegt, ist die gleiche wie überall im Budô: Es geht um das beständige Streben nach der Einheit von Willen und Tat, die es ermöglicht, einen hypothetischen Gegner zu besiegen (unmittelbarer Aspekt) über die Meisterung des Selbst (wesentlicher Aspekt).

Hierfür ist eine vollkommene Kontrolle über den Körper und seine Reflexe erforderlich sowie eine große Geistesruhe, die selbst im heißesten Kampf aufrechterhalten werden muß. Die Gewalt, die der Körper während des Kämpfens zum Ausdruck bringt, darf auf keinen Fall den Geist »mitreißen«, andernfalls ist die Gefahr groß, daß die Wahrnehmungsfähigkeit stark vermindert wird und damit die geistige Effektivität. Dies steht im Einklang mit der grundlegenden Lehre des Budô, nach welcher der Geist den Körper stets beherrschen soll und zugleich die Schulung des Körpers den Geist bilden soll. Man darf im Kampf weder Gehässigkeit dem Gegner gegenüber empfinden, noch darf man aus egozentrischen Gründen danach trachten, ihn zu besiegen. Das heißt, die niedrigsten Instinkte des Menschen sollen überwunden werden. Die Kunst besteht darin, unter allen Umständen in der Lage zu sein, den Sieg zu erringen und zugleich dem Ergebnis des Kampfes vollkommen gleichgültig gegenüberzustehen. Es ist gewissermaßen so, daß der Sieg als allerletztes Mittel empfunden werden soll, das man einsetzt, weil es gar keine andere Möglichkeit gibt.

Dieses Ideal ist allen Budôkünsten gemeinsam, auch wenn es viele Praktizierende gibt, die es mehr oder weniger aus dem Blick verloren haben. Die echten Meister des Kobudô haben jedoch ihre Lehren stets daran ausgerichtet, und das ist der eigentliche Grund, weshalb diese alten Künste aus Okinawa es wert sind, in unseren Dôjô gelehrt zu werden.

Wie im folgenden Abschnitt dargelegt wird, ist auch der Gruß im Budô nichts anderes als eine Ausdrucksform dieses Ideals.

2.) Die Höflichkeit

Man sagt, daß die Künste des Budô mit einem Akt der Höflichkeit beginnen und enden, was das erste und höchste faßbare Zeichen der Kontrolle über sich selbst darstellt.

Zeichnungen: Ritsu rei, der Gruß im Stand. Die Fersen berühren einander, die Fußspitzen sind leicht nach außen gerichtet (Musubi dachi). Man hält sich gerade, jedoch ohne Steifheit. Die linke Hand hängt auf natürliche Weise neben bzw. leicht unterhalb der Hüfte, die rechte Hand hält die jeweilige Kobudô-Waffe auf der rechten Seite. Man grüßt, indem man den Oberkörper leicht nach vorn beugt, ohne den Rücken zu krümmen. Das heißt, der vollkommen gerade Oberkörper ist oberhalb des Gürtels nach vorn geneigt. Der Blick ist auf einen Punkt, der sich ungefähr zwei Meter vom Grüßenden entfernt am Boden befindet, gerichtet. Danach richtet man sich wieder auf, bevor man schließlich die gewünschte Kampfhaltung einnimmt.

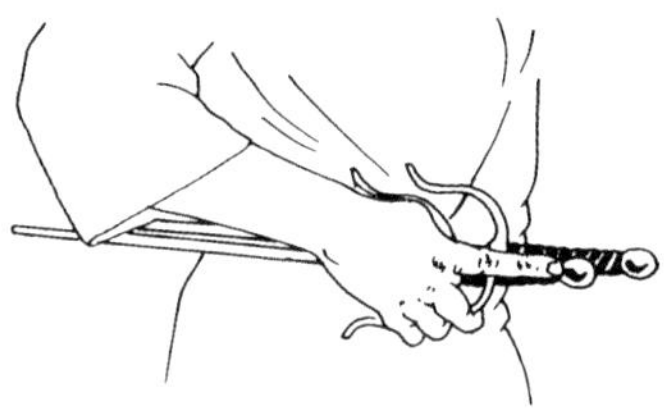

Die Zeichnungen oben zeigen den Gruß mit Sai, wie er beispielsweise am Beginn einer Kata praktiziert wird. Die Zeichnung in der Mitte stellt dar, wie die beiden Sai während des Grußes gehalten werden, während die Zeichnung unten zeigt, wie die Waffen dabei angeordnet sind. Sie liegen übereinander und sind leicht zueinander verschoben. Der Daumen liegt am oberen (und außen liegenden) Seitenschaft des unteren Sai an und schließt sich um den Hauptschaft des inneren Sai. Der Zeigefinger ist gestreckt und liegt am Griff des äußeren Sai, und die anderen Finger biegen sich um den unteren Seitenschaft des äußeren Sai. Diese Anordnung ist in sich stabil, wenn man die Spitze des oberen Sai über Kreuz auf die Spitze des unteren Sai plaziert.

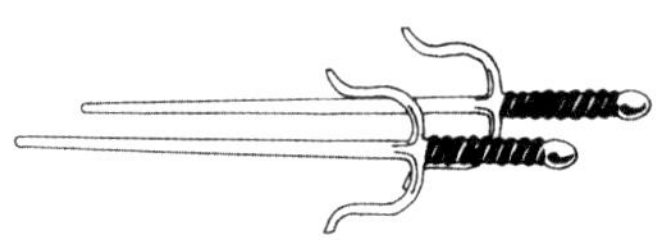

Im Kobudô beginnt und endet jedes Training mit einem Gruß (Rei), unabhängig davon, ob es sich um Einzel- oder Partnertraining handelt. Dies bringt den Respekt vor der praktizierten Kunst sowie vor dem Lehrer und dem Übungspartner zum Ausdruck. Der Gruß erinnert auch daran, die Tradition und die mit ihr verbundenen erzieherischen Werte zu respektieren. Wenn der grüßende Budôka sich dessen nicht vollkommen bewußt ist, ist seine Geste sinnlos, und das wirkliche Wesen der Kunst, die er zu praktizieren glaubt, entzieht sich ihm.

Der übliche Gruß (Ritsu rei) wird im Stand ausgeführt (siehe obige Zeichnungen für den Gruß mit Sai). Der zeremonielle Gruß (Za rei) wird wie im Karate am Anfang und am Ende von Trainingseinheiten kniend ausgeführt. Er richtet sich an das Kamiza, den Ehrenplatz im Dôjô, wo sich normalerweise ein Bildnis eines alten Meisters befindet, und an den Sensei (Lehrer).

3.) Die physischen und physiologischen Prinzipien

Die physischen Grundlagen der im Kobudô eingesetzten Techniken sind den Praktizierenden des Karate oder des Waijia, des äußeren Stils des Kungfu, bestens bekannt.

Totale und augenblickliche Mobilisierung der Energie:
Die Gesamtheit des Körpers muß an der Aktion teilhaben, sich als eine Einheit bewegen, nicht nur das Körperteil (Arm, Handgelenk), welches die eigentliche Bewegung ausführt. Man muß zwischen der äußeren Kraft (Chikara – die in Erscheinung tretende Kraft der Muskeln) und der inneren Kraft (Qi – die Lebenskraft), die unvergleichlich wichtiger ist, unterscheiden. Es ist vor allem diese »Lebenskraft«, die man zu mobilisieren versucht.

Übertragung und Konzentration der Energie:
Größtmögliche Effektivität wird durch dreierlei angestrebt: durch optimale Muskelkoordination – das Zusammenwirken mehrerer Bewegungen, wodurch die Kräfte addiert werden, durch zeitliche Konzentration der Energie – das Timing, die Schnelligkeit der Ausführung, und durch räumliche Konzentration der Energie – Kime, die kurze, aber intensive Entladung der Bewegungsenergie im Moment des Auftreffens. Dies wird durch vollkommene Kontraktion des Körpers in einem bestimmten Augenblick erreicht, was von einem Kiai, einem kurzen Schrei in Verbindung mit einer bestimmten Technik, begleitet werden kann. Psychisch gesehen ist Kime Ausdruck eines Geistes der Entschlossenheit.

Nutzung der Kraft aus der Bauchregion:
Es ist wichtig, sich des Energiezentrums (Tanden) des Menschen, bewußt zu sein, Quelle einer ungeahnten Kraft, die sich in der Bauchregion (Hara)

konzentriert. Dieses »Zentrum« ist in Wirklichkeit ein immaterieller Punkt, der sich im physischen Schwerpunkt des Menschen befindet. Das bedeutet, er ist einige Zentimeter unterhalb des Bauchnabels zu finden. Jede Kobudô-Technik muß so ausgeführt werden, daß man das Gefühl hat, der Schlag gehe vom Bauch aus und die Gliedmaßen seien nichts als durch die verwendeten Waffen verlängerte Werkzeuge. Der allgemeine Anfängerfehler besteht darin, zuviel Kraft aus den Armen und Schultern zu holen, ohne daran zu denken, die Bauchregion und die Körperpositionen (siehe S. 35 ff.) zu nutzen.

Ausnutzung der Rückzugskraft (Hikite):
Bei jedem Stoß muß sich der gesamte Körper einen sehr kurzen Augenblick lang anspannen, damit die gesamte Energie beim Auftreffen übertragen werden kann. Eine maximale Wirkung wird erzielt, wenn synchron zum Schlag der andere Arm mit der gleichen Kraft eine Bewegung in Gegenrichtung des Schlages ausführt. Beim Nunchaku bedeutet dies eine seitliche Ausgleichsbewegung des freien Arms, z. B. beim paarweise eingesetzten Sai eine Bewegung der zweiten bewaffneten Hand entgegengesetzt zur Richtung des Angriffs.

Die Atemphasen:
Die höchste Effektivität wird erzielt, wenn die Muskeltätigkeit synchron zur Atmung erfolgt. So atmet man während des Kime stoßweise und nur teilweise aus, wobei ein vollständiges Anspannen der Bauchmuskulatur erfolgt. In den Phasen der Vorbereitung, während derer eine Muskelanspannung die Bewegung verlangsamen würde, atmet man hingegen ein. Die Kunst beim Kobudô besteht darin, sich während der Vorbereitungsphase schnell und sehr geschmeidig zu bewegen und schließlich, um die Bewegung der Waffe zu unterstützen, in einer totalen Muskelanspannung förmlich zu »explodieren« (Ausführungsphase – Kime). Der Wechsel zwischen Anspannung und Entspannung ist etwas absolut Fundamentales, das erst begriffen werden kann, wenn man die Anfangsgründe einer Budôkunst hinter sich gelassen hat. Man benötigt hierbei die unmittelbare Anleitung durch einen Lehrer. Es ist wichtig zu begreifen, daß die Wirksamkeit des Stoßes durch das Sai oder durch ein Ende des Nunchaku weit mehr aus

der Geschwindigkeit, die man diesen Waffen verleiht, stammt als aus der Kraft, mit der man den Arm bewegt, dessen Hand die Waffe hält.

Die natürlichen Waffen:

Wie im Karate gibt es im Kobudô Blöcke und Schläge, und auch die Techniken sind oft sehr ähnlich. Der Unterschied besteht lediglich darin, daß der Stoß im Kobudô durch die Waffe erfolgt. Dennoch muß man stets so agieren, als pariere man mit dem eigenen Arm (der in diesem Fall durch die Waffe, die ihn verlängert, abgefedert und geschützt wird) und als schlüge man mit der eigenen Faust (die bewaffnet und durch die Waffe quasi verlängert ist). Das Körpergefühl, das diese Techniken begleitet, ist jedenfalls exakt das gleiche wie beim Üben des Karate.

Beintechniken:

Gelegentlich wird der Kobudôka eine Aktion durch eine Beintechnik (Feger) oder durch eine Fußtechnik (Stoß mit dem Fuß) ergänzen. Laut Meister Matayoshi ist dies eine recht neue Entwicklung im Kobudô, denn im ursprünglichen, alten Kobudô wurden ausschließlich die Arme eingesetzt. Das Studium der traditionellen Kata unterstützt diese Sichtweise: in keiner der alten Kobudô-Kata gibt es einen Fußtritt, obgleich sie ansonsten allesamt in den klassischen Positionen des Karate ausgeführt werden. Derartiges läßt sich erst in modernen Kata, die durch jüngere Experten zusammengestellt wurden, finden. Stöße mit der bloßen Faust hingegen existieren bereits in den klassischen Kata des Kobudô, beispielsweise in der Kata Chatanyara no sai, in welcher die ersten Techniken mit einem einzelnen Sai und mit bloßer Hand ausgeführt werden; das zweite Sai, das bis dahin im Gürtel steckte, kommt erst in der Folge zum Einsatz.

Einnehmen der Bereitschaftsstellung (Yoi):

Nach dem Gruß wird eine Stellung eingenommen, die noch keine echte Kampfhaltung darstellt, jedoch das unmittelbare Bevorstehen der Handlung und die physische und geistige Konzentration zum Ausdruck bringt. Es handelt sich um die Stellung Yoi (»bereit«), die vor der Handlung oder an ihrem Ende, vor dem abschließenden Gruß (Yame oder Yasume) eingenommen wird. Siehe Zeichnungen auf der gegenüberliegenden Seite.

Zeichnungen a-d: Yoi mit Sai. Nach dem Gruß richtet man sich auf (a) und hebt die Sai (b). Erst wird der linke und dann der rechte Fuß zur Seite gesetzt, wodurch die Haltung Heikô dachi eingenommen wird. Das Körpergewicht ist gleichmäßig auf beide Füße verteilt (c). Gleichzeitig drehen sich die Handgelenke nach außen und nach unten, so daß die Knäufe der Sai so nach unten gerichtet werden, daß eine gedachte Linie von den Unterarmen über die Knäufe bis zu den Zehen führt (d).

4.) Die Positionen (Tachi)

Das Kobujutsu aus alter Zeit kannte keine Standardstellungen. Die Meister, die später die Kunst des Kobudô herausgearbeitet und vertieft haben, waren allesamt auch Meister des Karate. Da die Grundstellungen des Karate aus ihrer Sicht besonders effektiv waren, haben sie sie auch im Kobudô eingeführt. In diesen Positionen wird das Körpergewicht auf eine bestimmte Weise verteilt, und der Schwerpunkt des Körpers wird nach unten verlagert. Auf diese Weise erlangt der Kobudôka eine große Stabilität, wodurch die Techniken kraftvoller ausgeführt werden können. Allerdings sind die Kobudô-Stellungen weniger ausgeprägt als die des Karate, was vor allem für die okinawanischen Stile gilt. Für Okinawa gilt ohnehin, daß in der Praxis des alten Shôrin-ryû-Karatestils die Stellungen höher waren als im modernen japanischen Karate und auch weniger breit. Hingegen waren die Bewegungsabfolgen schneller. Die Zeichnungen auf den Seiten 37 und 38 stellen die wichtigsten dieser Kobudô-Positionen dar.

a) Heisoku dachi: Füße zusammen und parallel.

b) Musubi dachi: Fersen zusammen, Fußspitzen zeigen nach außen.

c) Heikô dachi: Füße voneinander entfernt und parallel.

d) Hachiji dachi: Füße voneinander entfernt, Fußspitzen zeigen nach außen.

e) Zenkutsu dachi: Ein Fuß vorn, vorderes Knie gebeugt, hinteres Bein gestreckt. Häufig für Angriffe verwendet.

f) Shumoku dachi: Ein Nekoashi dachi, bei dem der vordere Fuß weiter nach vorn gesetzt ist. Wie beim Nekoashi dachi ist diese nach hinten gelagerte Position gut für die Verteidigung geeignet. Der vordere Fuß wird auf eine Linie, die von der Ferse zum im rechten Winkel gesetzten hinteren Fuß verläuft, gesetzt. Die Knie sind stark gebeugt. Man beachte, daß diese Stellung dem aus dem Karate bekannten Kôkutsu dachi entspricht. Allerdings ist dem Autor keine originale Kata aus Okinawa bekannt, in der diese Stellung vorkommt, nur in japanischen Formen wird sie verwendet. Die ursprünglichen okinawanischen Kobudô-Kata setzen an deren Stelle den Nekoashi dachi oder andere der unten beschriebenen Positionen ein.

g) Nekoashi dachi: Diese und die folgende Stellung sind die am häufigsten eingesetzten. Sie eignen sich besonders gut für schnelle und flüssige Ortsveränderungen. Das Gewicht des Körpers lagert auf dem hinteren, eingebeugten Bein, während das vordere Bein lediglich auf dem Zehenballen ruht und die Ferse angehoben ist.

h) Kôkutsu dachi: Diese Stellung darf nicht mit der gleichnamigen Position des Karate verwechselt werden. Tatsächlich handelt es sich hier um einen Zenkutsu dachi, bei dem der Oberkörper nach hinten gedreht ist. Der einzige Unterschied besteht im seitlichen Abstand der Füße. Während sich im Zenkutsu dachi die Füße auf parallelen Linien befinden, die hüftbreit voneinander entfernt sind, stehen hier die Fersen auf einer Linie. Der Kôkutsu dachi aus Okinawa, den man übrigens auch in den alten Karate-Kata findet, stellt eine ausgezeichnete Stellung für die Verteidigung dar (Block oder Ausweichen).

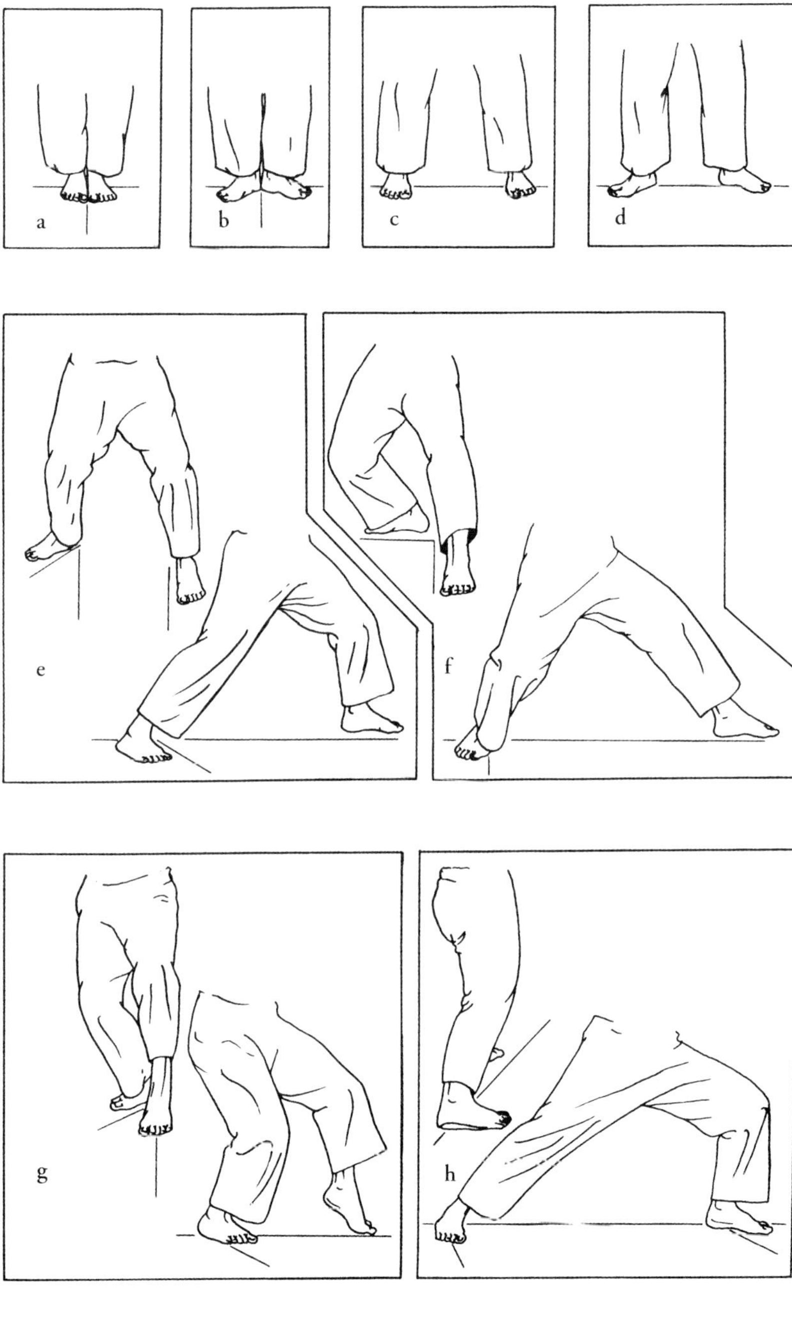
a
b
c
d
e
f
g
h

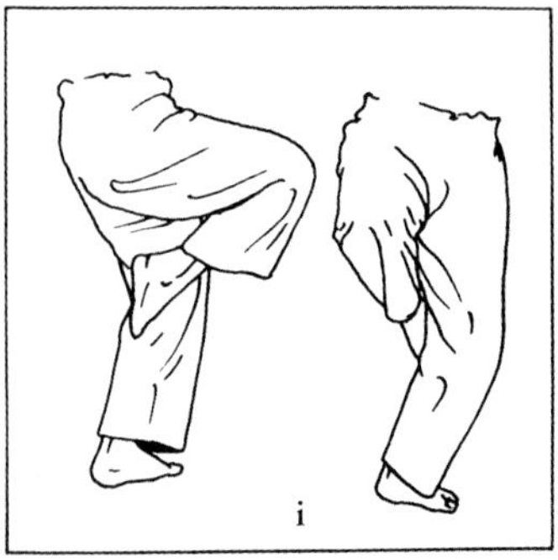

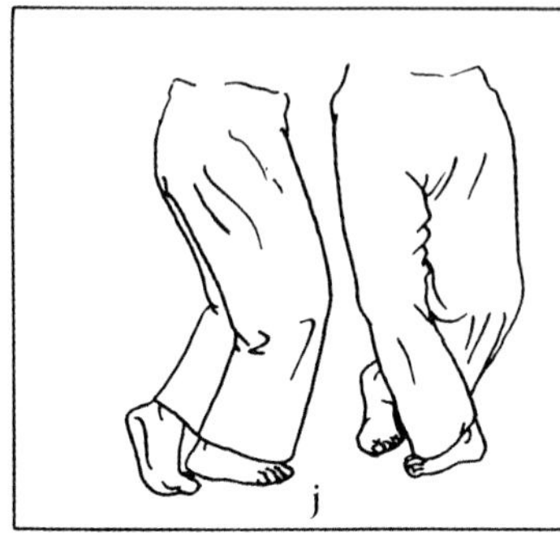

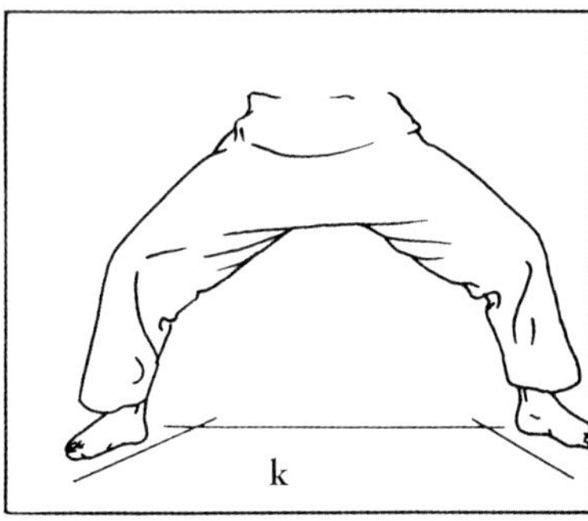

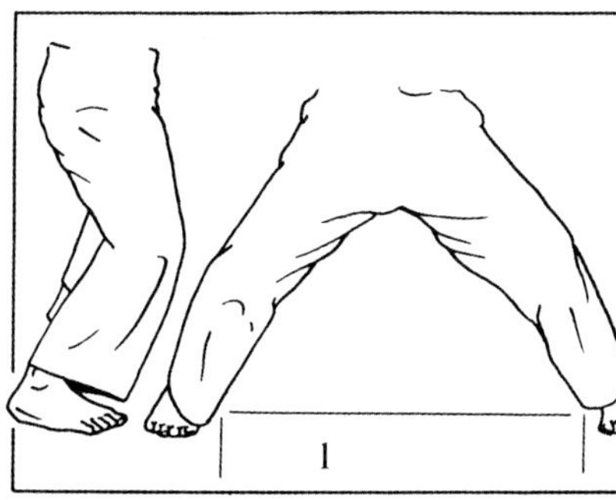

i) Sagiashi dachi: Stellung auf einem Bein. Das andere Bein ist angewinkelt, der Fuß befindet sich auf Höhe des Knies des Standbeins, welches leicht gebeugt ist. Dies stellt eine ausgezeichnete Position für die Verteidigung und für das Ausweichen dar, die es darüber hinaus ermöglicht, schnell einen Sprung für den Gegenangriff auszuführen.

j) Kôsa dachi (Kake dachi): Ein Fuß wird über Kreuz hinter den anderen gesetzt, die Ferse ist angehoben, und nur die Zehenballen berühren den Boden, während der andere Fuß den Boden mit der gesamten Sohle berührt. Die Knie, die sich sehr nah beieinander befinden, sind gebeugt. Diese Stellung ermöglicht vor allem sehr schnelle Ausweichbewegungen, bei denen man sich auf der Stelle dreht.

k) Shiko dachi: Weite Stellung, ideal dafür geeignet, seitwärts zu schlagen. Diese Position ermöglicht es, sich seitlich zum Gegner zu bewegen. Das Körpergewicht ist gleichmäßig auf beide Beine verteilt, und die Fußspitzen sind nach außen gerichtet. Die Knie sind stark gebeugt.

l) Kiba dachi: Die Stellung ist im wesentlichen gleich dem Shiko dachi, jedoch stehen die Füße parallel zueinander.

Fudô dachi (ohne Abbildung): Dies ist eine sehr ausgewogene natürliche Stellung, eine Synthese aus Zenkutsu dachi auf dem vorderen Bein und Shumoku dachi auf dem hinteren Bein. Es handelt sich um eine »unbewegliche« (fudô) Stellung, die einen raschen Übergang zu Angriff oder Verteidigung ermöglicht.

5.) Die Trainingskleidung – Keikogi oder Hakama?

Die Kobudô-Trainingskleidung ist – zumindest, wenn das Training in einem Dôjô durchgeführt wird – dieselbe wie beim Karatetraining (Karategi oder Keikogi). Die Hose ist weiß, aber die Jacke kann auch schwarz sein (wie dies für die durch Meister Matayoshi gegründete Kobudô-Assoziation der Fall ist).

Es kommt dennoch vor, daß japanische Experten vor allem bei öffentlichen Vorführungen beim Praktizieren des Kobudô einen Hakama (schwarzer Hosenrock) tragen. Man muß wissen, daß dieses Kleidungsstück, das Bestandteil der Ausrüstung der alten Samurai war und heute im Kendô, Aikidô und einigen anderen japanischen Kampfkunstarten getragen wird, auf Okinawa niemals außerhalb der aristokratischen (und »fremdländischen«, da japanischen) Oberschicht getragen wurde. Es ist demzufolge nicht sehr traditionsbewußt, okinawanische Kampfkunstarten in solcher Kleidung zu praktizieren. Manche okinawanische Meister gehen so weit, darin einen neuen Versuch der Japaner zu sehen, sich eines typisch okinawanischen Kulturerbes zu bemächtigen.

I

Bô

Einleitung

Dieser Teil des Werkes über das Kobudô aus Okinawa befaßt sich mit der Kunst des Umgangs mit dem Stock. Man bezeichnet den als Waffe verwendeten Stock als Bô oder als Kon. Die Techniken heißen Bôjutsu, wogegen die Kampfkunst Konpo genannt wird. Zwar entwickelte sich aus den Techniken (Jutsu) erst vor etwas mehr als 100 Jahren der Weg (Dô) im Sinne eines Weges der Vervollkommnung des Selbst, aber einfache Techniken der Handhabung des Stocks als Waffe gibt es wahrscheinlich schon so lange, wie es Streit zwischen Menschen gibt. Sie haben sich in allen Teilen der Welt bei allen Völkern herausgebildet, unabhängig davon, ob es sich um einfache Knüppel oder um raffiniert gearbeitete Stöcke mit eckigem, klingenförmigem oder rundem Querschnitt handelt, ob sie ein stumpfes Ende oder eine Spitze haben oder ob sie aus Hartholz oder aus Bambus bestehen. Der Stock scheint von jeher die naheliegendste Waffe gewesen zu sein, um sich zu verteidigen oder anzugreifen. Manche Methoden der Handhabung wurden beibehalten, von der Keule des prähistorischen Menschen über die Lanzen und Hellebarden des Mittelalters bis zum Spazierstock der Belle Epoque. Andere Techniken wurden in Abhängigkeit von den Erfahrungen beim Einsatz oder von speziellen örtlichen Gegebenheiten ein wenig modifiziert. Die Grundprinzipien blieben jedoch zu allen Zeiten erhalten. Das gilt auch für die furchterregende Wirksamkeit dieser einfachen Waffe.

Wodurch zeichnet sich nun die »Kampfkunst mit dem Bô« gegenüber einfachen »Stocktechniken« aus? Tatsächlich handelt es sich hier um eine andere Dimension. Die Kampfkunst mit dem Bô ist durch die Zivilisation, der sie entsprang, geprägt. Dies führte dazu, daß Effektivität und Schönheit sich miteinander verbanden; das galt sowohl für die Waffe selbst als auch für die Haltungen und Bewegungen beim Umgang mit ihr. Der Gewalt wurde eine Art Eleganz aufgeprägt. Natürlich traf das nur für denjenigen zu, der es sich leisten konnte. Der einfache Bauer mußte mit den Mitteln, die er besaß, überleben, er mußte improvisieren, verschiedene Möglichkeiten erproben. Der Krieger hingegen strebte nach der in jeder Hinsicht vollendeten Waffe. Aus diesem Streben nach Vollendung sowohl des Gegenstands als auch seiner Handhabung entstanden unzählige Waffen, die wir heute in den völkerkundlichen Museen bewundern können. Selbst wenn einem ihre Zweckbestimmung vollkommen bewußt ist, ist die Schönheit dieser Waffen oft unleugbar. Gegenstände, die zum Töten bestimmt waren, wurden künstlerisch gestaltet. So zwiespältig dies auch zu sein scheint, ist es doch Widerspiegelung des schöpferischen Geistes des Menschen.

Ein Stück Holz ist zunächst einmal nichts Besonderes. Aber in den Händen eines Experten kann dieser einfache Gegenstand Schwerter besiegen oder Rüstungen zerbrechen. Der Stock kann der Begleiter des Pilgers, die Gehhilfe des Alten oder Verletzten, die Keule des Kriegers sein – ein Instrument für das Überleben und ein Instrument des Todes. Aber diese Zweideutigkeit gilt für alle Waffen des Kobudô und natürlich nicht nur hier. Auch in den Ländern des Westens haben hier und da ähnliche Kampftechniken bis in unsere Tage überlebt. Es ist schon einige Zeit her, daß man von der »Entdeckung« des portugiesischen »Jogo da pau« (Stockspiel) begeistert war, das tatsächlich eine furchteinflößende Kampfkunst darstellt, die ebenfalls ihre Traditionen, ihre Meister und ausgearbeiteten Techniken kennt, die mit den Kata des Fernen Ostens vergleichbar sind. Es gibt weitere Beispiele, in Wales, in der Alpenregion oder in Afrika. Echte Meister, wo auch immer sie herstammen, haben es stets verstanden, dem Stock Leben einzuhauchen, ihn zu beseelen.

棒

Bô

Fotos 4 bis 6: Der Autor und J.-M. Hamert, 4. Dan, führen während des traditionellen Frühjahrslehrgangs des CRB in den Vogesen Techniken mit dem Bô vor. Seit im Jahre 1973 Meister Matayoshi Shinpô zum ersten Mal zu Besuch im Elsaß weilte, ist das Kobudô integraler Bestandteil der Aktivitäten des von Roland Habersetzer geleiteten CRB.

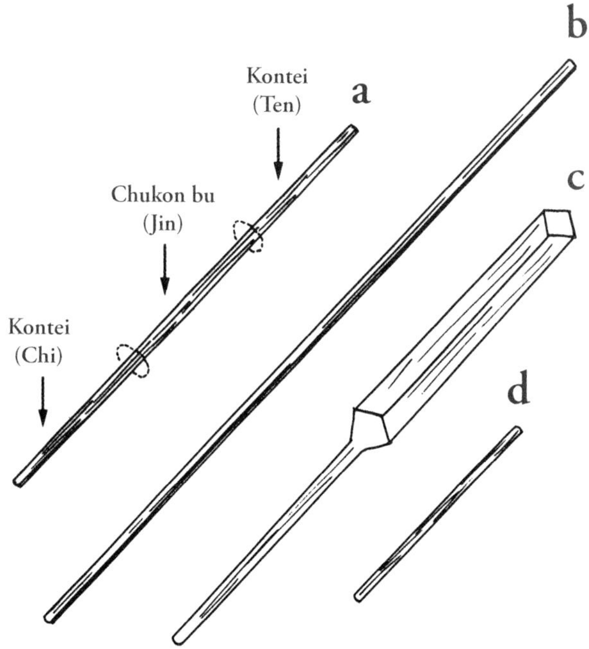

a: Bô (oder Kon)

b: Kushakubô

c: Sunakakebô (Kai oder Eiku)

d: Sanshakubô

Abbildung: Die einzelnen Abschnitte des Bô (a) und verschiedene Ausführungen des Bô (b), (c) und (d).

1. Abschnitt – Hôjô undô (Grundtechniken)

Vorstellung

Der Bô ist eine der Hauptwaffen in der großen Familie des Ryûkyû Kobudô. Man nennt ihn auch Kon, und die Kampfkunst mit dem Bô wird demzufolge Konpo genannt. Das Konpo verfügt wie jeder japanische Kriegerweg – Dô – über eine geistige Komponente, die jenseits der Techniken, dem Bujutsu, zu finden ist.

Die okinawanische Kunst des Umgangs mit dem Stock unterscheidet sich in etlichen Punkten von ihrem japanischen Namensvetter. Dies gilt sowohl für die Länge der Waffe als auch für ihre Handhabung, vor allem in Bezug auf die Griffe.

Es gibt verschiedene Arten des Bô, die sich wie folgt voneinander unterscheiden:

Hinsichtlich der Größe: Die Standardlänge des okinawanischen Bô beträgt rund 182 cm. Hierbei handelt es sich um den Rokushakubô (sechs Fuß). Aber tatsächlich gibt es zahlreiche Ausführungen mit Längen zwischen vier Fuß (Yonshakubô) und neun Fuß (Kushakubô). Die Stockarten, die unter den Bezeichnungen Tanbô (50 cm), Hanbô (90 cm), Jô (125 cm) und Hashakubô (240 cm) bekannt sind, sind dagegen japanische Kreationen.

Hinsichtlich der Form: Die ersten Stöcke waren einfach zylindrisch über die ganze Länge (Marubô). Der erste Bô, der als Waffe verwendet wurde, war wahrscheinlich der Tenbin, ein Tragestock, der über den Schultern getragen wurde, um auf chinesische Art schwere Lasten zu transportieren. Er bestand aus Bambus (Takebô). Später haben sich Form und Querschnitt weiterentwickelt. So wurden einst Stöcke mit quadratischem (Kakubô), sechseckigem (Rokkakubô) oder achteckigem Querschnitt (Hakkakubô) im Kampf verwendet, die entsprechend viele schneidende Kanten und damit eine besonders hohe Zerstörungskraft besaßen. Heute ist man wieder zum runden Querschnitt zurückgekehrt. Allerdings ist der Durchmesser in der Mitte des Stockes (Chukon bu: rund 3 cm) größer als der an den Enden (Kontei: rund 2,5 cm). Der Schwerpunkt der Waffe ist somit genau in der Mitte, und ihre Konstruktion erlaubt es, mit geringem Aufwand maximale Wirkung zu erzielen. Hinzu kommt, daß diese Form dem Bô eine größere Festigkeit verleiht und damit das Bruchrisiko verringert.

Auch das Ruder (Kai oder Eiku, auch bekannt unter dem Namen Sunakakebô) wird im Kobudô für den Kampf eingesetzt. Tatsächlich ist die Handhabung des Ruders hinsichtlich der Grundtechniken sehr ähnlich der des Stocks (siehe Fotos 22, 39, 40 und 41 auf S. 73 und S. 91). Allerdings existieren für diese äußerst wirkungsvolle Waffe noch einige spezielle Techniken, vor allem in Bezug auf schneidende Schläge. Die Ähnlichkeit bezüglich der Grundtechniken gilt auch für die Lanze (Yari), das Sai in Verlängerung des Stocks (Nuntebô) oder die Hellebarde (Naginata). All diese Waffen gehören im weiteren Sinne zur Familie des Bô.

Verschiedene Schulen, wie z. B. das Shôreikan der Meister Tôguchi und Tamano, unterscheiden drei gleich lange Teile des Bô (siehe Zeichnung auf S. 46): Der obere Teil, der auf den Gegner gerichtet ist (die Spitze, vorn, oben), wird als Ten (der Himmel) bezeichnet. Der mittlere Teil, an dem man den Bô mit den Händen ergreift, heißt Jin (der Mensch). Den unte-

Foto 7: Blick von außen auf das bedeutende und prachtvolle Dôjô für Karatedô und Kobudô, das unter der Leitung von Meister Inoue Motokatsu stand (Shimizu, Japan).

Foto 8: Blick in das Dôjô von Meister Inoue, in Richtung Ehrenplatz. Meister Inoue war zu seinen Lebzeiten in Japan *die* große Autorität für das okinawanische Kobudô. Er hat Karate bei Koyu Konishi, Bujutsu bei Seikô Fujita und Kobudô bei Taira Shinken studiert. Von letzterem erhielt er den Titel eines Hanshi.

Foto 9: Waffenständer mit Tonfa (Mitte), Bô und Kai (Ruder – oben rechts). Man erkennt außerdem in der Mitte Ketten, die an beiden Enden mit Gewichten versehen sind (Surujin). Auch dieses Foto zeigt das Dôjô von Meister Inoue.

Foto 10

Fotos 10 bis 12: Meister Lin Wen-xiong aus Taipeh, Taiwan, beim Umgang mit dem Stock. Die Chinesen waren die Wegbereiter im Umgang mit dem Bô. Man nimmt an, daß diese Kampfkunst zwischen 1368 und 1644, während der Ming-Dynastie, kodifiziert wurde. In dieser Zeit treten verschiedene Arten des Bô auf: Kashiwagibô (aus dem Holz der mongolischen Eiche), Kashigibô (aus Roteiche), Kanabô, Kuroganebô und Tetsubô (alle drei aus Eisen). Auch heute noch sind die chinesischen Stilrichtungen die reichhaltigsten und komplexesten.

ren Teil (die Basis, hinten, unten) bezeichnet man als Chi (die Erde). Wo es sinnvoll ist, wird diese Terminologie bei den Beschreibungen in diesem Buch verwendet.

Foto 11

Foto 12

1. Kapitel – Technische Grundlagen

A) Das Halten des Bô (Honte no kamae)

Bei der grundlegenden Art, den okinawanischen Stock zu halten, befinden sich die Hände links und rechts zwischen dem Mittelteil (Jin) und den beiden äußeren Dritteln der Waffe. Im Unterschied dazu wird der Bô in den japanischen Techniken eher wie ein Schwert gehandhabt, d. h., eine Hand befindet sich nahe dem unteren Ende. Daraus ergibt sich eine andere Gewichtsverteilung, was die Schlagtechniken beeinflußt.

Der Griff der vorderen Hand:
Die vier Finger halten den Bô von unten, der Daumen verriegelt die Waffe fest von oben (Foto 13, folgende Seite). Die Daumenbasis bleibt in engem Kontakt mit dem Stock – man darf nie vergessen, daß ein rascher Schlag des Gegners von unten gegen den Bô ansonsten den Griff spren-

Foto 13: Der Griff der vorderen Hand.

Foto 14: Greifen des Stocks von oben.

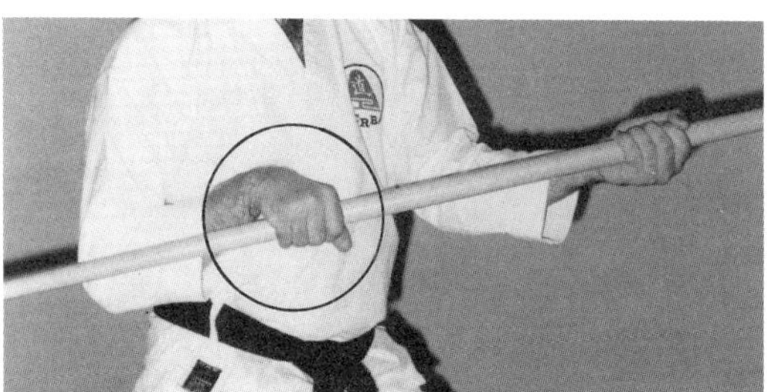

Foto 15: Seitliches Greifen des Stocks.

gen kann (siehe Zeichnung im Rahmen). Das ist der Grund dafür, weshalb man den Griff durch eine leichte Drehung des Handgelenks nach außen blockiert (Pfeil).

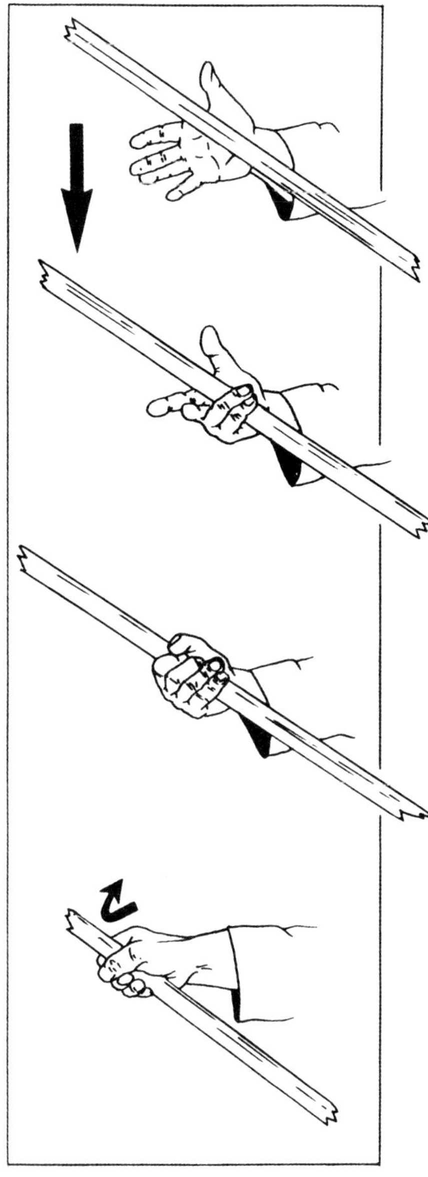

Der Griff der hinteren Hand: Dieser hängt von der Haltung des Arms ab, und man unterscheidet bei den okinawanischen Techniken zwei grundsätzliche Griffweisen:

- Greifen des Stocks von oben (Foto 14). Die Waffe berührt die Seite des Körpers. Die Hand ist in normaler Haltung, die Handfläche zeigt nach innen. Dies ist die Form, wie sie einst Meister Taira Shinken gelehrt hat.

- Seitliches Greifen des Stocks (Foto 15). Die Waffe liegt am Ellbogen an, was einen besseren Schutz des Körpers und größere Schlagkraft, vor allem bei seitlichen Schlägen zur Folge hat. Die Hand ist klauenförmig gebogen, die Handfläche zeigt nach unten, das Handgelenk ist gebeugt. Diese Form ist charakteristisch für die Lehren von Meister Matayoshi Shinkô (Matayoshi Shinpôs Vater; siehe Fußnote 3 auf S. 13), wie sie noch heute in seinem Honbu dôjô in Naha befolgt werden.

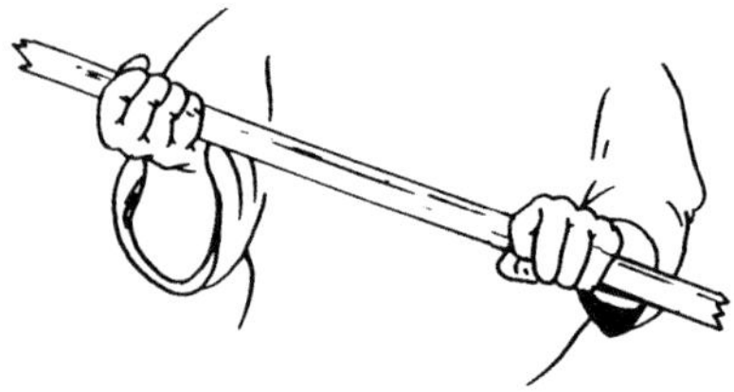

1

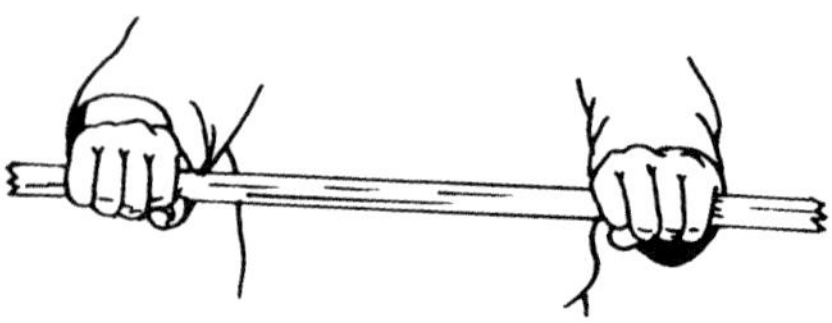

2

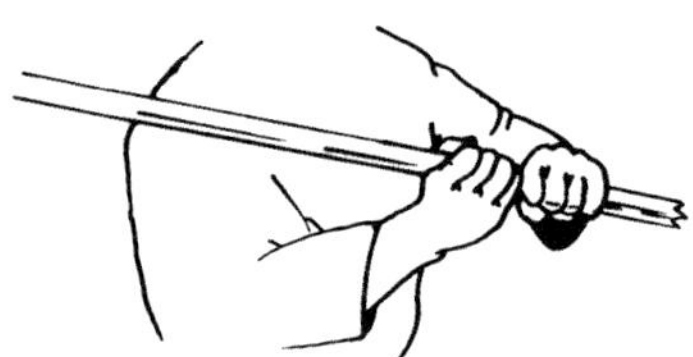

3

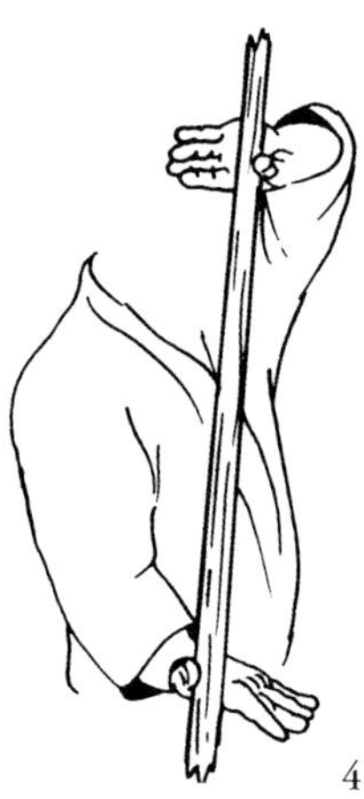

4

Die vier Grundgriffe:

- Honte mochi (auch Jun nigiri oder Jun mochi genannt; Zeichnung 1): Grundgriff für den Angriff. Der Bô wird schräg gehalten, die Handfläche der Hand, die weiter oben ist, zeigt nach oben, und die der anderen Hand nach unten.

- Gyakute mochi (auch Gyakute nigiri genannt; Zeichnung 2): Für die Verteidigung wie auch für den Angriff geeignet. Der Bô wird horizontal gehalten, beide Handflächen zeigen nach unten.

- Yose nigiri (Zeichnung 3): Aus der Haltung von Zeichnung 1 wird die »höhere« Hand in Kontakt mit der »tieferen« gebracht. Dieser Griff ist für große bogenförmige Schläge bestimmt, z. B. im Fall einer Umzingelung durch mehrere Gegner (Technik Furi uchi).

- Hasami nigiri (Zeichnung 4): Der Bô wird vertikal gehalten und zwar allein von den Daumen. Die Hände sind offen, und die Handflächen zeigen nach oben. Es handelt sich um einen Griff für die Verteidigung oder für die Vorbereitung einer bogenförmigen Angriffstechnik mit dem unteren Drittel des Stocks.

B) Die Körperpositionen (Tachi)

Die grundlegenden Positionen und Haltungen beim Kobudô wurden bereits weiter vorn in der Einführung (vgl. S. 35ff.) dargelegt. Die folgenden Zeichnungen zeigen die wichtigsten Positionen im Zusammenhang mit der Handhabung des Bô.

1

2

3

4

Musubi dachi (1): Fersen geschlossen, Fußspitzen gespreizt.

Heisoku dachi (2): Füße geschlossen von den Fersen bis zu den Fußspitzen.

Zenkutsu dachi (3): Position mit nach vorn verlagertem Schwerpunkt, das vordere Knie ist gebeugt und das hintere gestreckt. Angriffshaltung.

Kôkutsu dachi (4): Zenkutsu dachi mit nach hinten gedrehtem Oberkörper. Ausgezeichnete Verteidigungshaltung.

5 6 7

Nekoashi dachi (5): Haltung der »Katze«, Körpergewicht auf dem hinteren Bein, vordere Ferse stark angehoben. Verteidigungshaltung.

Sagiashi dachi (6): Stellung auf einem Bein, das andere Knie ist angehoben. Ausgezeichnet geeignet für Verteidigung und Ausweichen.

Shiko dachi (7): Füße weit voneinander entfernt, Fußspitzen zeigen nach außen, Knie stark gebeugt. Für Angriff und Verteidigung.

C) Körpereinsatz beim Umgang mit dem Bô

Auch unter dem Aspekt, daß es sich beim Kobudô um einen Kriegerweg (Dô) handelt, den der Mensch auf seiner Suche nach innerer Vollendung und Verwirklichung beschreitet, muß man sich stets dessen bewußt sein, daß bei allen Bewegungen das Zusammenwirken von Körper und Geist die einzige Quelle für höchste Effektivität ist. Für den Körpereinsatz im Umgang mit dem Bô gelten folgende Grundprinzipien:

Schläge müssen kurz und schnell ausgeführt werden und nicht wuchtig und schwerfällig.

Alle Techniken werden durch Hüfteinsatz unterstützt (bzw. der Kraft des Hara). Die Arme allein reichen nicht aus; die Kraft muß von den Hüften

Zeichnungen: Die Grundhaltung mit dem Bô, von vorn und im Profil.

ausgehen und bis zu den Handgelenken strömen.

Die Ellbogen und Schultern fungieren lediglich als Drehpunkte und helfen, die Bewegungsbahn zu halten. Die Kraft für die Schläge stammt immer aus dem Körperzentrum (Tanden-Punkt) und wird über die Unterarme bis zu den Handgelenken übertragen, die bis zum Moment des Auftreffens der Waffe sehr geschmeidig bleiben müssen. In diesem Moment muß der ganze Körper abrupt angespannt werden. Das ist das Prinzip des Kime, der Energieübertragung, der durchdringenden Wirksamkeit. Der hintere Arm führt den Stock zum Körper zurück, sobald der Schlag mit dem vorderen Ende ausgeführt wurde. Die Bewegungen müssen perfekt ineinander übergehen (Prinzip des Hikite: Aktion-Reaktion).

Die Ellbogen bleiben sehr nahe am Körper, und die Schultern bleiben in tiefer Position.

D) Grundhaltung

Der Bô wird schräg gehalten, die Spitze zeigt in Richtung Kopf des Gegners. Die Position ist nach vorn ausgerichtet. Der Oberkörper ist aufrecht, der vordere Ellbogen leicht gebeugt, der hintere Arm liegt am Körper. Die Zeichnungen im Rahmen (folgende Seite) zeigen die am häufigsten auftretenden Fehler beim Einnehmen der Grundhaltung: Der Oberkörper wird

nicht aufrecht gehalten, die Füße stehen nicht weit genug voneinander entfernt, der vordere Ellbogen ist zu sehr gestreckt oder zu stark gebeugt, der hintere Ellbogen vom Körper entfernt, die Achse des Stocks dezentral, der Kopf geneigt, der vordere Fuß und das vordere Knie sind zu sehr einwärts gedreht.

E) Griffwechsel

Die Kunst des Umgangs mit dem Bô beruht wesentlich auf einer großen Geschmeidigkeit der Handgelenke und auf der Fähigkeit, sehr schnell den Griff wechseln zu können, ohne daß dabei Energie verlorengeht oder die Waffe gar fallengelassen wird. Ein solcher Griffwechsel ist erforderlich bei verschiedenen Ortswechseln, oder um bestimmte Aufschlageffekte zu bewirken. Die Hand muß dazu in der Lage sein, sich sehr schnell zu öffnen und wieder zu schließen, ohne daß sich dabei ihr Griffwinkel ändert. Dem Gegner soll keine Möglichkeit eingeräumt werden, diesen Moment der Schwäche im Griff ausnutzen zu können.

Erstes Beispiel: Die eingerahmten Zeichnungen zeigen den Wechsel der rechten Hand vom Honte mochi in Gyakute mochi. Siehe auch obige Zeichnungen 1 und 2. Um diesen Griffwechsel zu üben, wechselt man ohne nennenswerten Krafteinsatz, aber mit großer Schnelligkeit von 1 zu 2, dann von 2 zu 3, danach wieder von 3 zu 2 und schließlich von 2 zu 1.

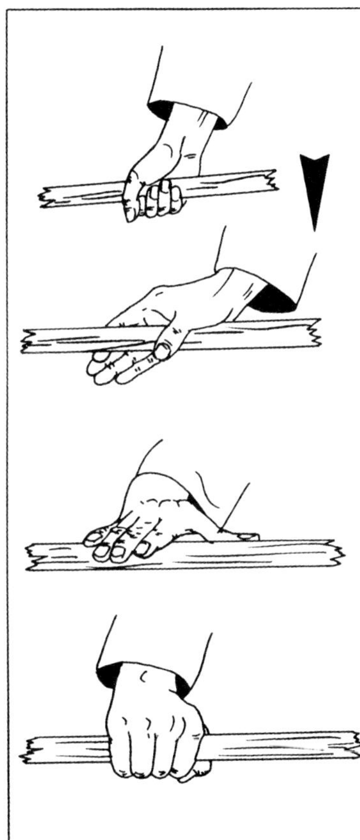

Zweites Beispiel: Ausgehend von einem Grundgriff im Gyakute mochi wechselt die rechte Hand in Honte mochi, um einen Angriff von hinten nach vorn zu führen (Zeichnungen; Endzustand: Foto 17). Man beachte, daß vorher beide Hände nach hinten Schwung holen, unterstützt durch eine Drehung der Hüften. Foto 16 entspricht dem Beginn des eigentlichen Schlages nach vorn (Zeichnung unten).

Drittes Beispiel: Die Zeichnungen auf der gegenüberliegenden Seite stellen einen direkten Wechsel von Honte mochi

Foto 16

zu Honte mochi dar (die Ausrichtung der Hände wird gewechselt). Beide Hände werden geöffnet und vor und hinter den Schwerpunkt der Waffe zueinander geführt. Die Hände gleiten dabei den Stock entlang, ohne den Kontakt mit ihm zu verlieren (2). Die Hände werden am Ort gedreht, so daß die hintere nun vorn und die vordere hinten ist, was eine horizontale Drehung des Bô um 180° zur Folge hat (3). Die Hände werden den Bô entlang auseinandergeführt und greifen schließlich wieder zu, wobei die Ausrichtung nun entgegengesetzt zur ursprünglichen ist (4).

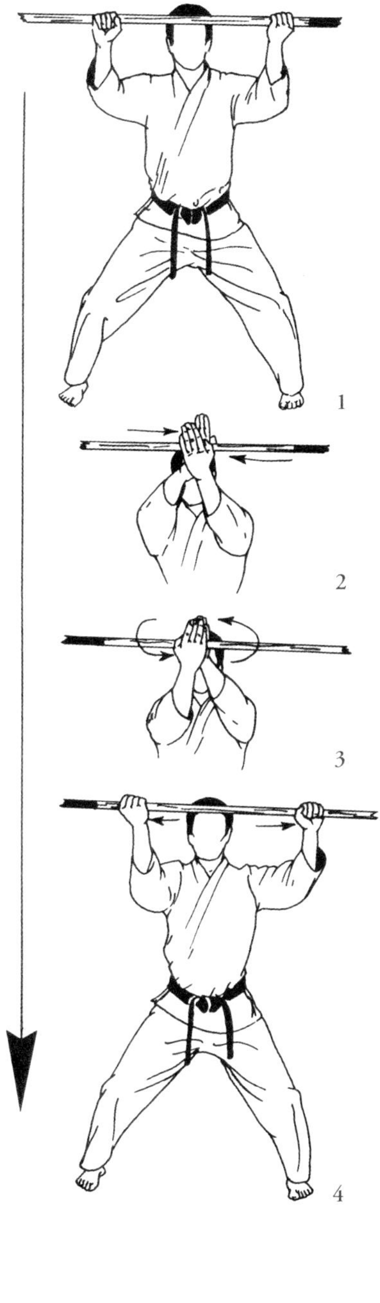

Foto 17

Man kann diesen Wechsel auch auf Höhe des Gürtels ausführen, aber der Bô wird in diesem Fall vor dem Körper in einer vertikalen Ebene gedreht.

Es ist wichtig, diese Übungen des Griffwechsels häufig zu praktizieren. Zum einen stellt dies eine ausgezeichnete Erwärmung vor dem eigentlichen Training dar und zum anderen eine Methode, sich besser mit der Waffe vertraut zu machen, ein Gefühl für sie zu bekommen.

Zunächst sollte man die Übungen sehr langsam ausführen und erst mit zunehmender Beherrschung der Waffe die Geschwindigkeit steigern.

F) Der Gruß (Rei)

Die Grundlagen über den Gruß im Kobudô wurden bereits weiter vorn in der Einführung (vgl. S. 31f.) dargelegt.

Oben ist der stehende Gruß (Ritsu rei) dargestellt. Die Waffe wird auf der rechten Seite gehalten, die rechte Handfläche zeigt nach innen, die linke Hand hängt frei neben dem linken Bein. Man steht im Musubi dachi dem Partner gegenüber. Man grüßt, indem der Oberkörper leicht in Richtung des Partners geneigt wird, woraufhin man sich wieder aufrichtet.

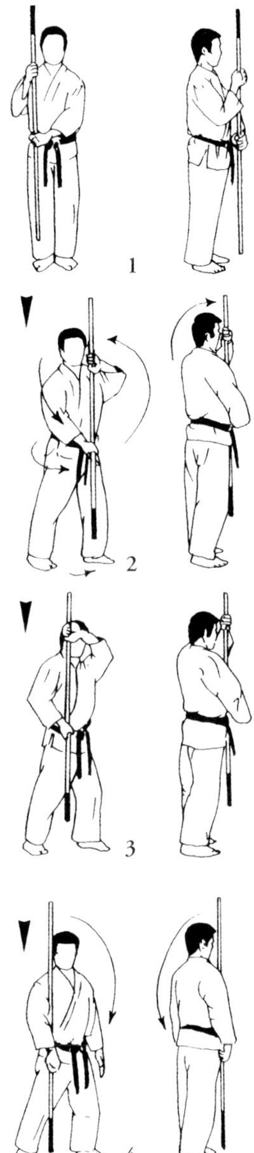

G) Einnehmen der Ausgangshaltung (Yoi)

1. Form:
Der Stock wird aufgerichtet. Das Ende, das beim Gruß nach unten zeigte, gelangt nach oben (auf den Zeichnungen schwarz dargestellt), indem die rechte Hand auf Schulterhöhe gehoben wird, während die linke Hand auf Gürtelhöhe den Stock ergreift (1). Der Bô wird nun vertikal um 180° gedreht, so daß die rechte Hand nach unten und die linke nach oben gelangt. Zugleich setzt man den linken Fuß ein wenig nach links, was von einer Drehung der Hüften in dieselbe Richtung begleitet wird (2). Ohne den Griff zu verändern, wird die rechte Hand zur rechten Hüfte gehoben, indem der rechte Ellbogen gebeugt wird. Hierdurch wird die linke Faust auf Stirnhöhe gehoben und der gesamte Bô nach oben gebracht (er bleibt senkrecht – 3). Die linke Hand läßt den Bô los und wird langsam im Bogen neben den linken Oberschenkel geführt (4). Der Oberkörper steht im Halbprofil (Hanmi).

2. Form (Zeichnungen S. 64):
Der Gruß erfolgt mit beiden Händen am Bô nach Art eines Ura uke (siehe S. 100). Danach wird der Bô auf gleiche Weise vor dem Körper gedreht, ohne daß die Hände ihn loslassen; die linke Hand befindet sich auf Höhe der

rechten Achsel, bevor sie zur Seite geführt wird. Erst danach setzt man den linken Fuß nach links, während die linke Hand wieder zur Stirn geführt wird. Man neigt den Oberkörper leicht nach vorn und hebt die rechte Hand auf Höhe der Taille (Zeichnungen 1 bis 9). Der Oberkörper bleibt nach vorn ausgerichtet.

Der Gruß zu Beginn einer Kata erfolgt mit einer Hand, der Gruß zu Beginn und am Ende von Kumite vorzugsweise mit beiden Händen am Stock.

H) Einnehmen der Bereitschaftshaltung (Kamae)

Die Grundeigenschaft einer guten Bereitschaftshaltung besteht darin, daß aus ihr heraus eine schnelle Entwicklung möglich ist, sowohl für einen Angriff als auch zur Verteidigung.

Aus der zuvor eingenommenen Haltung (Yoi) geht man wie folgt in Bereitschaftshaltung:

Entweder man setzt den linken Fuß zurück, oder man setzt den rechten

Fuß nach vorn, um eine Bereitschaftshaltung nach rechts (Migi no kamae) einzunehmen. Man kann auch von der Position Musubi dachi ausgehen (Fersen geschlossen), eine Form, die im allgemeinen im Kumite praktiziert wird (siehe 2. Abschnitt, S. 113 ff.).

Zeichnung 1: Bereitschaftshaltung auf mittlerer Höhe: Chûdan gamae. Die Spitze des Bô ist höher als die Basis.

Zeichnung 2: Tiefe Bereitschaftshaltung (Gedan gamae). Die Spitze des Bô ist tiefer als die Basis.

Zeichnung 3 (S. 67): Jôdan gamae (hohe Bereitschaftsstellung), die Basis ist höher als die Spitze. Der Körper ist im Halbprofil (Hanmi).

1

1

2

2

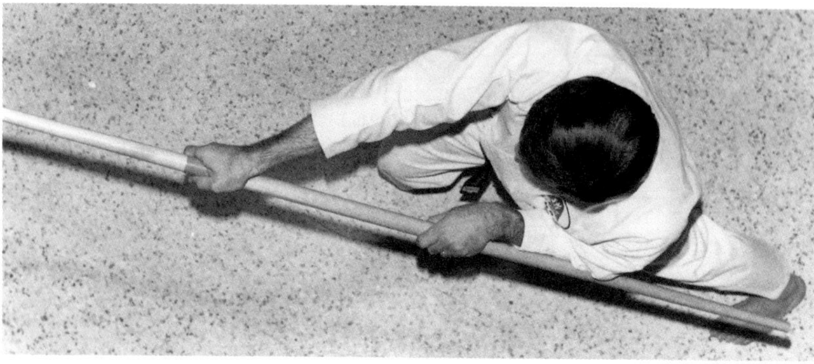

Foto 18

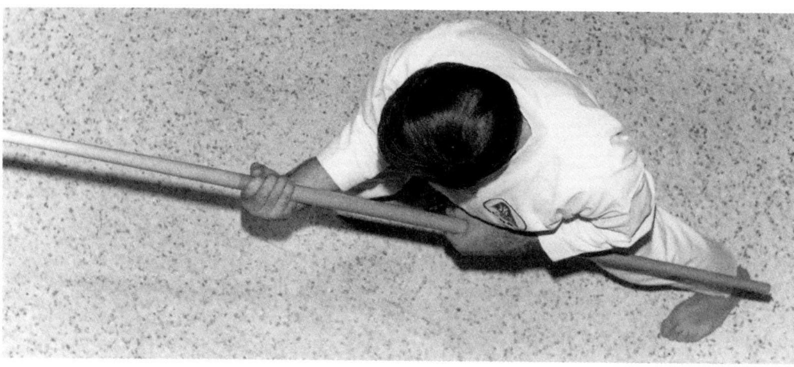

Foto 19

Fotos 18 und 19; Zeichnung: Die Zeichnung und Foto 19 stellen einen Chûdan gamae nach einem einfachen Schlag dar (Foto 18). Diese Haltung ist charakteristisch für die okinawanischen Stilrichtungen, während die japanischen Stile eine andere Position der vorderen Hand bevorzugen (Zeichnungen 1 und 2 auf S. 65). Man beachte die einwärts gedrehte Haltung des rechten Handgelenks nach dem Schlag (Foto 19), durch welche der Technik höhere Geschwindigkeit und größere Wucht verliehen werden. Außerdem zu beachten ist das Strecken und Einbeugen des Arms sowie die Rolle des hinteren Ellbogens. Der Körper steht im Halbprofil, die Schulter ist deutlich vorn.

Zeichnung 4. Waki gamae (tiefe Bereitschaftsstellung), Basis tiefer als Spitze. Körper im Halbprofil (Hanmi).

Zeichnung 5. Hassô gamae (seitliche Bereitschaftshaltung), der Bô wird vertikal oder leicht schräg an der Seite des Körpers gehalten. Man steht im Halbprofil oder gerade nach vorn ausgerichtet.

Zeichnung 6. Bereitschaftshaltung Hassô gamae in Position Sagiashi dachi, wie sie im allgemeinen bei Ausweichmanövern eingenommen wird.

Zeichnung 7. Eine Schulter-Bereitschaftshaltung in einer Variante des Sagiashi dachi (z. B., um einem Angriff auf den vorderen Fuß auszuweichen.

Zeichnung 8. Knieende Position mit Bô in Hasami Nigiri, um sich gegen einen tiefen Angriff zu verteidigen.

Zeichnung 9. Eine Bereitschaftshaltung in der Position Kôkutsu dachi (oder Gyaku Zenkutsu dachi).

Die Kamae-Positionen sind vorbereitende Haltungen, die einen Willen zum Angriff oder eine Absicht der Verteidigung zum Ausdruck bringen. Sie müssen realistisch und praktikabel sein. Man sollte sie nicht unnötig verkomplizieren und sich an die Grundformen halten. Es gibt andere, weniger klassische Kamae, die andere Angriffswinkel ermöglichen und die den Angreifer zudem überraschen, weil sie weniger präzise sind. Solche »verborgenen Techniken«, die auf den Schlachtfeldern von einst entwickelt worden sind, gehören eher zum Bujutsu (Techniken des Krieges) als zum Budô (Weg des Kriegers) und haben keinen Eingang in die kodifizierten Stile gefunden.

I) Rückkehr in die Ausgangsstellung (Na-ore oder Yasume)

Zeichnungen links (Darstellung im Profil) und auf der folgenden Seite (von vorn):

1. Nach Ausführung der Technik, Rückkehr in Kamae.
2. Der Bô wird zur rechten Seite gebracht, ohne daß der Griff verändert wird. Die Spitze gelangt nach hinten und die Basis nach vorn.
3. Der rechte Fuß wird zum linken geführt (durch Zurück- oder Nachvornsetzen), während der Bô vertikal nach vorn gedreht wird (die Spitze gelangt wieder nach vorn). Der Griff wird auch hierbei nicht verändert. Die linke Hand ist nun unter dem rechten Arm.
4. Man grüßt in dieser Haltung, bevor die linke Hand zur linken Seite gebracht wird …
5. … oder man grüßt nur ein einziges Mal in dieser Position.

Die Stellung der Füße ist Musubi dachi.

Foto 20

Foto 20: Entwicklung mit Hôjô undô. Man beachte die Konzentration des Vorführenden und die Leichtigkeit, mit der die Hände die Waffe greifen. Die Finger sind weit geöffnet (der Bô dreht sich gerade), bevor sie wieder fest zugreifen, um den nächsten Schlag auszuführen. Wie in allen Techniken des Kobudô kann die Kraft nur dann korrekt auf die Waffe übertragen werden, wenn die Handgelenke in der Lage sind, Geschmeidigkeit (während der Vorbereitung des Schlags) und Stärke (während des Auftreffens der Waffe) rasch einander abwechseln zu lassen. Siehe auch Foto 21 auf S. 73.

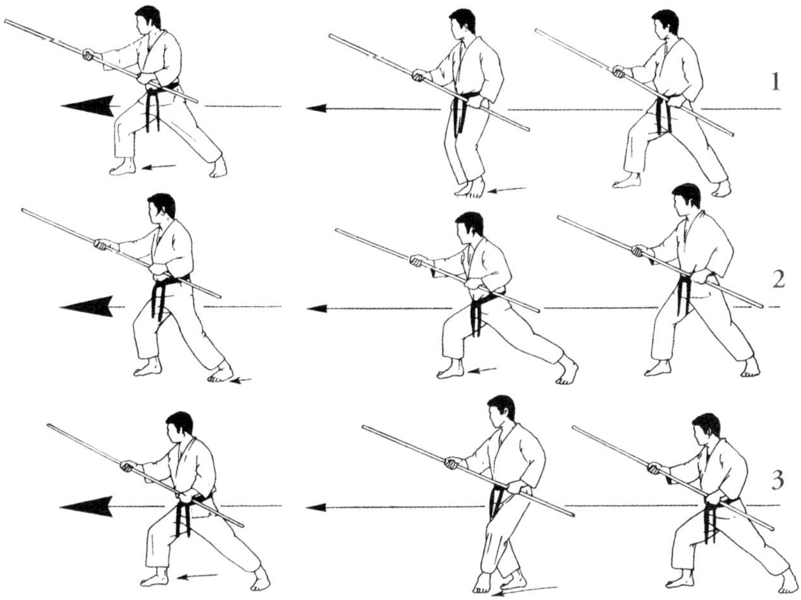

J) Ortswechsel

Es werden hier ausschließlich die klassischen Formen des geradlinigen Vorgehens und Zurückweichens vorgestellt.

Ohne, daß die Bereitschaftshaltung geändert wird (dieselbe Hand bleibt vorn):

1. und 3. Tsugi ashi oder Yori ashi. Der hintere Fuß wird zum vorderen geführt. Wenn er zur vorderen Ferse gelangt, handelt es sich um Suri konde ashi (1). Wird er über Kreuz vor den vorderen Fuß gesetzt, um noch schwungvoller nach vorn zu gehen, handelt es sich um Tobi konde ashi (3).

2. Wird erst der vordere und dann der hintere Fuß in dieselbe Richtung gesetzt, so handelt es sich um Okuri ashi. Der Schritt ist mehr oder weniger groß, je nachdem, wie groß die gewünschte Korrektur des Abstandes ist.

Die Haltung des Oberkörpers darf sich während des Vorgehens nicht verändern. Man kann mit dem Vorgehen auch eine Bô-Technik verbinden, z. B. eine Verteidigung oder einen neuen Angriff (Zeichnungen von vorn).

Zeichnungen 1 bis 4: Ortswechsel mit Veränderung der Bereitschaftshaltung. Ayumi ashi, der normale Schritt. Hier aus einem rechten Zenkutsu dachi in einen linken Zenkutsu dachi mit Wechsel der Hände für einfache Bereitschaftshaltung oder Angriff, indem die gesamte Körperkraft für den Ortswechsel zum Einsatz kommt (Oi uchi).

Zeichnung links unten: Sashi ashi – der Kreuzschritt (vor oder hinter den Standfuß, gefolgt von dessen Versetzen) ermöglicht es, die Richtung des Ablaufs zu verändern und damit eine große Vielfalt an Möglichkeiten für den Kampf zu gewährleisten. Die gleiche Art von Ortswechseln findet man auch im Karatedô.

Foto 21

Foto 22

Foto 21: Schritt nach vorn (Ayumi ashi) mit Vorbereitung für einen Schlag nach rechts, mit Gewicht auf dem vorderen Bein. Man beachte die Entspanntheit des Körpers (das hintere Bein ist noch gebeugt, aber entspannt, die Ellbogen sind locker, aber der Oberkörper ist aufrecht und die Hüften sind fest). Hier ist die Situation dargestellt, wie sie den Bruchteil einer Sekunde vor dem Auftreffen und dem Kime besteht (das Ende des Bô, das sich am linken Bildrand befindet, wird nach rechts gelangen).

Foto 22: Meister Matayoshi Shinpô beim Üben einer Kata mit dem Kai (Ruder) in seinem Dôjô in Naha (Sommer 1984). Man achte insbesondere auf die Haltung der hinteren Hand und die Position des hinteren Ellbogens, wie sie typisch für den klassischen okinawanischen Stil sind.

2. Kapitel – Die Angriffstechniken

A) Die Schlagtechniken (Uchi waza)

Die meisten fundamentalen Techniken von Angriff und Gegenangriff beruhen auf großen bogenförmigen Bewegungen mit dem vorderen Drittel des

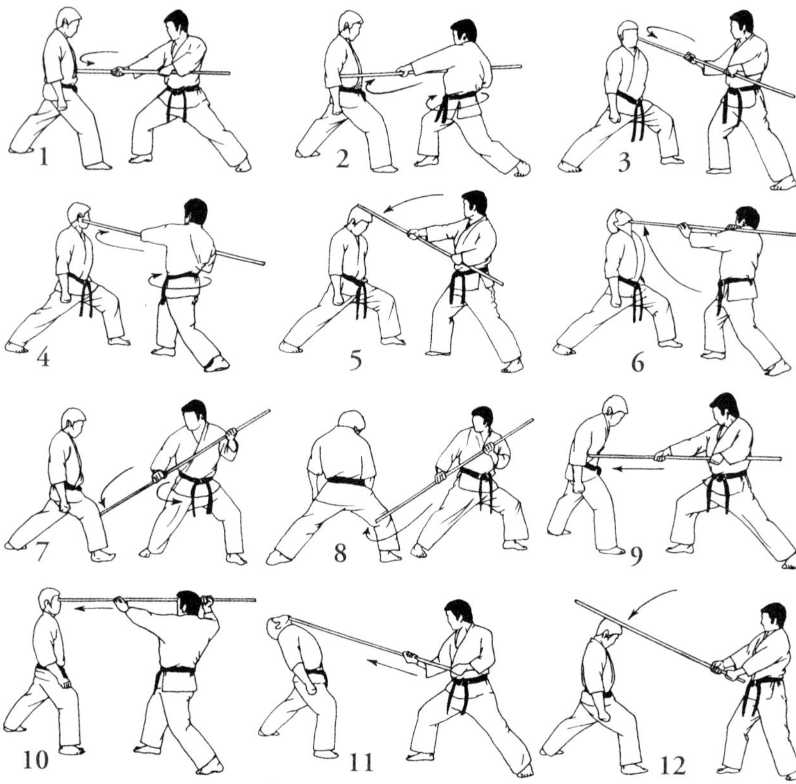

Zeichnungen 1-13: Übersicht über die Angriffstechniken mit dem Bô:

Uchi waza:

1. Chûdan yoko uchi – seitlicher Schlag gegen den Körper (S. 75).
2. Chûdan gyaku yoko uchi – seitlicher Rückhandschlag gegen den Körper.

Stocks. Diese Art Bewegungen werden auch mit größter Regelmäßigkeit beim Kihon (Grundschule; wiederholende Übungen auf einer Linie) eingesetzt, da sie besonders geeignet sind, den gesamten Körper zu trainieren.

1.) Der seitliche Schlag (Yoko honte uchi)

Das Ende des Stocks beschreibt eine Bahn von hinten nach vorn und von außen nach innen, um einen seitlichen Schlag auszuführen (Fotos 23 bis 26), entweder auf den Kopf (Jôdan, Foto 24), gegen die Seite (Chûdan, Foto 25) oder gegen das Bein (Gedan, Foto 26).

Man beachte die Drehung der Hüften und die vorbereitende Haltung (Foto 23), die gleichermaßen einen ausgezeichneten Block gegen einen Angriff auf niedriger Höhe darstellen kann. Diese seitlichen Angriffe werden im allgemeinen so ausgeführt, daß Fuß und Hand derselben Seite vorn sind, aber auch Angriffe mit entgegengesetzter Position der Füße sind möglich (Gyaku ashi).

Foto 23

Zeichnungen 1-13: Übersicht über die Angriffstechniken mit dem Bô (Fortsetzung):

3. Jôdan yoko uchi oder Jôdan naname uchi – hoher seitlicher Schlag (S. 77)
4. Jôdan gyaku yoko uchi – hoher seitlicher Rückhandschlag.
5. Jôdan uchi oder Uchi otoshi – vertikaler Schlag von oben nach unten (S. 82).
6. Uchi age oder Furiage uchi – vertikaler Schlag von unten nach oben (S. 84).
7. Gedan uchi – tiefer fegender Schlag (S. 96).
8. Gyaku gedan uchi – tiefer fegender Rückhandschlag.
12. Yose nigiri otoshi uchi – vertikaler Schlag mit beiden Händen (S. 81).

Tsuki waza:

9. Tsuki komi oder Maete zuki – Stoß mit der Spitze (S. 87).
10. Gyaku zuki – Stoß mit der Spitze, mit entgegengesetzter Position der Füße.
11. Nagashi zuki oder Nuki – Gleitstoß mit der Spitze (S. 89).
13. Gedan nuki oder Gedan zuki – tiefer Gleitstoß mit der Spitze (S. 91).

Foto 24

Man kann am Ort einen Schlag ausführen (Zeichnungen 1-5) oder mit Vorangehen mit Okuri ashi. In diesen Fällen vollführt der Bô eine kleine Drehung (Ko gaeshi). Man kann auch den hinteren Fuß nach vorn setzen (Oi uchi; siehe Zeichnungen auf S. 72. Der Bô vollführt in diesem Fall eine große Drehung, O gaeshi).

Foto 25

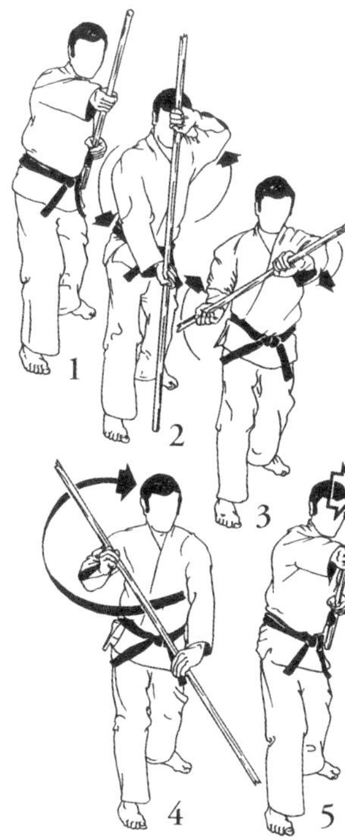

Zeichnungen 1 bis 5: Yoko honte uchi am Ort oder mit Gleitschritt. Der Bô führt eine kleine Drehung (Ko gaeshi) aus.

Foto 26

Jôdan yoko honte uchi (Jôdan naname uchi):
Man steht und hält den Bô in Gyakute mochi. Man geht nach vorn, um den Schlag auszuführen:
1. Indem man den Griff der vorderen Hand in Honte mochi wechselt (Daumen zeigt zum Gegner).
2. Ohne den Griff zu wechseln (Daumen der vorderen Hand zeigt zum eigenen Körper, Handfläche nach unten).

Chûdan yoko honte uchi:
Man steht und hält den Bô in Gyakute mochi. Man geht nach vorn, um den Schlag auszuführen:
1. Indem man den Griff der vorderen Hand in Honte mochi wechselt (Daumen zeigt zum Gegner).
2. Ohne den Griff zu wechseln (Daumen der vorderen Hand zeigt zum eigenen Körper, Handfläche nach unten).
Anmerkung: Man kann diese Angriffstechnik auch ausführen, indem man in Shiko dachi wechselt, um in weitgehend seitlicher Stellung zum Gegner zuzuschlagen.

Drei Arten, einen Yoko honte uchi auszuführen:
Honte mochi; man macht einen Schritt nach vorn, Oi uchi: große Drehung des Bô (O gaeshi), entweder …
1. … indem die Seiten des Bô gewechselt werden (Zeichnungen von vorn und im Profil), oder …
2. … indem mit dem Ende, das sich schon vorn befindet, zugeschlagen wird (vertikales Gleiten der Hände auf dem Bô: Fotos 27 bis 31); oder …
3. … mit Honte mochi, am Ort oder mit Gleitschritt (Tsugi oder Okuri ashi), also mit kleiner Drehung des Bô (Ko gaeshi).
Man beachte, wie nach dem Auftreffen der vordere Arm mit Drehung des Handgelenks zurückgeführt wird und wie der Bô zurückgenommen wird.

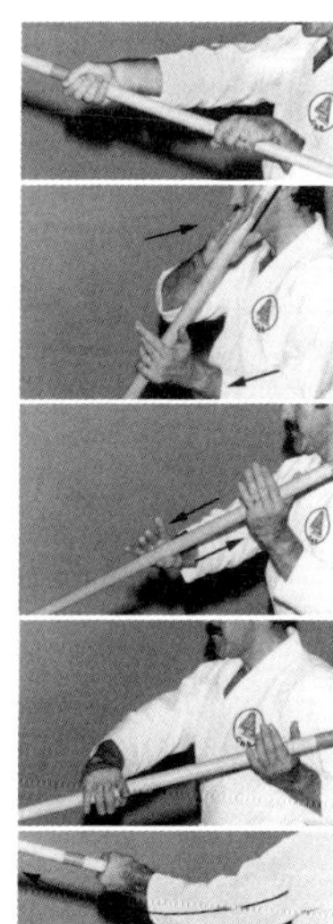

Fotos 27-31

2.) Der vertikale Schlag (Tate honte uchi)

Das Ende des Stocks beschreibt in einer vertikalen Ebene eine Bahn von hinten nach vorn und von oben nach unten, um einen Schlag auf den Kopf des Gegners auszuführen. Die Endposition der vorderen Hand ist etwas anders als beim Yoko honte uchi: Beim Auftreffen wird das Handgelenk noch weiter gedreht, damit die Daumenbasis den Schlag besser unterstützt, indem sie den Stock fest verriegelt. Der Körper steht noch immer frontal zum Gegner. Siehe auch Zeichnungen auf Seite 82.

Man schlägt entweder am Ort oder mit Vorwärtsbewegung mit Okuri ashi (Zeichnungen), oder indem man den hinteren Fuß nach vorn setzt (Oi uchi, Zeichnungen 1 bis 3 auf der gegenüberliegenden Seite).

Man schlägt mit einer weiten Bewegung von hinten nach vorn (Zeichnungen 1 bis 3 auf S. 92) oder kürzer mit einer knappen Bewegung des Handgelenks, ausgehend von der Schulter (siehe auch Fotos 42 und 43 auf S. 92).

Vertikaler Schlag mit beiden Händen (Yose nigiri uchi – Zeichnungen unten): Beide Hände ergreifen den Bô an einem Ende, um eine Bewegung mit großer Distanz auszuführen. Es gibt eine Reihe von Schwingschlägen mit zwei Händen (Furi uchi) sowie Kata, die speziell auf diesen Techniken beruhen (siehe auch Shôun no kon im 3. Abschnitt, S. 161 ff.).

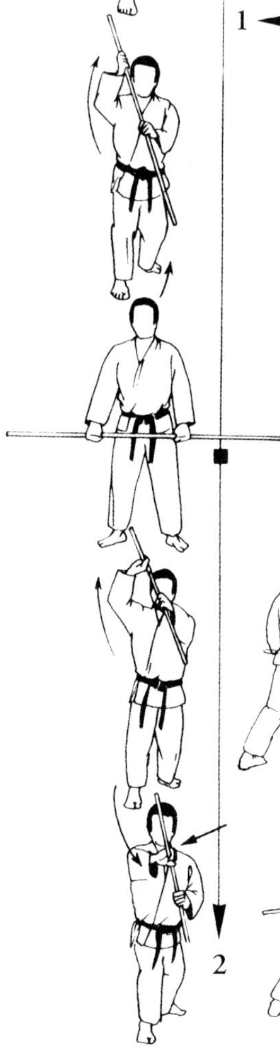

Tate honte uchi (Jôdan uchi):
Man steht und hält den Bô im Gyakute mochi. Nach vorn gehen, um den Schlag auszuführen:
1. Indem man den Griff der vorderen Hand in Honte mochi wechselt (Daumen zeigt zum Gegner).
2. Ohne den Griff zu wechseln (Daumen der vorderen Hand zeigt zum eigenen Körper, Handfläche nach unten).
Anmerkung: Man kann diese Technik auch als sehr effektiven Block nutzen, indem man von oben auf den gegnerischen Bô schlägt.

3.) Die Schwingtechniken

Diese Techniken werden im allgemeinen am Ort ausgeführt, z. B. nach einer Abwehr oder nach einem seitlichen oder vertikalen Schlag, den sie vollenden. Diese Bewegungen sind besonders schnell und hart, sie werden durch die ganze Kraft der Hüften unterstützt.

Fotos 32 und 33 zeigen die vertikale Bewegung von unten nach oben (Furiage uchi), und Foto 34 die seitliche Rückhandbewegung (Ura uchi). Die detaillierte Beschreibung erfolgt auf den nächsten Seiten.

Foto 32

Foto 33

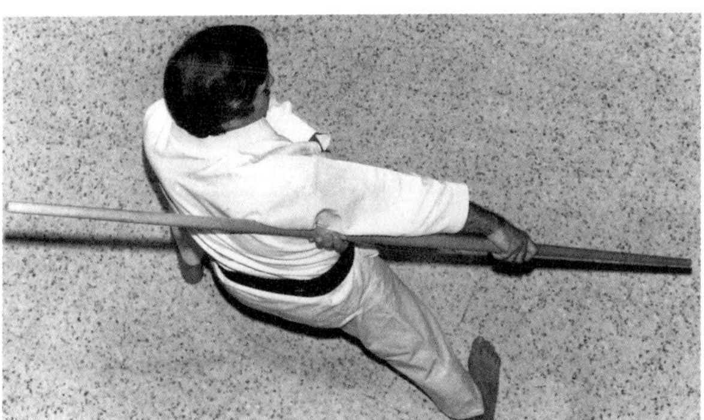

Foto 34

Vertikale Bewegung (Furiage uchi): Fotos 32 und 33 (vorige Seite) und nebenstehende Zeichnungen.

Aus der Kamae-Grundposition wird die rechte Hand zur linken Schulter gehoben, und der Bô wird mit der linken Hand nach vorn und oben gestoßen, wobei der linke Ellbogen am Körper vorbeigeführt wird. Der Stock dreht sich vertikal, der Schlag erfolgt von unten nach oben mit der Basis.

Die seitliche Rückhandbewegung (Ura uchi):

Foto 34 und nebenstehende Zeichnungen (außerdem Fotos 52 und 53 auf S. 101).

Aus einem Jôdan gamae erfolgt ein von der rechten Hand geführter Schlag. Die rechte Handfläche wird dabei nach unten und außen gedreht, während die linke Hand gleichzeitig zur rechten Achsel geführt wird. Man vollführt einen horizontalen Schlag von innen nach außen mit dem vorderen Drittel des Bô. Foto 53 zeigt die Verstärkung dieser Technik durch Ausweichen des Körpers nach hinten (Kôkutsu dachi).

Man vergleiche diese Technik mit ihrer Ausführung als Verteidigung (S. 100).

Verkettung von zwei Schwingschlägen: Furiage uchi (1 bis 3a) und Ura uchi (3a, 3b). Man kann den Schlag auch direkt von 1 zu 3b entwickeln.

Fotos 35 bis 37 zeigen den Ablauf der Bewegung von vorn.

1

2

3a

3b

Foto 35

Foto 36

Foto 37

B) Die Stoßtechniken (Tsuki waza)

Gestoßen wird mit der Spitze des Bô, in einer ausholenden Bewegung von hinten nach vorn. Diese Techniken erfordern ein hohes Maß an Präzision. Sie werden entweder zum Stoppen des Gegners vor der Anwendung einer entscheidenden Technik genutzt oder als »Gnadenstoß« gegen den am Boden liegenden Gegner geführt.

Foto 38: Vorführung eines Bô-Kampfes durch Meister Izumi (links) in Yonago, Japan (Embukai, 1984). Man achte auf den Kiai, der während des Angriffs ausgestoßen wird, und auf die perfekte Kontrolle des Stoßes.

1.) Der direkte Stoß (Tsuki)

Zeichnerische Darstellung von vorn und von der Seite.

Aus der Kamae-Position wird der Bô nach hinten gezogen, die Basis ist tiefer als die Spitze. Handgelenke und Ellbogen bleiben sehr locker. Man stößt den Bô mit beiden Händen nach vorn, unterstützt vom Körper (Okuri ashi: leichtes Vorsetzen des vorderen Fußes für eine tiefe und weite Stellung). Man beachte die abschließende Drehung der vorderen Hand, durch die der Stoß stabilisiert wird sowie den Kontakt des hinteren Ellbogens mit dem Körper. Rückkehr in Kamae.

Beim Tsuki verändert sich die Position der Hände am Bô im Lauf der Handlung nicht (im Gegensatz zum Nuki – siehe folgende Seiten).

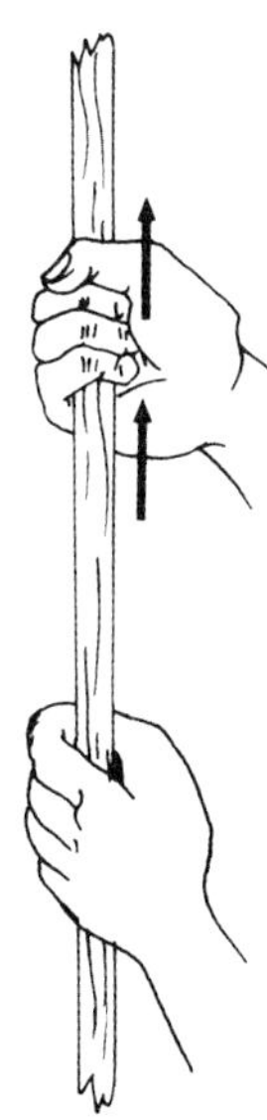

2.) Der direkte gleitende und bohrende Stoß (Nuki)

Zeichnerische Darstellung von vorn (gegenüberliegende Seite oben) und von der Seite.

Aus der Kamae-Position wird der Bô nach hinten gezogen (wobei die Basis tiefer ist als die Spitze) indem man den Bô durch die vordere Hand gleiten läßt, bis die Spitze in der Handfläche liegt.

Man stößt direkt nach vorn, wobei der Bô wie ein Bohrer um die Längsachse gedreht wird, indem die hintere Hand nach vorn stößt und eine Drehbewegung ausführt. Man beachte die abschließende Rotation der vorderen Hand, durch die der Stoß stabilisiert wird sowie den engen Kontakt des hinteren Abschnitts des Bô mit dem Körper; der Bô wird unter die Achsel geklemmt (die hintere Hand dreht sich so weit wie möglich nach außen). Rückkehr in Kamae mit Rückführung des Bô und Drehung der Hände in Gegenrichtung (hier: nach rechts).

Diese Bewegung kann durch einen großen Schwung mit dem vorderen Bein mit angehobenem Knie unterstützt werden. Beim Nuki läßt die hintere Hand den Bô nicht los, den sie durch die lockere vordere Hand, die als Führung dient, stößt und wieder zurückzieht.

Jôdan zuki:
Man steht und hält den Bô im Gyakute mochi. Man geht nach vorn, um den Schlag auszuführen:
1. Indem man den Griff der vorderen Hand in Honte mochi wechselt (Daumen zeigt zum Gegner).
2. Ohne den Griff zu wechseln (Daumen der vorderen Hand zeigt zum eigenen Körper, Handfläche nach unten).

Foto 39

Foto 40

Foto 41

Fotos 39-41: Diese Aufnahmen zeigen die offenkundige Beziehung zwischen den Techniken des Kobudô – hier mit dem Kai, dem Ruder des Fischers – und der traditionellen Kultur Okinawas. So werden in den Kata (Fotos 39 und 40) Bewegungen auf kriegerische Weise ausgeführt, wie sie ähnlich in den alten traditionellen Odori-Tänzen (Foto 41) zu sehen sind.

3.) Der gleitende Stoß nach unten (Gedan nuki oder Gedan zuki)

Diese Technik zielt auf den Fuß des Gegners. Man sticht mit einer schnellen Vor-und-zurück-Bewegung zu, wobei die untere Hand an ihrem Ort bleibt und den Bô durch sich gleiten läßt.

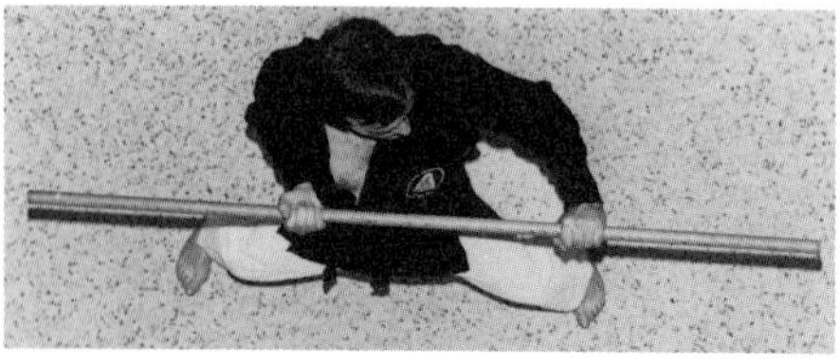

Foto 42

Foto 43

Foto 44

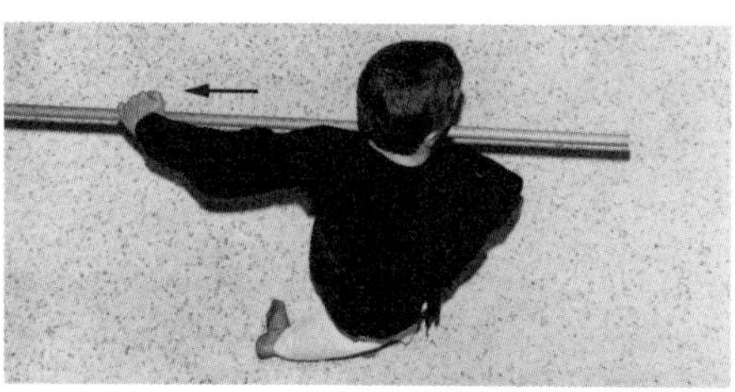

Foto 45

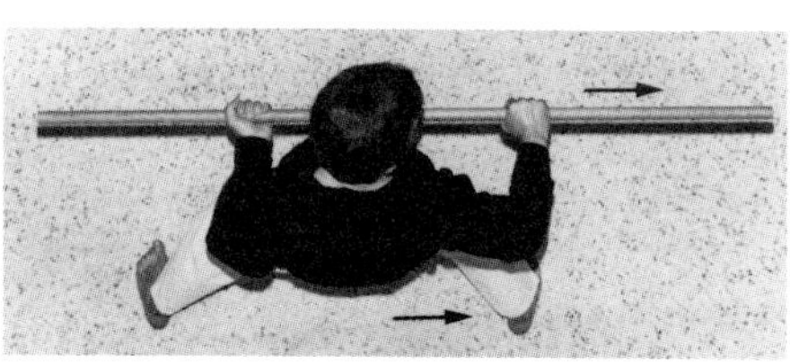

Foto 46

Renzoku waza (Kombinationstechniken):
Man führt in einer Linie Chûdan zuki in der Position Kiba dachi (Foto 42) aus, anschließend einen rechten Jôdan uchi, wobei der vordere Fuß in Über-Kreuz-Stellung zurückgesetzt wird (Kake dachi: Fotos 43 und 44) und die Hüften gedreht werden.

Der hintere Fuß wird nach vorn gesetzt, um in Kiba dachi (oder Shiko dachi) zu gehen und mit demselben Ende des Bô einen Tsuki auszuführen (Fotos 45 und 46).

Die Hüften werden nach rechts gedreht, und es erfolgt ein linker Jôdan uchi, bevor man erneut einen Tsuki mit demselben Ende ausführt (erneut Foto 42).

3. Kapitel – Die Verteidigungstechniken

A) Mittlere Abwehrtechniken (Chûdan uke oder Yoko uke)

1.) Block von innen nach außen (Soto[12] uke)

Eingerahmte Zeichnungen: Abwehr eines schneidenden oder direkten Angriffs durch eine Bewegung des Bô nach außen. Dies geschieht durch eine kurze Bewegung des Unterarms. Die Abwehr wird am Ort ausgeführt, oder man weicht nach außen oder innen aus (Zeichnungen rechts).

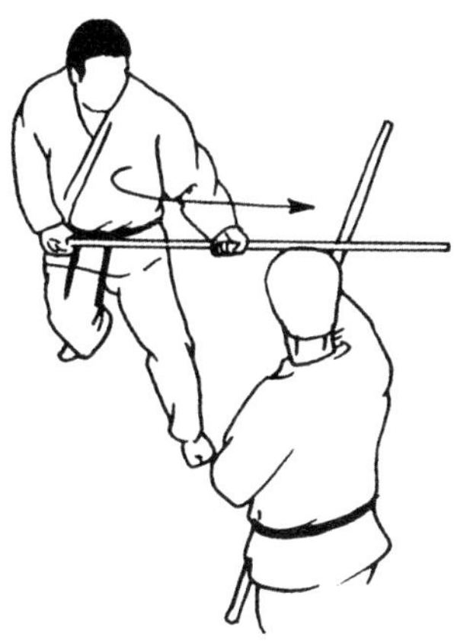

[12]Soto oder Uchi? – Die Verwendung dieser Begriffe im Kobudô kann für den Karateka verwirrend sein. Im Shôtôkan-Karate entspricht Soto uke einer Bewegung, die von außen nach innen geht, und Uchi uke einer Bewegung, die innen beginnt und nach außen führt. Im Kobudô steht Soto (außen) jedoch für eine Bewegung, die nach außen geht und Uchi (innen) für eine Technik, die nach innen geht, also genau das Gegenteil. Diese Verwirrung herrscht selbst unter japanischen Autoren, was es manchmal schwierig werden läßt, eigentlich identische, aber hinsichtlich des Vokabulars unterschiedliche Beschreibungen zu verstehen.

2.) Haken-Block (Kake uke)

Diese Bewegung ist größer als die zuvor beschriebene. Während man Shumoku oder Nekoashi dachi einnimmt, läßt man die Spitze des Bô vor sich einen Kreis beschreiben, von oben nach unten und nach außen. Dies wird mit dem Gefühl verbunden, man umwickle mit dem Ende seines Bô das Ende des gegnerischen. Der Kontakt erfolgt so nahe wie möglich bei der Spitze. Man setzt diese Abwehr gegen Angriffe ein, die mit der Spitze des gegnerischen Bô auf Höhe der Brust oder des Gesichts geführt werden.

3.) Block von außen nach innen (Uchi uke)

Man leitet einen Stoß ab, indem man den Bô mit einer einfachen Bewegung des Unterarms nach innen bringt. Die Abwehr erfolgt am Ort, oder man weicht nach außen oder innen aus.

4.) Schräger Block (Harai uke) oder vertikaler Block (Tate uke)

Man pariert mit dem Teil des Bô, der sich zwischen den Händen befindet. Vergleiche die Techniken für tiefe Verteidigungen (S. 98 und 99).

B) Tiefe Abwehrtechniken (Gedan uke)

1.) Fegeabwehr (Nagashi uke oder Hane uke)

Diese Technik eignet sich sowohl gegen einen Angriff mit einem Stoß mit der Spitze als auch gegen einen schneidenden Schlag. Man nutzt die Kraft der Hüften, indem man eine Position mit Schwerpunkt nach hinten einnimmt (Kôkutsu dachi, Foto 47). Auf Fotos 48 und 49 wird die Angriffstechnik Gedan uchi dargestellt (man beachte den Unterschied im Griff der vorderen Hand), für die sich gleichfalls eine tiefe Verteidigung eignet.

Foto 47

Foto 48

Foto 49

2.) Schräger Block (Harai uke oder Yoko uke)

Pariert wird mit dem unteren Drittel des Bô, der schräg gehalten wird (dies jedoch nicht unbedingt: siehe Zeichnung unten), von außen nach innen, indem man geradlinig zurückweicht oder schräg ausweicht. Foto 50. Siehe auch folgende Seite.

Foto 50

3.) Vertikaler Block (Tate uke)

Gleiche Ausführung wie Harai uke, aber der Bô wird gerader gehalten, was dazu führt, daß der Kontakt mit dem gegnerischen Bô näher am eigenen Körper erfolgt. Man beachte hier die senkrechte und mittige Position des Bô vor dem Körper.

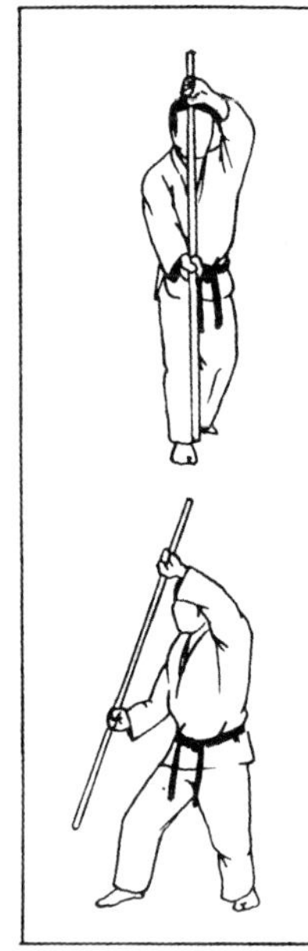

4.) Fegender Block (Gedan barai oder Gedan ura uke)

Dies ist die Anwendung der Technik Ura uchi (S. 84) zur Verteidigung. Der Bô wird schräg gehalten. Der gegnerische Bô wird mit einer Bewegung von innen nach außen nach hinten gefegt. Man führt diese Abwehr im allgemeinen im Kôkutsu dachi aus (Foto 53) oder in einer Position mit entgegengesetzt gestellten Füßen (Fotos 51 und 52). Man kann sich auch auf einem Bein aufrichten und im Sagiachi dachi parieren (Foto 140 auf S. 131).

Foto 51

Foto 52

Foto 53

5.) Preßabwehr (Osae uke oder Otoshi uke)

Man schlägt den gegnerischen Bô von oben nach unten in Richtung Boden. Diese Technik existiert in zwei Varianten.
1. Wie bei Tate honte uchi (Jôdan uchi), aber der Bô wird bis zur Horizontalen abgesenkt. Der Daumen der vorderen Hand zeigt zum Körper. Man beachte, daß man auf die gleiche Weise ausweichen und dem Gegner einen Schlag ins Genick versetzen kann. Siehe eingerahmte Zeichnungen.
2. Der gegnerische Bô wird noch weiter gedrückt, mit der Absicht, ihn dem Gegner aus der Hand zu schlagen. Die Spitze des Bô kommt dem Boden sehr nahe. Der Daumen der vorderen Hand zeigt in Richtung Gegner. Siehe Zeichnungen rechts.

6.) Schaufel-Abwehr (Sukui uke)

Diese Form wird weiter hinten in ihrer Anwendung als hohe Abwehr beschrieben (S. 103 und 104), aber sie eignet sich gleichermaßen zur Abwehr eines sehr rasch geführten Angriffs. Man wehrt von innen nach außen ab. Siehe Zeichnung auf der folgenden Seite.

7.) Preßabwehr mit zwei Händen (Otoshi morote uke)

Für diese Technik siehe Beschreibung auf Jôdan-Höhe auf S. 106.

C) Hohe Abwehrtechniken (Jôdan uke)

Sukui uke:

Der Bô wird im Gyakute mochi gehalten. Man geht nach vorn, um den Schlag auszuführen:

1. Indem man den Griff der vorderen Hand in Honte mochi wechselt (Daumen zeigt zum Gegner).
2. Ohne den Griff zu wechseln (Daumen der vorderen Hand zeigt zum eigenen Körper, Handfläche nach unten).

Man beachte, daß die Abwehr mit dem vorderen Drittel des Bô erfolgt. Siehe auch folgende Seite.

1.) Schaufel-Abwehr (Sukui uke)

Es wird pariert, indem beide Hände gehoben werden, die hintere Hand höher als die vordere, während der Bô ein wenig nach außen gedreht wird. Dies ist verbunden mit dem Gefühl, nach etwas zu »angeln«. Auf diese Weise gelangt die Waffe in eine schräge Lage, zu drei Vierteln seitlich. Man fängt den gegnerischen Schlag mit dem ersten Drittel des Bô ab. Siehe Zeichnungen unten.

Zeichnung rechts oben: Die gleiche Bewegung, verstärkt; der Bô kommt in eine vertikale und nicht in eine schräge Ebene, was es ermöglicht, einen tiefen Angriff abzuwehren. Die Technik Sukui uke gestattet die Abwehr auf drei Niveaus – Jôdan, Chûdan und Gedan –, je nachdem, in welchem Winkel in bezug auf die Horizontale man den Bô hält.

Foto 54: Die Technik des Suburie (Hacke) erinnert zweifelsohne an die landwirtschaftlichen Ursprünge des Kobudô.

2.) Der Block mit zwei Händen (Morote age uke)

1

Zeichnung 1. Die gegnerische Waffe, ein Stock, ein Schwert oder eine andere Waffe des Kobudô, schlägt von oben nach unten direkt in Richtung Kopf. Der Angriff wird durch eine Sperre mit großer Kraft aufgehalten. Man hebt den Bô horizontal über den Kopf, wobei die Arme halb gebeugt bleiben. Die Aktion der Arme muß durch den ganzen Körper unterstützt werden: Bauchmuskeln angespannt, Rumpf aufrecht, stabiler Stand. Der Griff kann sowohl ein Gyakute mochi als auch ein Honte mochi sein. Man blockt prinzipiell mit dem Mittelteil (Jin) des Bô.

3.) Seitlicher hoher Block (Chûdan yoko uke oder Jôdan harai uke)

Zeichnungen 2 und 3. Es handelt sich hier um die Technik Harai uke (siehe S. 98), bei welcher man mit dem Mittelteil des Bô blockt. Während der Abwehr kann eine rückwärts gerichtete Position eingenommen werden (Zeichnung 3). Dies hilft, den Schlag besser aufzunehmen und bereitet einen Gegenangriff (Stoß mit dem unteren Teil der Waffe) vor.

2

3

4.) **Hohe Fegeabwehr (Jôdan nagashi uke)**

Zeichnungen 4 und 5. Es handelt sich hier um die Technik Nagashi uke (siehe S. 96), aber der Bô wird schräg hochgehoben, um die gegnerische Waffe mit dem ersten Drittel abzufangen. Die Hüften unterstützen kraftvoll diese Bewegung.

5.) **Mit beiden Händen nach unten gepreßter Block (Otoshi morote uke)**

Zeichnung 6. Dies ist die zu Morote age uke (Zeichnung 1) symmetrische Technik. Man fängt den gegnerischen Schlag mit dem Mittelteil des Bô ab, der fest mit beiden Händen gehalten wird, vorzugsweise mit Gyakute mochi.

Foto 55: Meister Chinen Kenyû, 6. Dan, rechts, bei einer Vorführung mit Adaniya Seisuke, 4. Dan, im Centre de Recherche Budo in Straßburg.

Fotos 56 und 57: Eine Kata mit dem Suburie (Hacke), wie sie heute noch im Dôjô von Meister Matayoshi praktiziert wird. Man führt Schläge und Stöße mit beiden Enden aus. Die Kampfkunst mit dem Suburie ist eine der Nebenkünste des Kobudô und heute im Aussterben begriffen.

4. Kapitel – Kombinationen (Renzoku waza)

Im folgenden werden einige miteinander verbundene Techniken vorgestellt, mit denen es möglich ist, rasche Fortschritte bei der Meisterung des Bô zu erzielen. Die wichtigsten zu beachtenden Punkte sind: Entspannung des Körpers (vor allem der Ellbogen- und Handgelenke) und Geschmeidigkeit der Hände bis zum Moment des Aufschlags (Kime), in dem der Köper während des Bruchteils einer Sekunde angespannt wird und das Ende des Bô abrupt zum Stillstand kommen muß. Erst danach darf man zur nächsten Technik übergehen. Man muß parieren und schlagen mit dem Gefühl, daß die Schläge direkt aus dem Tanden kommen. Die Übungen werden ausgeführt, während man auf einer Linie nach vorn geht oder zurückweicht.

Foto 58

Foto 59

Foto 60

Foto 61

Foto 62

Fotos 58-63: Man hat einen Jôdan yoko honte uchi nach rechts ausgeführt. Der vordere Fuß wird zurückgesetzt, um mit Tate uke in der Position Sagiashi dachi zu parieren (58 bis 61). Man nimmt nun einen Zenkutsu dachi nach vorn ein und führt erneut einen Jôdan yoko honte uchi nach rechts aus (62 und 63). Man geht nach vorn und schlägt nach links. Abwehr mit Tate uke, während man sich auf dem rechten Bein aufrichtet, usw.

Foto 63

Foto 64

Foto 65

Foto 66

Foto 67

Foto 68

Fotos 64-68: Nach einer Abwehr mit Gedan ura uke im Sagiashi dachi (Foto 64) wird der Bô einmal vollständig in einer vertikalen Ebene gedreht, um einen Jôdan tate honte uchi auszuführen, während man nach vorn in Zenkutsu dachi geht. Man beachte die vollständige Drehung der Spitze und den Einsatz der Hände.

Foto 69

Foto 70

Foto 71

Foto 72

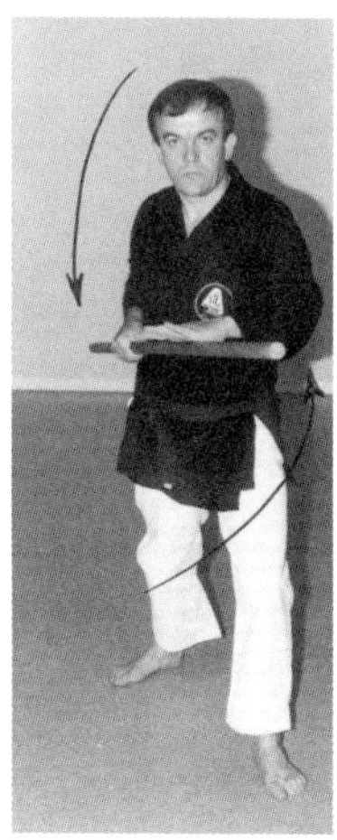

Foto 73

Foto 74

Fotos 69 bis 74: Chûdan Yoko honte uchi (69), Gedan ura uke im Sagiashi dachi auf dem hinteren Bein (70, 71), Rückzug in Zenkutsu dachi mit vertikalem Schlag von unten nach oben und von hinten nach vorn (72, 73), bevor ein Yoko honte uchi (oder Tsuki) nach links ausgeführt wird (74). Abwehr, während man sich auf dem rechten Bein aufrichtet, usw. Diese Serie wird im Zurückgehen ausgeführt.

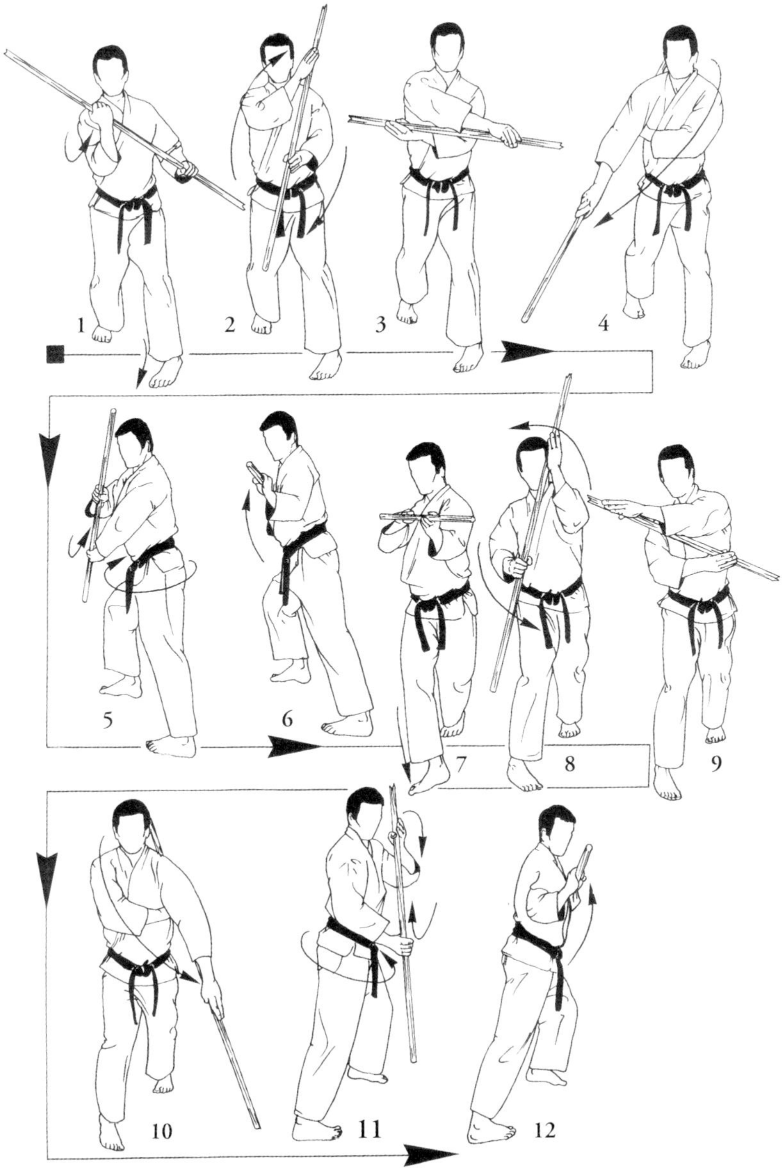

Zeichnungsfolge: Gyaku gedan ura uke (1 bis 4), Gyaku uchi age (Furiage uchi), während man in Kôkutsu dachi geht (5, 6). Kreuzschritt (7), umgekehrter Gyaku gedan ura uke (8 bis 10), umgekehrter Gyaku uchi age, während man wieder in Kôkutsu dachi geht (11, 12).

Foto 75: Naginata (gebogene Lanze), links, gegen Seiryûtô (Buschmesser) und Chimbe (Schild). Der traditionelle Schild besteht aus einem Schildkrötenpanzer.

Foto 76: Hakenlanze gegen Nunchaku.

2. Abschnitt – Kumite (Kampftechniken)

Bô Kumite

Mit dem Partnertraining darf erst begonnen werden, nachdem man sehr lange Zeit die Grundtechniken (Hôjô undô) und die Grundkata geübt hat. Aus Gründen der Sicherheit darf diese Ergänzung zum traditionellen Training nur auf konventionelle Weise, d. h., nach strengen Regeln, die von beiden Partner akzeptiert werden, ausgeführt werden (Yakusoku kumite).

Man kann nichtsdestotrotz auch auf diese konventionelle Weise zu außerordentlich komplexen und schnellen Angriffs- und Verteidigungsabläufen gelangen. Die Enden des Stocks können ohne weiteres hohe kinetische Energie besitzen, so daß selbst anscheinend leichte Berührungen schwere Verletzungen zur Folge haben können. Man muß daher mit größter Vorsicht agieren. Die Übungen müssen zunächst sehr langsam ausgeführt werden, wobei nach harmonischer Entwicklung gestrebt wird, die perfekt in Einklang mit den Techniken des Partners steht. Das Hauptaugenmerk liegt immer auf der Kontrolle der Schläge, dies gilt sowohl für den Angriff als auch für die Verteidigung. Echte Fortschritte können nur dann erzielt werden, wenn man seine Schläge frei von Hemmungen ausführen kann, ohne Unsicherheiten aufgrund mangelnder Beherrschung der Waffe.

Auf den folgenden Seiten werden einige elementare Partnertechniken vorgestellt, die man leicht modifizieren, vervollständigen oder miteinander vermischen kann, wenn man entsprechend fortgeschritten ist.

Für die Erläuterungen gelten die üblichen Vereinbarungen: Tori ist der Angreifer, Uke der Verteidiger. Die Zahlen in den Texten entsprechen der Numerierung der Fotos.

Wesentliche Punkte für das Üben des Bô Kumite:

- Vor dem Partnertraining müssen Art und Höhe des Angriffs exakt vereinbart werden.
- Die Schläge für den Angriff und den Gegenangriff müssen immer unter Kontrolle bleiben. Tori muß in der Lage sein, seinen Angriff zu stoppen, selbst wenn es Uke nicht gelingen sollte, den Schlag abzuwehren oder

ihm rechtzeitig auszuweichen. Letzterer muß sich auf den richtigen Abstand zum Partner konzentrieren (im allgemeinen wird er ihm für den Gegenangriff sehr nahe sein).

- Am Anfang müssen die Übungen langsam und ohne Hemmungen ausgeführt werden.
- Die Schultern werden nicht angehoben, und die Ellbogen müssen nahe am Körper bleiben.
- Man muß das Gefühl haben, alle Handlungen und Schläge kämen aus dem Tanden.
- Jedes reale Auftreffen (Stock auf Stock) muß mit Kime verbunden sein, das gilt auch für hypothetische Treffer auf den Körper.

A) Einfache Abfolgen

1.) Angriff mit Chûdan ura uchi von links nach rechts

Man pariert mit Tate uke (Chûdan yoko uke) von links nach rechts, während man gleichzeitig einen Gegenangriff mit Kubi mawashi geri gegen das Knie von Tori ausführt (77), wenn Uke nahe genug bei Tori bleiben konnte (der gesamte Körper dreht sich in dieselbe Richtung).

Anmerkung: Dies stellt ein Beispiel für eine Kombination aus Karatedô und Kobudô dar. Im klassischen Kobudô werden Karatetechniken nur ausnahmsweise eingesetzt.

Foto 77

2.) Angriff mit Gedan ura uchi von links nach rechts

Man weicht mit dem vorderen Bein aus (Sagiashi dachi), während man einen Sukui uke ausführt (78). Man kontert mit Jôdan yoko honte uchi, während man seinen vorderen Fuß außerhalb neben Toris vorderen Fuß setzt, um diesen mit dem Ten auf Höhe des Halses zurückzustoßen. Es ist einfach, ihn auf diese Weise auf den Rükken zu werfen (79).

Foto 78

Foto 79

Foto 80

Foto 81

Foto 82

3.) Angriff mit Gedan yoko honte uchi von links nach rechts

Am Ort wird aus einer rückwärtigen Position mit Sukui uke pariert (80). Es folgt ein Jôdan yoko honte uchi gegen den Hals oder die Schulter, während man Zenkutsu dachi einnimmt (81). Die Handlung wird abgeschlossen durch einen Rückhandschlag. Dabei dreht man sich nach rechts, nachdem man den rechten Fuß ein Stück zurückgesetzt hat, um die Drehung der Hüften zu verstärken (82). Die rechte Hand wird dabei auf Höhe der rechten Schulter zurückgezogen.

4.) **Angriff mit Gedan ura uchi von links nach rechts**

Abwehr mit Gedan nagashi uke, begleitet von einer Drehung nach rechts hinten (83). Am Ort wird ein Gegenangriff mit einem Stoß der Spitze des Bô gegen den vorderen Fuß von Tori ausgeführt (Gleitstoß nach unten; 84). Diese Bewegung wird mehrere Male in der Kata Shûshi no kon wiederholt. Die vorgestellte Übung stellt das entsprechende Bunkai dar.

Man kann den Ablauf auch vervollständigen mit einem Ura uchi auf den Ellbogen von Tori, während in Zenkutsu dachi gewechselt wird (85).

Foto 83

Foto 84

Foto 85

Foto 86

Foto 87

Foto 88

5.) Angriff mit Gedan yoko honte uchi von rechts nach links

Man weicht ein Stück nach rechts aus und pariert mit einem Gedan uke mit dem Chi des Bô. Die Neigung des Stocks entspricht weitestgehend der des hinteren Beins (86). Der Bô wird »einsatzbereit« gemacht (Vorbereitung auf den Schlag), indem er nach hinten gezogen wird (87). Daraufhin wird er gegen den Hals oder den Solarplexus von Tori geschlagen oder gestoßen (88). Man kann die Wucht des Schlages erhöhen, indem man die Hüften einsetzt. Durch eine kraftvolle Drehung des Körpers nach links hinten gelangt man in Kôkutsu dachi. Aber die Synchronizität zwischen dem Tsuki und der gegenläufigen Drehung der Hüften muß dabei perfekt sein.

Man beachte, daß es sich hierbei auch um eine ausgezeichnete Methode handelt, sich, während man den Konter ausführt, fortzubewegen, um gegebenenfalls den Kampf gegen einen anderen Angreifer, der sich in entgegengesetzter Richtung befindet, fortzusetzen.

6.) Angriff mit Jôdan ura uchi von links nach rechts

Man pariert mit Harai uke im Shumoku dachi (89). Der linke Fuß wird weit nach vorn gesetzt, während die gegnerische Waffe vollkommen zur Seite gedrückt wird (90). Man kann nun einen Tsuki ausführen oder in Zenkutsu dachi gehen, um einen Jôdan ura uchi auszuführen (91), bevor mit einem horizontalen Schwingschlag das hintere Ende des Bô gegen den Hals von Tori geschlagen wird (92). Dieser Schlag wird von innen nach außen geführt.

Foto 89

Foto 90

Foto 91

Foto 92

7.) Angriff mit Chûdan zuki

Foto 93

Man weicht nach links aus (linker Fuß, danach rechter Fuß, im Shumoku dachi), während der Stoß mit einem Soto uke nach rechts ablenkt wird (93). Der Gegenangriff erfolgt mit einem Yoko honte uchi gegen den Kopf oder den Unterarm von Tori (94). Weitergeführt wird die Aktion durch einen Rückhandschlag, während man sich nach rechts dreht (95), und vollendet durch einen Tsuki ins Gesicht (96).

Foto 94

Foto 95

Foto 96

8.) Angriff mit Jôdan zuki

Die Abwehr erfolgt mit Jôdan soto uke, während man ein wenig nach links ausweicht (97). Anschließend kontert man mit einem Rückhandschlag nach links, während man die Hüften dreht und gleichzeitig eine tiefere Position einnimmt, um leichter mit der eigenen Waffe unter die gegnerische zu gelangen (98). Es folgt ein direkter Stoß gegen den Körper, während man die Hüften zurückdreht (99). Man kann Tori zu Fall bringen, indem man einen Feger gegen sein vorderes Knie ausführt (100).

Foto 97

Foto 98

Foto 99

Foto 100

Foto 101

Foto 102

Foto 103

9.) Angriff mit Jôdan tate honte uchi

Abwehr mit Morote age uke (101); die gegnerische Waffe wird nun mit Unterstützung einer kraftvollen Drehung der Hüften nach rechts abgelenkt, während derer man die rechte Hand zum Körper zieht (102). Man beachte, daß diese Übergangsphase, die den Gegenangriff begünstigt, auch als eigenständige Abwehr eingesetzt werden kann, wenn dies auch etwas riskanter ist. Man kann nun unmittelbar einen Tsuki mit dem Ten gegen das Gesicht des Gegners ausführen. Der eigentliche Gegenangriff erfolgt mit Jôdan tate honte uchi oder Jôdan ura uchi (103), wobei die Hände den Griff wechseln und man in Zenkutsu dachi geht.

10.) Angriff mit Jôdan yoko (oder tate) honte uchi

Kamae (104). Abwehr mit Jôdan harai uke, während man nach rechts ausweicht (105). Man löst die Waffe von der gegnerischen und dreht sich nach rechts (106), bevor mit einem Jôdan ura uchi (107) oder einem fegenden Gedan ura uchi (108) gekontert wird. Man kann die Handlung abschließen, indem man sich mit Drehung der Hüften nach rechts wieder aufrichtet und einen Schwingschlag von unten nach oben gegen das Kinn von Tori ausführt (109).

Foto 104

Foto 105

Foto 106

Foto 107

Foto 108

Foto 109

11.) Angriff mit Jôdan tate (oder yoko) honte uchi

Abwehr mit Jôdan harai uke, während man in Shumoku dachi geht (110). Man duckt sich, um unter die gegnerische Waffe zu gelangen und führt einen Chûdan ura uchi aus (111). Anschließend richtet man sich mit einer Drehung der Hüften in Gegenrichtung wieder auf und führt dabei einen Schlag mit der linken Hand von unten nach oben aus (112), wobei die Möglichkeit besteht, Tori aus dem Gleichgewicht zu bringen, indem dessen Knie von außen blockiert wird (113).

Foto 110

Foto 111

Foto 112

Foto 113

12a) Angriff mit Chûdan yoko honte uchi von rechts nach links

Siehe auch die gleiche Abfolge auf der folgenden Seite.

Abwehr mit Tate uke, während man sich ins Innere des Angriffs dreht, damit man vollständig hinter seinen Bô gelangt (115). Auf diese Weise nähert man sich Tori und steht schließlich seitlich von ihm. Man setzt die Drehung in die gleiche Richtung fort, macht seinen Stock »einsatzbereit« (116) und führt nun horizontal einen Tsuki aus, während der linke Fuß ein Stück in Richtung Tori gesetzt wird (117).

Foto 114

Foto 115

Foto 116

Foto 117

12b) Angriff mit Chûdan yoko honte uchi (oder Tsuki)

Erklärungen zu dieser Abfolge siehe vorige Seite.

Foto 118

Foto 119

Foto 120

13.) Angriff mit Chûdan yoko honte uchi (oder Tsuki)

Die Vertcidigung ist die gleiche wie in Beispiel 12a): Tate uke in Verbindung mit Ausweichen des linken Beins hinter das rechte (121, Kake dachi). Man holt nun mit dem Bô weit Schwung und führt als Gegenangriff einen Tsuki gegen den Körper (122) oder ins Gesicht aus (123). Man beachte, daß man in Abhängigkeit vom Abstand den Stoß entweder am Ort ausführt, oder indem man sich Tori durch einen Schritt mit dem linken oder rechten Fuß nähert.

Foto 121

Foto 122

Foto 123

B) Kombinationen

Allgemein gilt folgendes: Die im Abschnitt A) vorgestellten Abfolgen stellen keineswegs Einschränkungen dar. Man beginne dennoch damit, diese Grundformen sorgfältig zu erlernen, wobei besonderes Augenmerk auf die Grundprinzipien der Kampfkunst mit dem Bô zu legen ist.

Man kann nun damit fortfahren, Verknüpfungen von zwei oder drei Angriffen, die Tori hintereinander ausführt, entweder am Ort oder verbunden mit zwei oder drei Schritten, zu entwickeln. Auf den folgenden Seiten werden hierfür einige Beispiele gegeben.

W(eiß): weißer Keikogi.
S(chwarz): schwarzer Keikogi.

1.) 14 Übungsserien

1. Serie

(124) Rei.

(125) Kamae.

(126) S greift mit Jôdan tate honte uchi an.
W verteidigt sich mit Morote age uke.

(127) S kontert mit Gedan ura uchi.
W weicht aus bzw. zieht sich zurück mit Sukui uke.

(128) S setzt den rechten Fuß zurück, um den richtigen Abstand zu bekommen …

(129) … für einen Jôdan furi uchi.
W wehrt mit Harai uke oder Morote age uke ab.

(130) W führt die Aktion nach einem Wechsel der Hände mit Gedan zuki zu Ende (Fotos 130, 131, 133 und 134).

Die gleiche Serie, aus der Vogelperspektive betrachtet, wird auf S. 130 dargestellt.

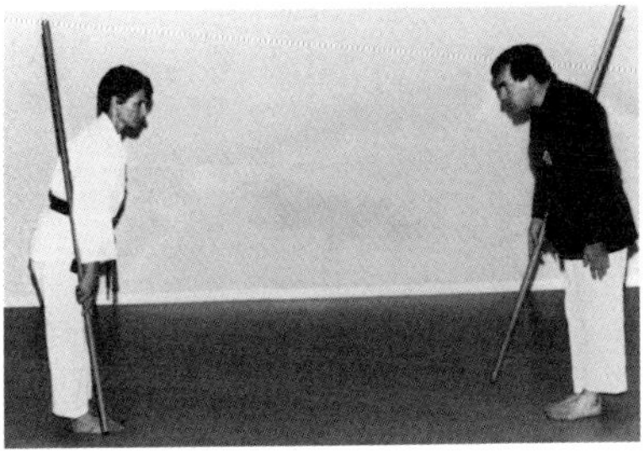
Foto 124

Foto 128

Foto 125

Foto 129

Foto 126

Foto 130

Foto 131

Foto 127

Foto 132

Foto 133

Foto 134

Fotos 133 und 134: 1. Serie: Wechsel der Hände

1. Serie (aus Vogelperspektive)

Fotos 135 bis 139. Erklärungen, siehe S. 128.

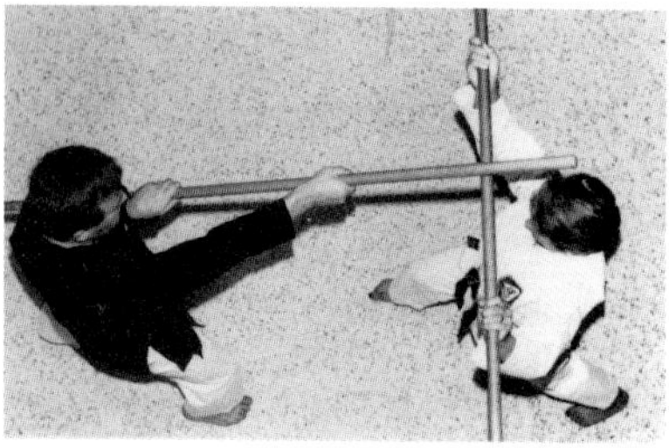

Foto 135

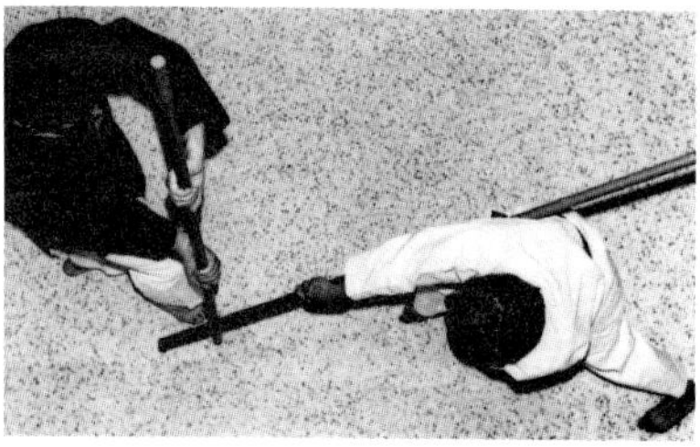

Foto 136

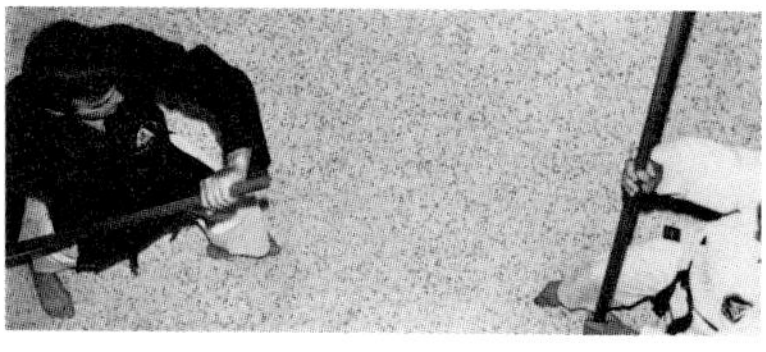

Foto 137

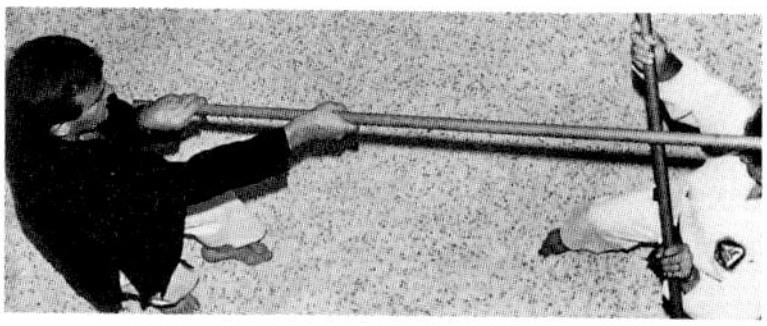

Foto 138

Foto 139

2. Serie

(140) W greift mit Gedan ura uchi an.
S pariert im Sagiashi dachi mit Gedan ura uke.

(141) S drückt den gegnerischen Bô zur Seite, indem die linke Hand nach links geführt wird und man einen Zenkutsu dachi einnimmt.

(142) S führt einen Gegenangriff mit Jôdan yoko honte uchi.

Foto 140

Foto 141

Foto 142

Foto 143

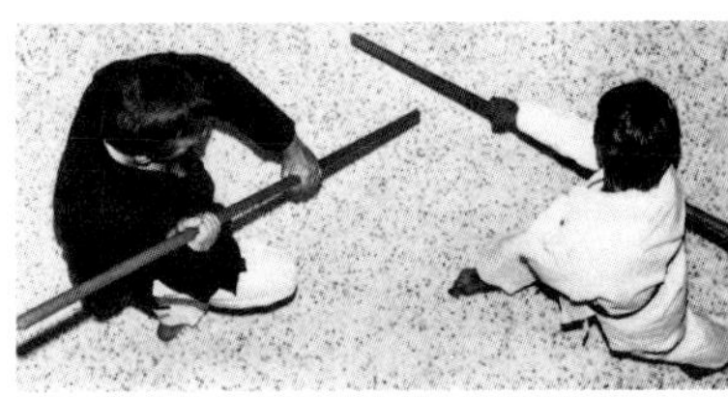

Foto 144

Foto 145

Fotos 143 bis 145 zeigen den Ablauf der 2. Serie aus der Vogelperspektive.

3. Serie (siehe auch S. 134 – Darstellung in Vogelperspektive)

W führt einen einzigen Angriff mit Gedan yoko honte uchi aus.

(146) S wehrt im Sagiashi dachi mit Gedan ura uke ab; …

(147) … Aufwärtsschlag mit der Spitze am Ort.

(148), (149) Jôdan nuki mit der Basis (umgedrehter Bô).

(150), (151) Jôdan yoko furi age.

(152) bis (155) Rückkehr des Bô hinter den Rücken (horizontal), erneutes Ergreifen mit linker Hand und erneuter Jôdan yoko furi age in umgekehrte Richtung.

(156) S setzt den rechten Fuß nach vorn und führt Jôdan nuki aus, …

(157) … bevor er die Serie mit Jôdan yoko honte uchi beendet, begleitet von starker Drehung der Hüften nach links.

Foto 146

Foto 148

Foto 147

Foto 149

Foto 150

Foto 151

Foto 152

Foto 153

Foto 154

Foto 155

Foto 156

Foto 157

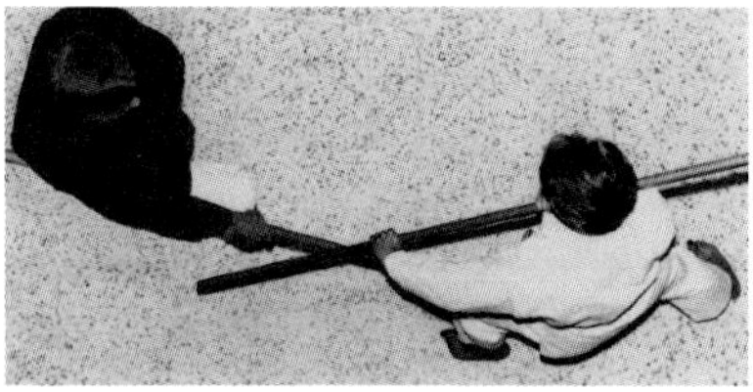

Foto 158

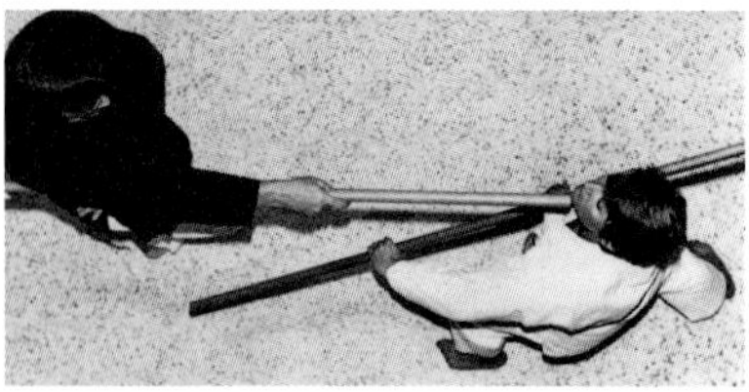

Foto 159

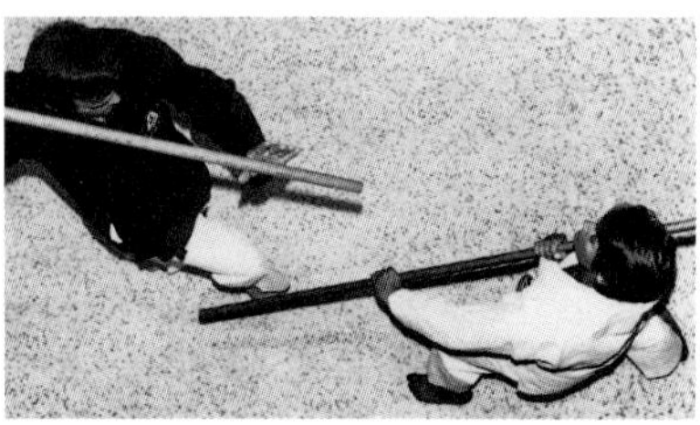

Foto 160

Foto 161

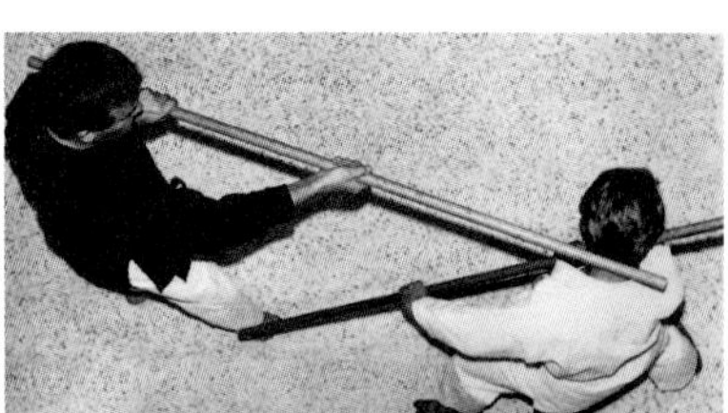

Foto 162

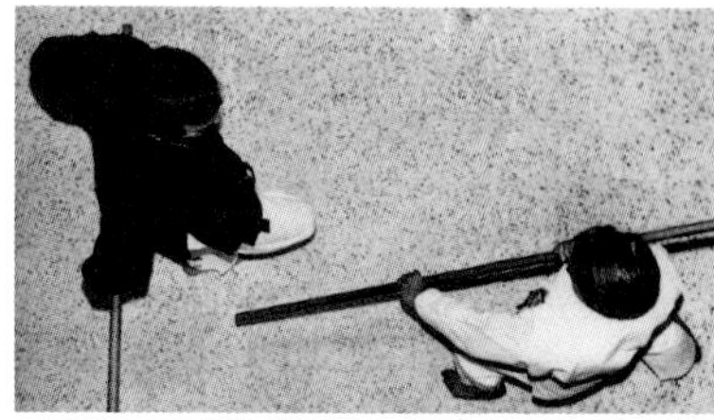

Foto 163

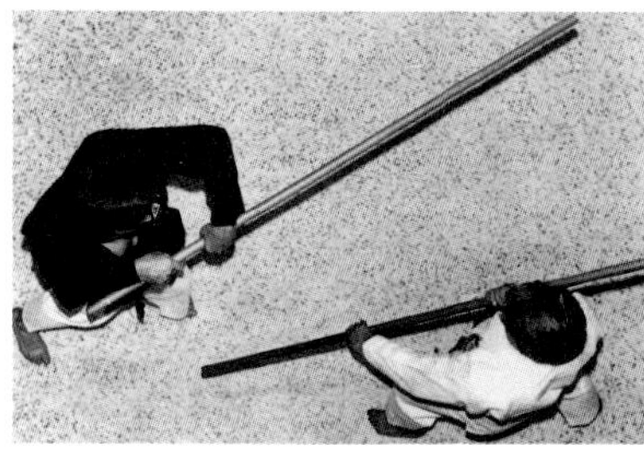

Foto 164

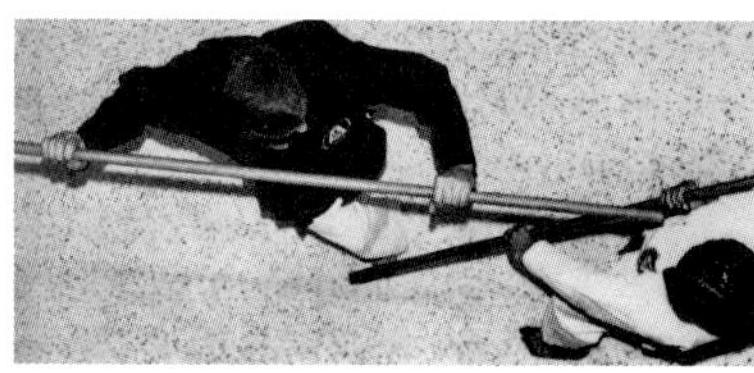

Foto 165

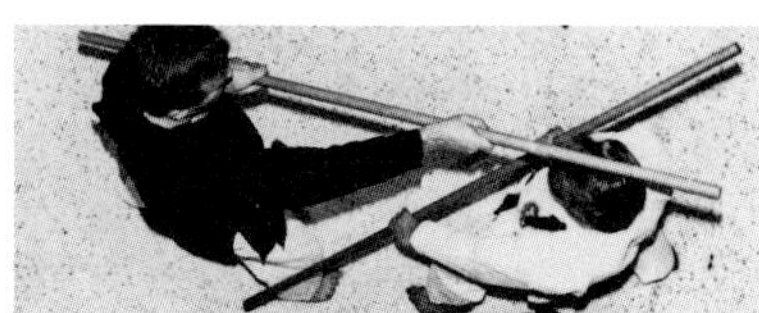

Foto 166

Fotos 158 bis 166: Die 3. Serie aus der Vogelperspektive betrachtet. Die Erklärung zu dieser Serie findet sich auf Seite 132.

4. Serie

Ein Angriff mit Chûdan yoko honte uchi wird mit Tate yoko uke abgewehrt (167). Uke weicht weit nach rechts aus, um die gegnerische Waffe nach links zu bringen (indem er den tieferen Teil seines Bô über seine linke Schulter hebt), während er einen Gegenangriff mit Furiage uchi (168) führt. Abschließend folgt ein Gedan ura uchi (169).

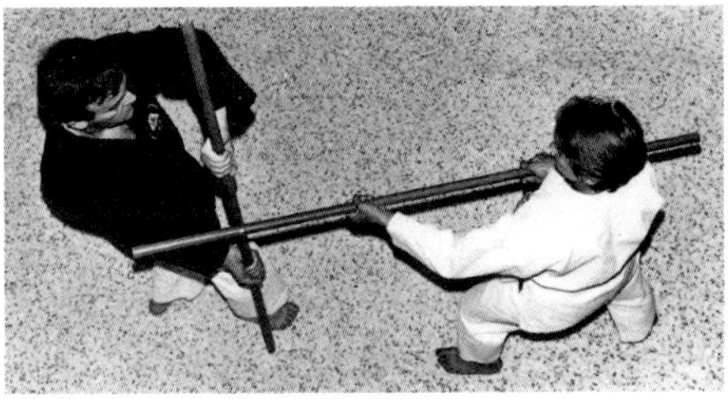

Foto 167

Foto 168

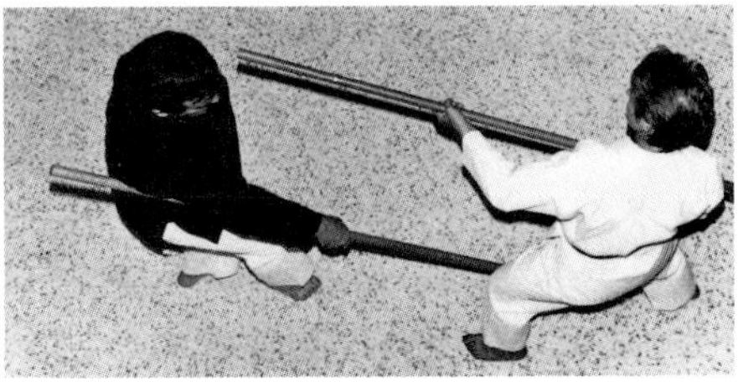

Foto 169

5. Serie

Ein Angriff mit Gedan yoko honte uchi wird mit Tate yoko uke abgewehrt (170). Es folgt ein Gegenangriff am Ort von unten nach oben unter der hinteren Hand von Tori (171) und darauf ein Jôdan ura uchi rechts mit Übergang in Kôkutsu dachi (172).

Foto 170

Foto 171

Foto 172

6. Serie

Jôdan tate honte uchi und Abwehr mit Morote age uke (173). Uke lenkt die gegnerische Waffe nach rechts ab (174) und kontert mit Jôdan tate honte uchi, indem der Bô in einer vertikalen Ebene gedreht wird (175). Fotos 176 bis 178 zeigen dieselbe Serie aus der Vogelperspektive.

Foto 173

Foto 174

Foto 175

Foto 176

Foto 177

Foto 178

7. Serie

Angriffsfolge nach einer Abwehr mit Morote age uke: Yodan yoko honte uchi (179), Jôdan zuki (180 und 181) mit Schwung des vorderen Fußes, Jôdan tate honte uchi (182 und 183), Jôdan nuki mit Schwung des vorderen Fußes (184 und 185).

Foto 179

Foto 180

Foto 181

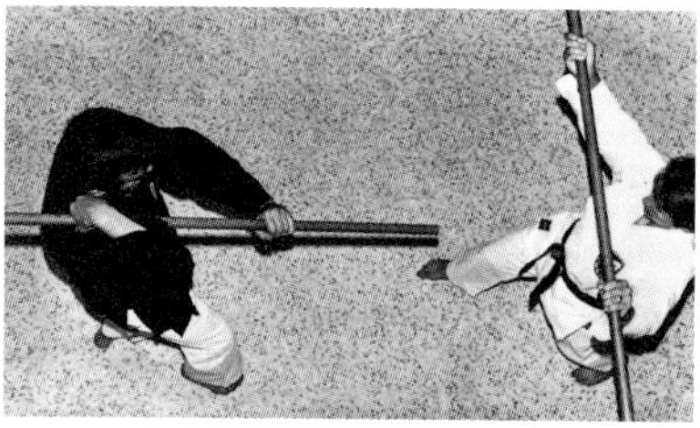

Foto 182

Foto 183

Foto 184

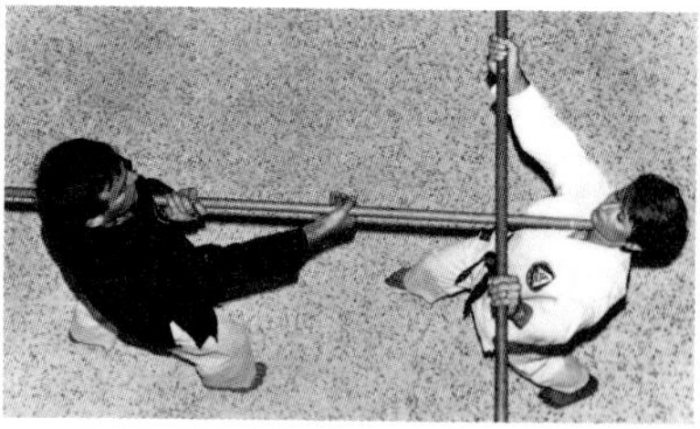

Foto 185

8. Serie

Tori greift mit Jôdan tate honte uchi an, Uke wehrt mit Morote age uke ab (186).

Uke geht weit rechts an Tori vorbei, wodurch dessen Waffe hinter ihn abgelenkt wird (187).

Aus dieser neuen Position drückt Uke die Basis seiner Waffe nach unten gegen das Genick von Tori (188), bevor er sich diesem zudreht, indem er eine weite Drehung nach links hinten ausführt, um dann einen letzten Tsuki zu plazieren (189).

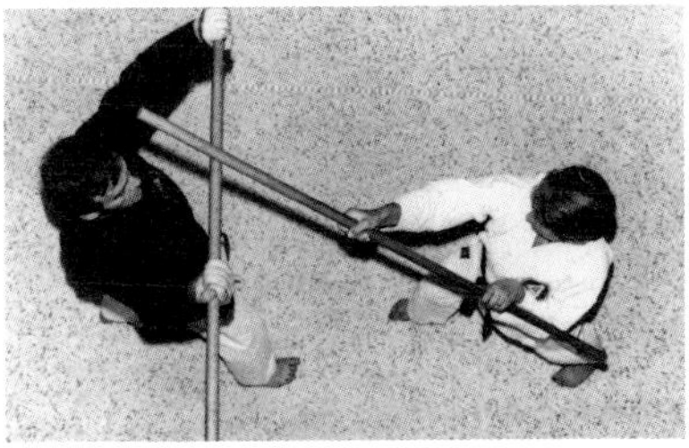

Foto 186

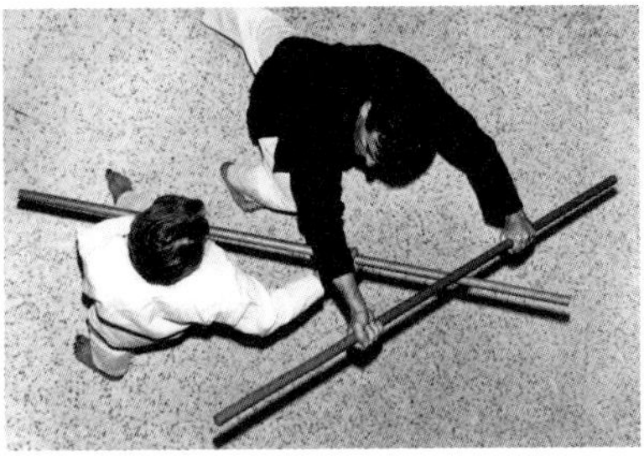

Foto 187

Foto 188

Foto 189

9. Serie

S führt einen Angriff mit Gedan ura uchi, W pariert mit Sukui uke (190). Während W einen weiteren Konter mit Jôdan yoko honte uchi ausführt, lenkt S den Angriff nach rechts ab, indem er eine Ausgleichsbewegung des Körpers ausführt (191), bevor er selbst einen Gegenangriff mit Yoko honte uchi ausführt (193).

Fotos 194 bis 196 zeigen den auf den Fotos 190 bis 193 dargestellten Ablauf von vorn.

Foto 190

Foto 191

Foto 192

Foto 193

Foto 194

Foto 195

Foto 196

10. Serie

Foto 197

(197) S greift mit Jôdan tate honte an, W pariert mit Morote age uke.

(198) S führt einen seitlichen Schlag mit der Basis des Bô aus …

Foto 198

(199) … gefolgt von einem Ura uchi mit erneutem Wechsel der Hände. W pariert diesen Schlag mit Tate yoko uke.

(200) Am Ort greift S mit der Basis des Bô von unten nach oben an …

(201) … bevor er die Handlung abschließt, indem er einen Yoko honte uchi gegen den erhobenen Ellbogen von W ausführt, nachdem er noch einmal die Seiten des Bô gewechselt hat.

11. Serie

Foto 199

(202) W greift mit Gedan yoko honte uchi an, S pariert mit Gedan nagashi uke (hane uke).

(203), (204) S setzt sogleich seine anfängliche Drehung fort und verstärkt sie, um

Foto 200

Foto 201

einen Tsuki aus der Position Kiba dachi auszuführen. W pariert diesen Angriff mit einem Tate uke.

(205) Indem er den linken Fuß zurücksetzt, um besser seine Drehung fortsetzen zu können, greift S mit Jôdan tate honte uchi an, was W zurückweichend mit Morote age uke pariert.

(206), (207) S nutzt den durch sein Ungleichgewicht verursachten Schwung aus und setzt den rechten Fuß nach vorn, um erneut einen Tsuki auszuführen, im Winkel von 180° zum vorherigen.

Foto 204

Foto 205

Foto 202

Foto 206

Foto 203

Foto 207

Foto 208

12. Serie

(208) Ausgangsstellung.

(209) A (links) greift mit Jôdan tate honte uchi an, B pariert mit Morote age uke.

(210) Gegenangriff von B mit Gedan ura uchi, geblockt mit Sukui uke im Sagiashi dachi.

(211) A führt einen hohen seitlichen Angriff, der Bô führt eine weite horizontale Drehung aus, während B sich wieder aufrichtet. Der Schlag wird durch ein Ausweichen nach innen gestoppt.

(212) A beginnt den abschließenden Gegenangriff mit Ura uchi, …

(213) … gefolgt von einem Jôdan yoko honte uchi, um den Gegner zu Fall zu bringen …

(214) … und schließlich einen Nuki gegen den am Boden liegenden Gegner auszuführen.

Man beachte den Einsatz der Hüften. Fotos 215 bis 219 stellen die Hauptphasen dieser Serie aus der Vogelperspektive dar.

Foto 209

Foto 210

Foto 211

Foto 212

Foto 213

Foto 214

Foto 215

Foto 218

Foto 216

Foto 219

Foto 217

13. Serie

1. Kamae.
2. 3. Tori (links, weißer Bô) greift mit Jôdan yoko honte uchi an, Uke pariert mit Jôdan nagashi uke (oder Naname uke).

4 8. (S. 146) Gegenangriff von Uke mit Gyaku gedan yoko honte uchi gegen das Knie (4), danach Jôdan tate honte uchi gegen das Genick von Tori.

1

14. Serie

1. Kamae.
2. Tori (links, weißer Bô) greift mit Chûdan yoko honte uchi an, Uke pariert mit Sukui uke von innen nach außen.
3. Mit einer schraubenförmigen Bewegung der Arme hebt Uke die rechte Hand und drückt den gegnerischen Bô nach unten, unterstützt durch eine kraftvolle Drehung der Hüften nach links. Uke kann im Verlauf derselben Bewegung einen Schlag auf den Kopf des Gegners plazieren.

4, 5. Tori wird zu Boden geworfen, indem mit dem Bô von innen nach außen Druck gegen seinen Hals ausgeübt wird.

2

3

5

4

2.) Sechs Serien von Tamano Sensei

Auf den folgenden Seiten werden die ersten sechs Serien des Kihon Kumite, die von Tamano Toshio Sensei (7. Dan) geschaffen wurden, dargestellt. Sie sind Bestandteil der Ausbildung in seiner Vereinigung »Shôreikan Kobudô«, die zu dessen Lebzeiten unter der Schirmherrschaft von Tôguchi Seikichi (1917-1998) stand. Ihnen ist eine gemeinsame Struktur zu eigen: Tori (auf den Zeichnungen mit weißen Haaren dargestellt) greift immer auf vier Schritten an, und die ersten drei Verteidigungstechniken von Uke (schwarze Haare) sind in den sechs Serien identisch (Sequenzen 1 bis 3 im Rahmen auf S. 149). Diese Techniken werden daher ab der 2. Serie nicht mehr zeichnerisch dargestellt und auch nicht mehr erläutert. Das Spezifische für jede Serie beginnt also mit ihrer vierten Sequenz. Der Angriff von Tori erfolgt stets auf einer geraden Linie. Die Übungen werden im Sinne einer Kata für zwei Personen praktiziert.

Zeichnungen: Anfangsphase (von oben nach unten) bzw. Endphase (von unten nach oben) jeder Serie. Der Gruß erfolgt mit beiden Händen am Bô, die Füße sind geschlossen, und die Bereitschaftsstellung wird eingenommen (Kamae). Tori und Uke wiederholen diese Sequenz vor jeder neuen Serie.

1. Serie

1. Angriff mit Jôdan tate honte uchi mit Gleitschritt nach vorn (Ko gaeshi). Abwehr mit Morote age uke.

2. Angriff mit Chûdan yoko honte uchi (O gaeshi). Abwehr mit Tate yoko uke.

3. Angriff mit Gedan yoko honte uchi (O gaeshi). Abwehr mit Gedan uke, während Position Kôkutsu dachi eingenommen wird.

Anmerkung: Diese drei Angriffe, die mit einem Gleitschritt und zwei alternierenden Schritten erfolgen, wie auch die drei Verteidigungen, bei denen Uke mit einem Gleitschritt und zwei alternierenden Schritten zurückweicht, sind in allen sechs Serien identisch und werden daher in den folgenden fünf nicht mehr dargestellt.

4. Angriff mit Jôdan yoko honte uchi (O gaeshi). Abwehr mit schrägem Morote age uke im Shiko dachi.

5. Gegenangriff mit Gedan yoko honte uchi mit Gleitschritt (Yori ashi), wobei die Position Shiko dachi (oder Naihanchi dachi) erhalten bleibt.

2. Serie

4. Angriff mit Chûdan yoko honte uchi. Abwehr mit Tate yoko uke.
5. Gegenangriff mit Jôdan nuki im Shiko dachi (Yori ashi).

3. Serie

4. Angriff mit Gedan yoko honte uchi. Abwehr mit Gedan uke, während man Kôkutsu dachi einnimmt.
5. Gegenangriff mit Jôdan yoko honte uchi, verbunden mit kraftvoller Drehung der Hüften in Richtung des Schlages, bis man in Kake dachi gelangt. Man beachte die Rückkehr des Bô in Kamae nach dem Auftreffen.

4. Serie

4. Angriff mit Jôdan tate honte uchi. Abwehr mit Morote age uke.
5. Gleiche Technik wie in Sequenz 5 der 3. Serie, hier jedoch, um den gegnerischen Bô zur Seite zu drängen …
6. … und mit einem Jôdan zuki kontern zu können. Die Stellung ist noch immer Kake dachi.

5. Serie (S. 152)

4. Angriff mit Chûdan yoko honte uchi. Abwehr mit Tate yoko uke.
5. Uke setzt den rechten Fuß über Kreuz hinter den linken (Kake dachi), während er den Bô weiterhin senkrecht hält, um dann sein Gewicht auf den rechten Fuß zu verlagern.
6. Er schwingt seinen Bô von oben nach unten auf die gegnerische Waffe, während er kraftvoll sein linkes Knie hebt.

6. Serie (S. 152)

4. Angriff mit Gedan yoko honte uchi. Abwehr mit Gedan uke, während man Kôkutsu dachi einnimmt.
5. Gleitschritt (Yori ashi) in Shiko dachi, und Angriff mit Gedan nuki auf den vorderen Fuß von Tori, …

6. … der im Moment des simulierten Aufschlags ausweicht, indem er nach hinten springt und dann seinen linken Fuß zurücksetzt, um wieder Kamae einzunehmen. Uke setzt ebenfalls seinen linken Fuß zurück, um die Ausgangsstellung einzunehmen. Rückkehr in Yoi. Gruß.

3.) Die Serie von Inoue Sensei

Meister Inoue Motokatsu, der in Japan bis zu seinem Tod im Jahre 1993 den »Ryûkyû Kobujutsu Hozon Shinkô kai« leitete, lehrte seine fortgeschrittenen Schüler die auf den folgenden Seiten beschriebenen Kumite-Grundtechniken. In dieser Serien übernimmt jeder Partner abwechselnd die Rollen von Tori und Uke. Die sehr klassischen Bewegungen werden oft mit einem Wechsel der Bewegungsachse verbunden. Um die Beschreibung zu erleichtern, wird der Budôka mit den schwarzen Haaren als S und der Budôka mit den weißen Haaren als W bezeichnet. Siehe Abbildungen auf S. 155 ff.

1. Yoi.
2. Gruß, der Bô wird nur mit einer Hand gehalten.
3. Kamae, während beide Partner aufeinander zugehen.
4. W greift mit Chûdan zuki an, und S kontert mit Soto uke.
5. W holt im Kake dachi mit seinem Bô Schwung, um …
6. … mit einem zweiten Chûdan zuki im Shiko dachi anzugreifen. S pariert mit Uchi uke, während der sich ins Innere des Angriffs bewegt.

7, 8. W zieht seinen vorderen Fuß ein Stück zurück und nimmt Zenkutsu dachi ein, während er einen Jôdan tate honte uchi ausführt. S pariert im Nekoashi dachi mit Sukui uke.

9. S führt Chûdan ura uchi aus, während er in Zenkutsu dachi geht. W pariert mit Yoko uke.
10. S führt am Ort Furiage uchi aus, W pariert mit Sukui uke, sein Bô wird dabei hoch und horizontal gehalten.

11, 12. Yoko uke (oder Hikkake: bogenförmige Abwehr nach hinten, wie Sukui uke, aber weiter nach hinten geführt) auf einen erneuten Tsuki (W) im Shiko dachi.

13. Jôdan tate honte uchi (S), W pariert mit Morote age uke, verbunden mit seitlichem Gleitschritt.

14. S führt am Ort Furiage uchi aus, abgewehrt durch W mit Morote otoshi uke mit dem Mittelteil des Bô.

15, 16. Neuer Tsuki von W, abgewehrt von S mit Harai uke, während er sich ins Innere der Angriffsrichtung bewegt.

17. S führt die Technik Maki otoshi (gestoßene »Schaufel«abwehr) aus: mit dem unteren Ende von innen nach außen, während er auf die Achse zurückkehrt.

18, 19. S greift mit Tsuki an, W wehrt mit Soto uke ab.

20, 21. S greift mit Jôdan yoko honte uchi an, während er die Angriffsrichtung ändert, W pariert, nach Rückzug und Ausweichen, mit Jôdan nagashi uke.

22, 23. Umkehr der vorherigen Sequenz: Jôdan yoko honte uchi (W) und Jôdan nagashi uke (S) nach Ausweichen ins Innere des Angriffs.

24. S führt die Technik Osae hazushi aus. Dies erfolgt mit dem unteren Ende; zugleich wechselt er die Stellung der Füße und kehrt somit auf die Achse zurück.

25, 26. Gedan zuki (S), abgewehrt durch Hikkake (W) mit Wechsel der Richtung.

27, 28. Jôdan tate honte uchi (W); S weicht aus und führt dabei Jôdan nagashi uchi aus (Schlag aufs vordere Handgelenk).

29. Jôdan zuki (S), W weicht aus, indem er den rechten Fuß zurücksetzt und Kôkutsu dachi einnimmt.

30, 31. Gedan zuki (W), pariert mit Gedan uke (S).

32. S greift darauf unverzüglich mit Gedan zuki an.

33. Rückkehr in Chûdan gamae.

34, 35. Naore (Rückkehr in Yoi, Füße geschlossen). Anschließend Gruß (Rei).

1
2
3
4
5

6

7

8

9

10

11

12

13

14

15

16

21

17

22

18

23

19

24

20

25

26

27

28

29

30

31

32

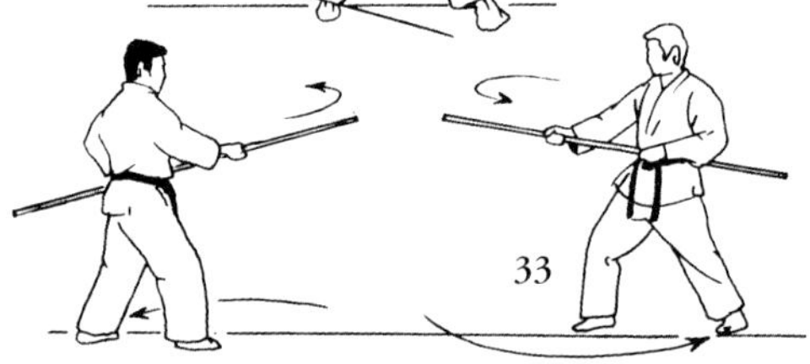

33

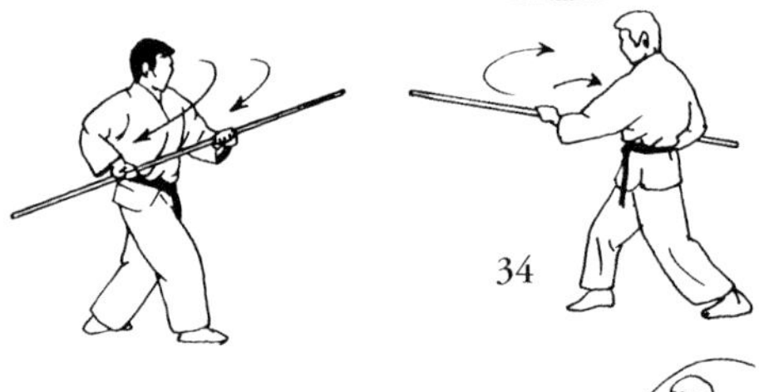

34

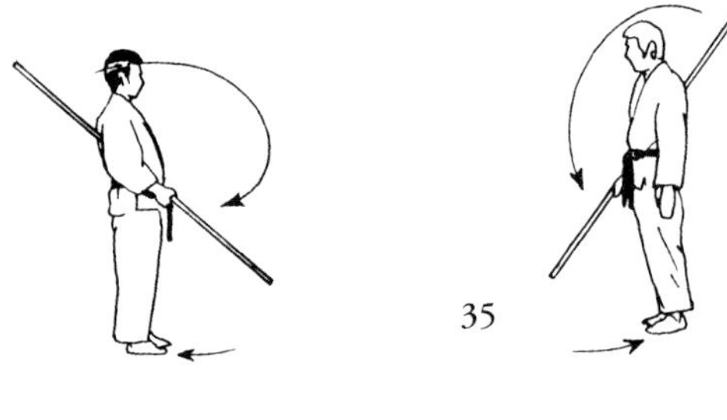

35

3. Abschnitt – Kata

Die Hauptkata für den Bô

Es existiert eine Vielzahl von klassischen Kata für den Bô. Die heutigen Experten und Meister können sich mit ihren Lehren auf große Kobudô-Meister der Vergangenheit berufen (Tatsujin und Meijin – Experten und Meister):

Yara, der im 18. Jahrhundert in der kleinen Ortschaft Chatan lebte, war Experte des Tôde und des Umgangs mit dem Sai. Er hinterließ auch die Chatanyara no bô kata.

Von Sakugawa (1733-1815) aus Shuri kennt man drei Kata mit dem Bô. In diesem Buch ist die Sakugawa no kon (shô – die kurze Variante) vertreten. Einer seiner Schüler, Ginowan Donchi, schuf die Kata Ginowan no kon.

Foto 220

Foto 221

Soeishi Yoshiyuki hat die Kata Soeishi no kon in kurzer (shô) und langer Form (dai) hinterlassen sowie die in diesem Buch vorgestellte Shôun no kon kata.

Chinen Masami (Mazaru), Schüler von Soeishi, hat die Kata Chinen shikiyanaka no kon sowie Shûshi no kon, von der es drei Versionen gibt, die kurze, die lange (beide werden in diesem Buch vorgestellt) sowie die alte Form. Er ist auch der Schöpfer der Yonegawa no kon kata.

Weitere Kata mit dem Bô, die zumeist nach ihren Schöpfern, allesamt bedeutenden Meistern des Kobudô, benannt wurden, sind: Sueyoshi no kon, Urasue no kon, Sesoku no kon, Kongo no kon, Shirotaru (zwei Versionen), Tsukenbo, Tsukensunakake no kon, Sanshakubo, Nakanhari no kon, Toyama no kon, Aragaki no kon, Miyazato und Akahachi no gyakubo.

Man sieht, daß der Umgang mit dem Bô besonders perfektioniert worden ist. Der Vollständigkeit halber könnte man hier noch die Mehrheit der alten Meister des Okinawa te anführen, die allesamt ausgezeichnet das Kobudô beherrschten, selbst wenn sie sich nicht auf die eine oder andere Waffe festgelegt haben.

Aus den repräsentativsten Kata wurden die folgenden vier für dieses Werk ausgewählt:

1. Shôun no kon (Stil von Meister Tamano).
2. Shûshi no kon dai (Stil von Meister Inoue).
3. Shûshi no kon shô (Stil von Meister Inoue).
4. Sakugawa no kon shô (Stil von Meister Inoue).

Kata 1. Shôun no kon

Man beachte im Ablaufplan auf den folgenden Seiten die eingezeichneten Achsen für die Ortsveränderungen. Die Techniken wurden nicht immer aus ein und derselben Perspektive gezeichnet!

1. Position Musubi dachi, Bô an der rechten Seite, Gruß bei Punkt b.
2. Auf den Fußballen Fersen nach außen drehen (Heikô dachi), während der rechte Unterarm erhoben wird, so daß das untere Ende des Bô angehoben wird. Daraufhin ergreift auch die linke Hand den Bô.
3. Der Bô wird wieder senkrecht gestellt. Die rechte Hand wechselt den Griff, die linke behält ihren Griff bei.
4. Der Bô wird an der rechten Seite gehalten. Die linke Hand wird losgelassen und beschreibt einen Bogen bis zum Oberschenkel. – Ende der Eröffnungsbewegung.
5. Der Bô wird hochgehoben, bis die rechte Hand auf Höhe des Gürtels ist, während man sich auf den Fußballen nach links dreht, wobei die linke offene Hand über den Kopf geführt wird. Die linke Hand ergreift den Bô, der Unterarm ist waagerecht. Blick in Richtung von Punkt d.
6. Der linke Fuß wird zurückgesetzt, man steht nach vorn im Zenkutsu dachi. Vertikale Drehung des Bô um 180° parallel zur Brust. Man führt eine seitliche Abwehr aus.
7. Am Ort erfolgt eine erneute vertikale Drehung des Bô um 180° vor der Brust, und man führt eine Abwehr nach links aus.
8. Der vordere Fuß wird auf der Zentralachse nahe zum linken geführt, während der Bô in die Horizontale geschwenkt wird. Der rechte Fuß wird energisch nach vorn gesetzt, der linke Fuß folgt ein kleines Stück (Yori ashi), zugleich führt man einen Jôdan yoko honte uchi im Shiko dachi aus.
9. Am Ort, Rückkehr des Bô in Kamae, …
10. … daraufhin wird der vordere Fuß langsam in Nekoashi dachi gestellt.

11. Man dreht sich nach links, und nachdem man mit dem Bô über der rechten Schulter Schwung geholt hat, wird der rechte Fuß nach vorn im Winkel von 45° in Bezug auf die vorherige Richtung in Zenkutsu dachi gesetzt, um einen rechten Gedan yoko honte uchi auszuführen. Die Position ist sehr tief nach vorn ausgerichtet, in Richtung von Punkt c.

12. Man kehrt langsam in Nekoashi dachi zurück und wendet sich erneut Punkt b zu, während der Bô in Kamae genommen wird (mit einer ausholenden schraubenförmigen Bewegung, die wie ein Soto uke endet).

13. Der linke Fuß wird nach vorn auf Achse a-d gesetzt, die Hüften drehen sich nach hinten rechts und man führt die Abwehr Gedan uke im Kôkutsu dachi aus.

14. Am Ort dreht man sich energisch nach vorn und führt im Zenkutsu dachi einen Gedan nuki aus. Die linke Hand bewegt sich dabei nicht.

15. Der rechte Fuß wird nach vorn gesetzt, und es erfolgt ein Jôdan naname uchi, …

16. … bevor man den Bô wieder in Kamae bringt, …

17. … wobei man sich nach wie vor im Zenkutsu dachi befindet. Man macht einen Schritt nach vorn und führt den gleichen Schlag nach links aus, …

18. … woraufhin man den Bô wieder in Kamae bringt.

19. Schritt nach vorn, und den gleichen Schlag ein drittes Mal, diesmal nach rechts, ausführen, wobei man einen Kiai ausstößt.

20. Rückkehr in Kamae.

21. Der vordere Fuß wird langsam in Nekoashi dachi zurückgesetzt.

22. Ohne die Haltung zu verändern, dreht man sich langsam auf dem hinteren Fuß nach links, bis zum Winkel von 45° zur vorherigen Achse, d. h., in Richtung von Punkt e.

23. Der rechte Fuß gleitet in die neue Richtung, woraufhin man einem Angriff auf das linke Bein ausweicht, indem man mit diesem Bein einen Nami ashi ausführt.

24. Der linke Fuß wird parallel zur Achse d-a in Shiko dachi gestellt, um mit einem linken Gedan uke zu parieren.

25. Man richtet sich wieder auf, indem man den linken Fuß langsam zum rechten führt, in Musubi dachi; der Bô bleibt in seiner vorherigen Ausrichtung.

26, 27. Ohne den Oberkörper zu bewegen, wird langsam das linke Knie gehoben. Man blickt weiterhin in Richtung Punkt a. Auf dem rechten Fuß dreht man sich nun in Richtung dieses Punktes, worauf unverzüglich der linke Fuß hinten abgesetzt wird, mit Ausrichtung auf Punkt d, in einem weiten Zenkutsu dachi. Es erfolgt nun ein rechter Gedan yoko honte uchi.

28. Der linke Fuß wird auf der Achse d-a nach vorn gesetzt, und man führt, während das rechte Knie den Boden berührt, einen zweiten Gedan yoko uchi nach links aus.

29. Am Ort wird der Bô schräg für eine hohe Abwehr hochgehoben, …

30. … bevor man einen Jôdan naname uchi nach links ausführt …

31. … und in Kamae zurückkehrt, wobei das Knie noch immer am Boden ist.

32. Am Ort wird der Bô durch die linke Hand hindurch nach vorn gestoßen (Jôdan nuki).

33. Man richtet sich wieder auf, indem der rechte Fuß nach vorn gesetzt wird (Kake dachi). Im Shiko dachi erfolgt nun ein Chûdan yoko honte uchi, noch immer auf der zentralen Achse der Kata.

34. Am Ort: Rückkehr in Kamae.

35. Man richtet sich in Musubi dachi auf, indem man langsam den linken Fuß neben den rechten führt und den Bô in die Horizontale hebt. Man blickt dabei noch immer in Richtung Punkt a.

36. Aus dieser Haltung erfolgt ein Jôdan nuki, bei dem die rechte Hand als Führung fungiert. Man beachte bei dieser Technik, daß im Gegensatz zu Sequenz 32 das Knie sich nicht am Boden befindet.

37. Der linke Fuß wird in Richtung Punkt d zur Seite gesetzt (Shiko dachi), und man holt mit dem Bô von der rechten Schulter Schwung. Die Hände befinden sich dabei direkt nebeneinander am ersten Drittel der Waffe.

38. Es wird ein kraftvoller horizontaler Angriff von links nach rechts mit Furi uchi ausgeführt, wobei der rechte Fuß hinter den linken gesetzt wird (Kake dachi), um eine bessere Drehung der Hüften zu ermöglichen.

39. Am Ort wird der Bô langsam schräg hochgehoben (Jôdan naname uke).

40. Anschließend wird der rechte Fuß in Richtung Punkt d gesetzt, um im Zenkutsu dachi einen rechten Jôdan naname uchi auszuführen.

41. Rückkehr in Kamae.

42. Der rechte Fuß wird langsam in Nekoashi dachi gesetzt.

43. Am Ort wird der Bô langsam schräg hochgehoben.

44. In dieser Position duckt man sich und streckt sich dann plötzlich nach oben: Man vollführt einen Sprung nach oben und hinten, während das vordere Bein einen Nami ashi ausführt; der Bô bleibt dabei in seiner vorherigen Position.

45. Man landet in Zenkutsu dachi, der rechte Fuß ist vorn, und man führt einen rechten Jôdan yoko honte uchi aus.

46. Rückkehr in Kamae.

47. Der vordere Fuß wird langsam in Nekoashi dachi zurückgesetzt.

48. Ohne diese Position zu verändern, zieht die rechte Hand langsam den Bô nach oben, als würde sie ein Schwert ziehen. Die linke Hand, die sich auf Höhe des Gürtels befindet, bewegt sich nicht. Indem der rechte Fuß nach hinten gesetzt wird, dreht man dreht sich abrupt nach hinten links in Position Renoji dachi (oder hoher Zenkutsu dachi). Dabei wird durch die linke Hand hindurch ein Gedan nuki ausgeführt.

49. Der Körper verdreht sich nach links, indem man den linken Fußballen als Drehpunkt einsetzt, so daß man die rechte Ferse heben muß. Man führt einen Gedan uke aus, indem das obere Ende des Bô heruntergedrückt wird.

50. Der rechte Fuß wird langsam in Richtung Punkt a vorgesetzt, während der Bô wieder gehoben wird.

51. Diese Position wird nicht beibehalten; man dreht sich unverzüglich kraftvoll nach hinten links, um, während man in Kôkutsu dachi geht, einen Gedan uke auszuführen.

52. Man setzt langsam den rechten Fuß nach vorn in Richtung Punkt d, um im Nekoashi dachi mit einer weitläufigen Schraubenbewegung Bô-Kamae einzunehmen.

53. Das vordere Knie wird angehoben (Ausweichbewegung oder Schwungholen für die folgende Bewegung).

54. Jôdan zuki, während man Zenkutsu dachi nach vorn einnimmt; dabei wird ein Kiai ausgestoßen.

55. Der rechte Fuß wird langsam in einen Nekoashi dachi zurückgesetzt, wobei der Bô in Kamae zurückgeführt wird.

56. Der rechte Fuß wird zum linken geführt, während der Bô an die rechte Seite geschwenkt wird.

Man nimmt nun die linke Hand vom Bô, führt sie in weitem Bogen zum linken Oberschenkel und grüßt (Rei).

Ende der Kata.

Shôun no kon

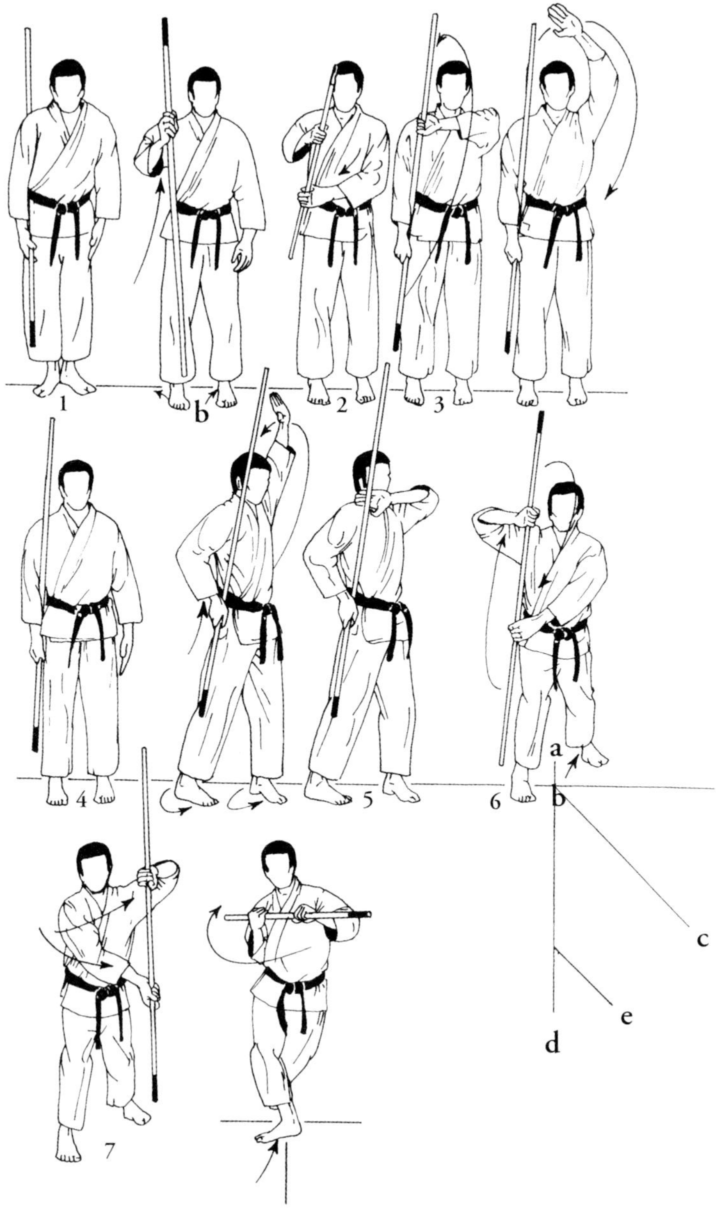

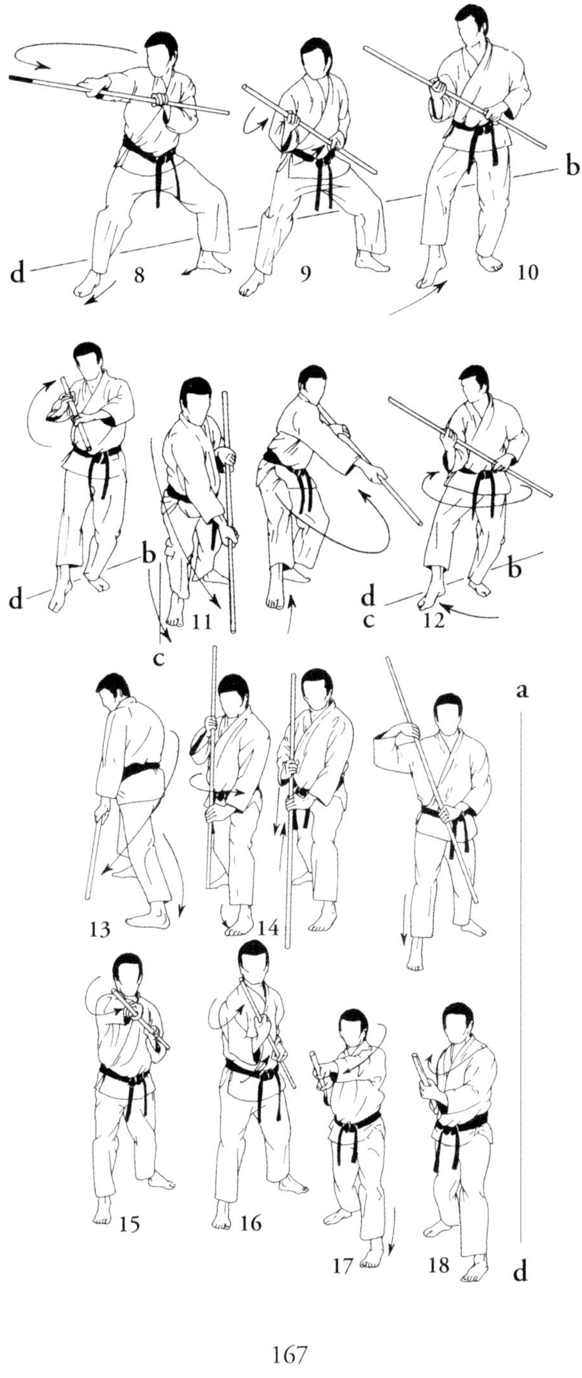
b
d
8
9
10
b
d
11
b
d
c
12
c
a
13
14
15
16
17
18
d

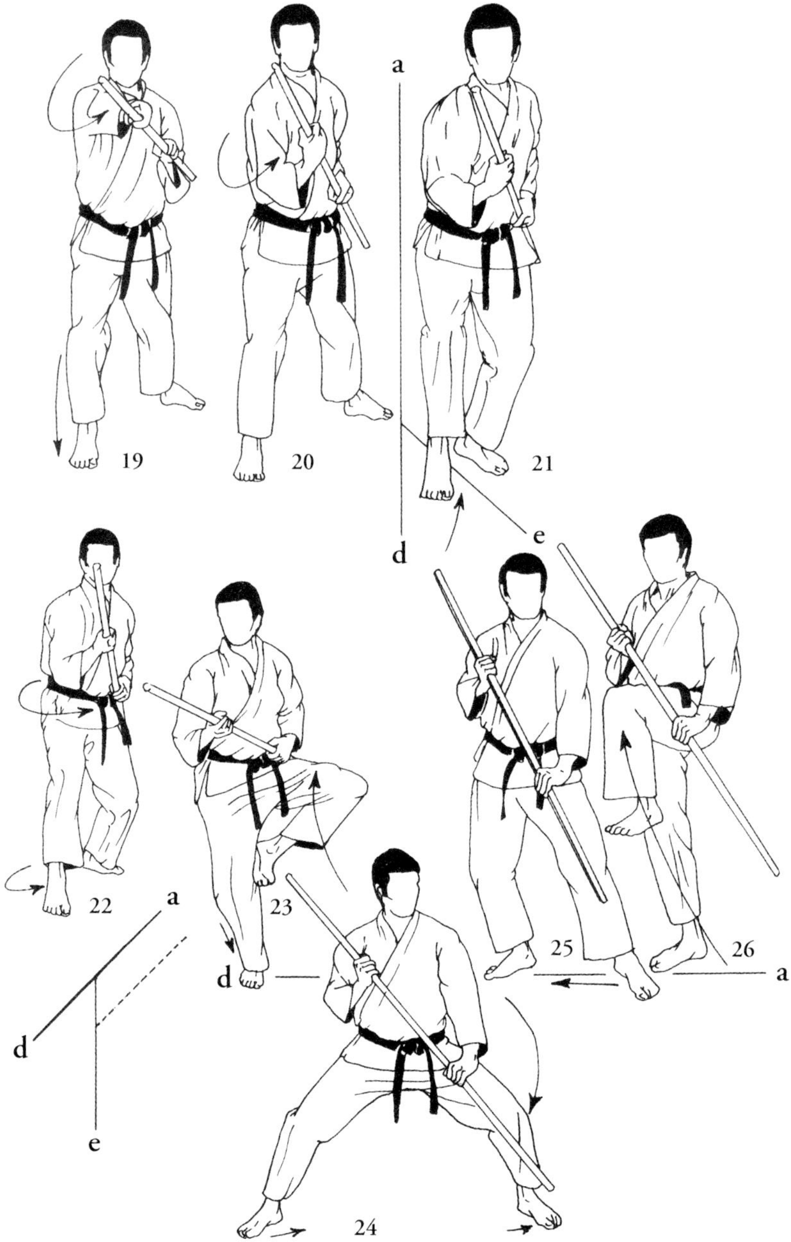
19
20
21
a
d
e
22
23
24
25
26
a
d
e
d
a

d
27
28
29
30
31
d
32
a
d
a
33
34
a

35
36
a
d
37
a
d
38
a
d
39
a
d
40
41
a
d
42

43
44
a
d
45
46
47
a
d
48
49
d
a

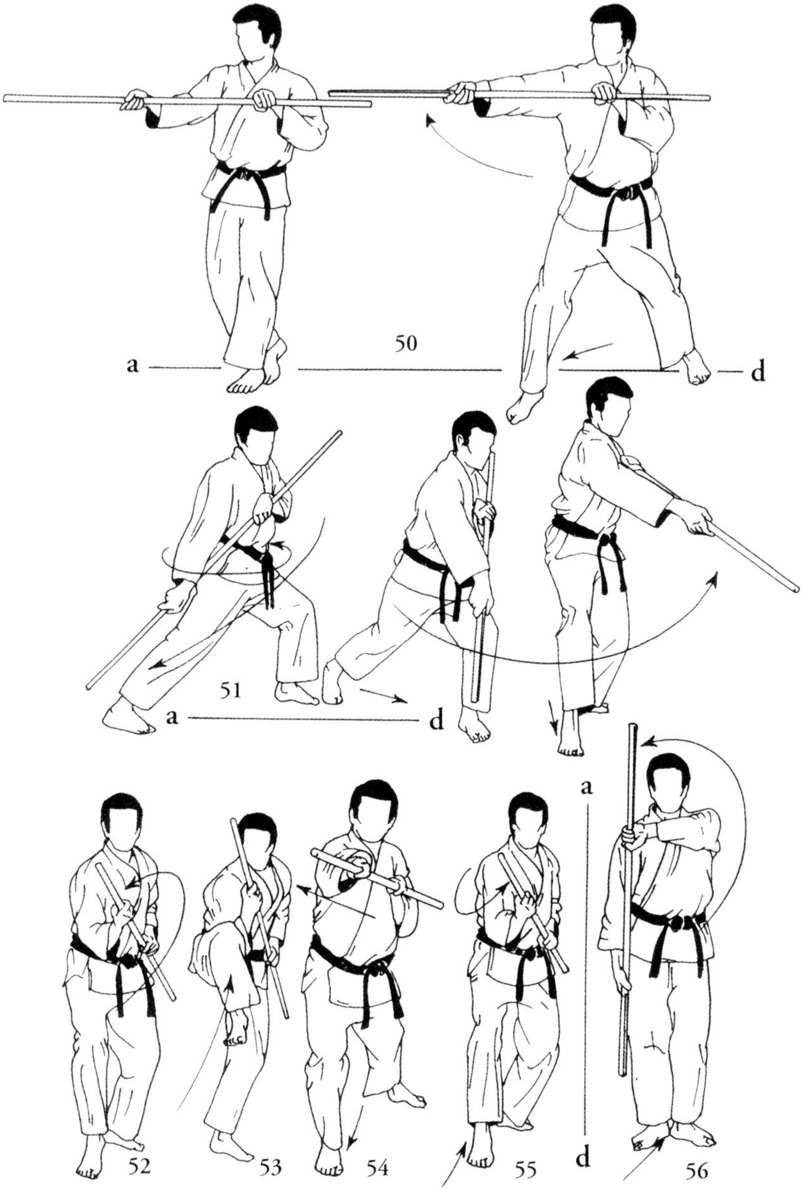
50
a
d
51
a
d
a
d
52
53
54
55
56

Kata 2. Shûshi no kon (dai)

Die hier vorgestellte Form der Kata ist jene, wie sie von Meister Inoue in seinem Dôjô in Shimizu (Japan) gelehrt wurde.

Wenn nichts Gegenteiliges erwähnt wird, erfolgen die Bewegungen in einem relativ hohen Zenkutsu dachi. Die Bezeichnung Kôkutsu dachi bezieht sich auf die alte Version dieser Position, die einen umgekehrten Zenkutsu dachi darstellt und nicht auf den Kôkutsu dachi, wie man ihn aus dem heutigen Karate kennt.

1. Die Kata beginnt mit dem Gruß (Rei). Nach der Eröffnungsbewegung (vgl. Kata 1) …
2. … wird der linke Fuß zurückgesetzt in Zenkutsu dachi, und man führt einen Jôdan tate honte uchi aus.
3. Der linke Fuß wird auf Höhe des rechten zurückgeführt, und man geht in Naihanchi dachi. Der Bô wird dabei horizontal nach hinten gezogen, entlang der linken Seite des Körpers, ohne daß der Griff der Hände sich dabei ändert.
4. Am Ort: Chûdan zuki, indem die Hände nach vorn gebracht werden.
5. Am Ort: Drehung nach hinten links, um in Kôkutsu dachi zu gehen und einen Gedan uke auszuführen, …
6. … gefolgt von einem Gedan nuki durch die linke Hand hindurch. In manchen Stilrichtungen wird diese Sequenz mit einem Übergang vom Kôkutsu zu Zenkutsu dachi in Stoßrichtung verbunden.
7. Am Ort: Übergang in linken Zenkutsu dachi, und Abwehr mit Harai uke, indem der Bô von außen nach innen geschwenkt wird.
8. Drehung um 180° nach hinten rechts, ohne daß sich die Haltung der Hände verändert. Abwehr mit Sukui uke von innen nach außen.
9. Am Ort: Jôdan tate honte uchi, begleitet von einer kurzen Bewegung des vorderen Fußes in Richtung des Schlages, um den Schlag zu unterstützen.
10. Rückkehr in Kamae.
11. Der rechte Fuß wird auf Höhe des linken zurückgesetzt, um, in Kôkutsu dachi, mit Gedan uke zu parieren, …

12. … gefolgt von einem Gedan zuki.

13, 14. Der rechte Fuß wird nach vorn gesetzt, und es wird ein Harai uke im Zenkutsu dachi ausgeführt, bevor am Ort mit einer kurzen Bewegung des rechten Fußes in Richtung des Schlages zu einem rechten Tate honte uchi übergeleitet wird.

15. Rückkehr des Bô in Kamae.

16. Schritt mit links, dann Schritt mit rechts; auf dem zweiten Schritt wird ein Yoko honte uchi ausgeführt.

17. Wiederholung von Sequenz 15.

18, 19. Wiederholung von Sequenz 16, mit Yoko honte uchi auf dem zweiten Schritt.

20. Wiederholung von Sequenz 13.

21. Wiederholung von Sequenz 14.

22. Wiederholung von Sequenz 17.

23. Den rechten Fuß nach rechts setzen, und Wiederholung von Sequenz 5.

24. Wiederholung von Sequenz 6.

25. Wiederholung von Sequenz 20.

26. Wiederholung von Sequenz 21.

27. Wiederholung von Sequenz 22.

28. Drehung um 180° nach links. Den Bô umdrehen, indem die rechte Hand abgesenkt und die linke neben den Kopf gehoben wird (Harai uke).

29. Man nimmt am Ort Zenkutsu dachi ein und wiederholt Sequenz 11.

30. Wiederholung von Sequenz 12.

31. Wiederholung von Sequenz 13.

32. Wiederholung von Sequenz 14.

33. Wiederholung von Sequenz 15.

34. Der rechte Fuß wird auf Höhe des linken in Kôkutsu dachi zurückgesetzt; Wiederholung von Sequenz 11 …

35. … Wiederholung von Sequenz 12 …

36. … Wiederholung von Sequenz 13 …

37. … und Wiederholung von Sequenz 14, jeweils in die gleiche Richtung.

38. Überleitung zu einem rechten Jôdan zuki mit Yori ashi.

39. Rückkehr in Kamae.

40. Ohne daß der Gegner aus dem Auge gelassen wird, wird der rechte Fuß langsam vor den linken über Kreuz gesetzt, begleitet von einer großen schraubenförmigen Bewegung des Bô.

41. Am Ort, Schlag mit dem unteren Drittel des Bô von außen nach innen.

42. Übergang in Shiko dachi, indem der linke Fuß zur Seite gesetzt wird; zugleich erfolgt ein rechter Chûdan yoko uchi.

43. Der rechte Fuß wird zur Seite gesetzt, man dreht sich nach rechts, um im Zenkutsu dachi mit einem Sukui uke zu parieren.

44. Wiederholung von Sequenz 37.

45. Wiederholung von Sequenz 38.

46. Den rechten Fuß auf Höhe der linken Ferse zurücksetzen und, im Naihanchi dachi, den Bô zu einem Morote age uke heben.

47. Mit einer starken Drehung nach links in Kôkutsu dachi gehen und Gedan ura uke ausführen.

48. Am Ort: Harai uke mit einer Schwingbewegung des Bô in einer vertikalen Ebene vor dem Körper.

49. Den rechten Fuß vorsetzen und einen Tate honte uchi ausführen.

50. Am Ort: Furiage uchi, …

51. … einen weiteren Tate honte uchi …

52. … und einen Jôdan zuki mit Yori ashi ausführen.

53. Rückkehr des Bô in Kamae.

54. Den rechten Fuß zum linken führen und den Bô zur rechten Seite drehen.

Rei. Ende der Kata.

Shûshi no kon (dai)

17
18
19
20
21
22
23
24
25
26
27
28
29
30
31

32
33
34
35
36
37
38
39
40
41
42
43
44
45
46

47

48

49

50

51

52

53

54

Kata 3. Shûshi no kon (shô)

Die hier vorgestellte Form der Kata ist jene, wie sie von Meister Inoue in seinem Dôjô in Shimizu (Japan) gelehrt wurde. Sie stellt eine Kurzform der Kata 2 dar. Aus diesem Grund werden nur die Passagen, in der sich die Kata von der Langform (dai) unterscheidet, dargestellt.

1-10. Analog zu Kata 2.

11. Der linke Fuß wird zum rechten geführt, und man dreht sich so, daß man in Ausgangsrichtung auf der Zentralachse der Kata steht. Im Heisoku dachi wird mit dem Bô über der rechten Schulter ausgeholt.

12. Jôdan uchi mit Yori ashi, der linke Fuß folgt dem rechten; die Position wird nicht verändert.

13. Rückkehr in Kamae, oder Soto uke, während der linke Fuß zurückgesetzt wird in Zenkutsu dachi.

14. Den linken Fuß zum rechten führen, Schwung holen mit dem Bô.

15. Jôdan uchi mit Yori ashi, noch immer im Musubi dachi.

16. Den linken Fuß zurücksetzen und Soto uke ausführen.

17-19. Ein drittes mal die gleiche Abfolge ausführen (Sequenzen 14-16).

20. Den rechten Fuß nach rechts setzen, der linke wird nachgesetzt in Kake dachi, und man führt einen Hikkake uke aus.

21. Jôdan uchi im Zenkutsu dachi, während man den linken Fuß zurücksetzt.

22. Soto uke oder Kamae.

23-27. Analog zu Sequenzen 23-27 von Kata 2, nur daß Sequenz 25 im Kake dachi ausgeführt wird.

28. Analog zu Sequenz 41 von Kata 2, hier jedoch in Shiko dachi.

Das Ende der Kata ist nicht bildlich dargestellt:

29. Aus der Position von Sequenz 28 wird der rechte Fuß vor den linken über Kreuz gesetzt, ohne daß die Haltung des Bô verändert wird. Anschließend wird der linke Fuß zur Seite gesetzt, um im Shiko dachi einen rechten Chûdan yoko uchi auszuführen (analog zu Sequenz 42 von Kata 2).

30. Analog zu Sequenz 43 von Kata 2.

31. Analog zu Sequenz 44 von Kata 2.

32. Analog zu Sequenz 52 von Kata 2.

33. Naore. Rückkehr in Yoi.

Rei. Ende der Kata.

Shûshi no kon (shô)

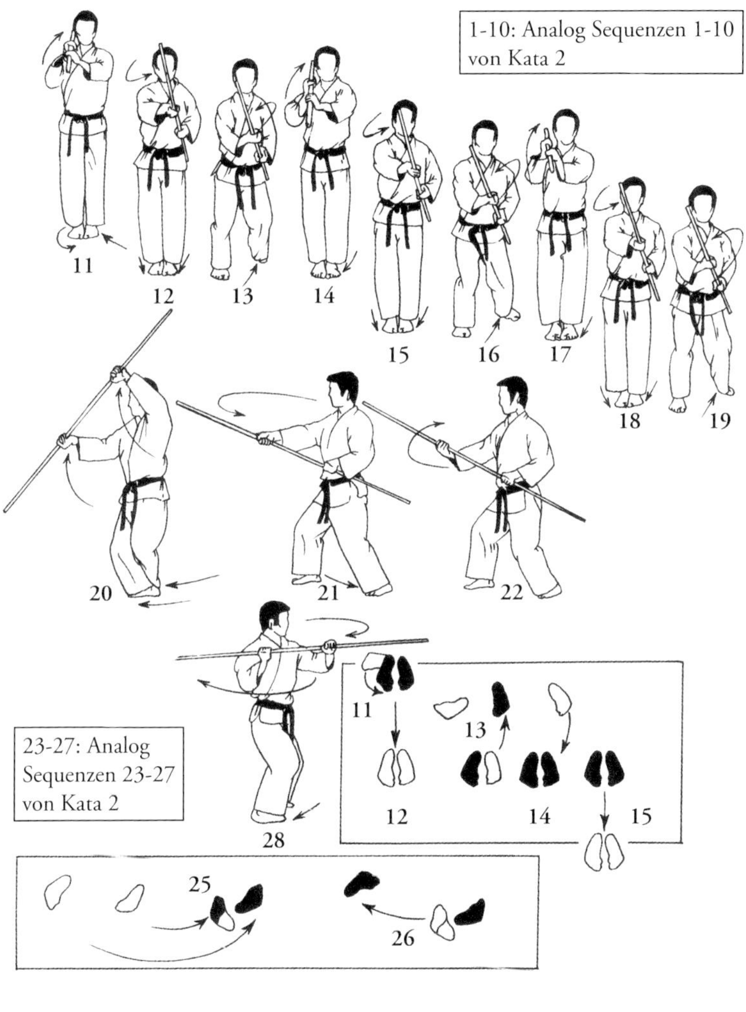

Kata 4. Sakugawa no kon (shô)

Es handelt sich um die Form, wie sie durch Meister Inoue gelehrt wurde. Man findet hier in anderer Anordnung die klassischen Techniken, die bereits in den vorherigen Kata vorgestellt wurden, wieder. Aus diesem Grund erfolgt nur eine relativ knappe Beschreibung, die sich hauptsächlich auf die vollständige bildliche Darstellung dieser wichtigen alten Kata stützt.

1, 2. Analog zu Sequenzen 1 und 2 von Kata 2.

3, 4. Analog zu Sequenzen 52 und 53 von Kata 2.

5-9. Analog zu Sequenzen 11 bis 15 von Kata 2.

10, 11. Analog zu Sequenzen 11 und 12 von Kata 2.

12. Gyaku hikkake uke mit Yori ashi nach hinten (Abwehr mit dem oberen Drittel des Bô hinter dem linken Ohr).

13. Osae hazushi am Ort (Abwehr mit dem oberen Drittel des Bô hinter dem rechten Ohr).

14-16. Wiederholung der Sequenzen 6 bis 8.

17, 18. Wiederholung der Sequenzen 3 und 4.

19. Den rechten Fuß zurücksetzen auf Höhe der linken Ferse (Shiko dachi). Sukui uke (oder Mamori: einfache Verteidigungs-Bereitschaftshaltung) …

20. … übergehend in Jôdan uchi, während man am Ort Zenkutsu dachi einnimmt.

21-24. Furiage uchi mit Yori ashi (21), gefolgt von Jôdan uchi (22) und dann Jôdan zuki (23) am Ort. Schließlich Rückkehr in Kamae, oder Soto uke (24).

25-30. Nach Drehung um 180° nach rechts: symmetrisch zu Sequenzen 19 bis 24.

31. Jôdan uchi mit Umsetzen des rechten Fußes nach vorn auf der Zentralachse.

32. Den rechten Fuß zurücksetzen direkt neben den linken (Musubi dachi) und den Bô in die Horizontale heben.

33. Den linken Fuß vor den rechten über Kreuz setzen und dann den rechten Fuß nach vorn setzen, um im Shiko dachi einen Chûdan zuki auszuführen.

34-37. Zweimal die Sequenzen 32 und 33 wiederholen.

38. Den vorderen Fuß ein Stück nach vorn setzen und im Zenkutsu dachi Soto uke (Kamae) ausführen.

39. Man weicht zurück, indem erst der rechte Fuß einen Kreuzschritt vor den linken macht und dann der linke Fuß zurückgesetzt wird. Erneut einen Soto uke in Musubi dachi ausführen.

40. Man dreht sich nach rechts, setzt den rechten Fuß nach vorn in Shiko dachi, während man die Spitze des Bô in diese Richtung (nach rechts) stößt.

41. Der linke Fuß wird auf Höhe der rechten Ferse zurückgesetzt, um im Shiko dachi einen Chûdan yoko uchi auszuführen.

42. Wiederholung von Sequenz 32.

43. Der linke Fuß wird vor den rechten über Kreuz gesetzt, und es wird ein Chûdan nuki durch die rechte Hand hindurch ausgeführt (während man im Kake dachi bleibt).

44. Am Ort: den Bô zurückziehen.

45. Wiederholung von Sequenz 33.

46. Drehung um 180°, danach eine leichte Verschiebung des rechten Fußes, um in Bereitschaftsstellung zu gelangen (Hassô gamae).

47. Schritt nach vorn zum Ausgangspunkt der Kata mit einem rechten Jôdan yoko uchi.

48. Schritt nach vorn mit linkem Jôdan yoko uchi.

49. Den rechten Fuß im Winkel von 45° zur vorherigen Achse nach links vorsetzen, Sukui uke, Bô in hoher Position, …

50. … gefolgt von Jôdan zuki auf derselben Seite.

51. Rückkehr in Soto uke (oder Kamae).

52. Den rechten Fuß auf derselben Achse zurücksetzen, mit Gedan uke in Kôkutsu dachi, …

53. … gefolgt von einem Gedan zuki.

54. Drehung um 180° nach rechts, um auf derselben Achse im Zenkutsu dachi mit Hikkake uke von links nach rechts zu parieren.

55. Am Ort: rechter Jôdan yoko uchi, …

56. … gefolgt von Soto uke (oder Kamae).

57. Den linken Fuß in Nekoashi dachi zurücksetzen, während man sich nach links dreht. Man befindet sich nun erneut auf der zentralen Achse der Kata. Anschließend Gedan uke, während man in Kôkutsu dachi geht, …

58. … gefolgt von einem Gedan zuki.

59-62. Man dreht sich um 180° nach rechts. Nach wie vor auf der Zentralachse der Kata wird ein rechter Hikkake uke ausgeführt (59), gefolgt von einem Jôdan yoko uchi (60) und Chûdan nuki in Shiko dachi.

63. Naore. Rückkehr in Yoi. Rei. Ende der Kata.

Sakugawa no kon (shô)

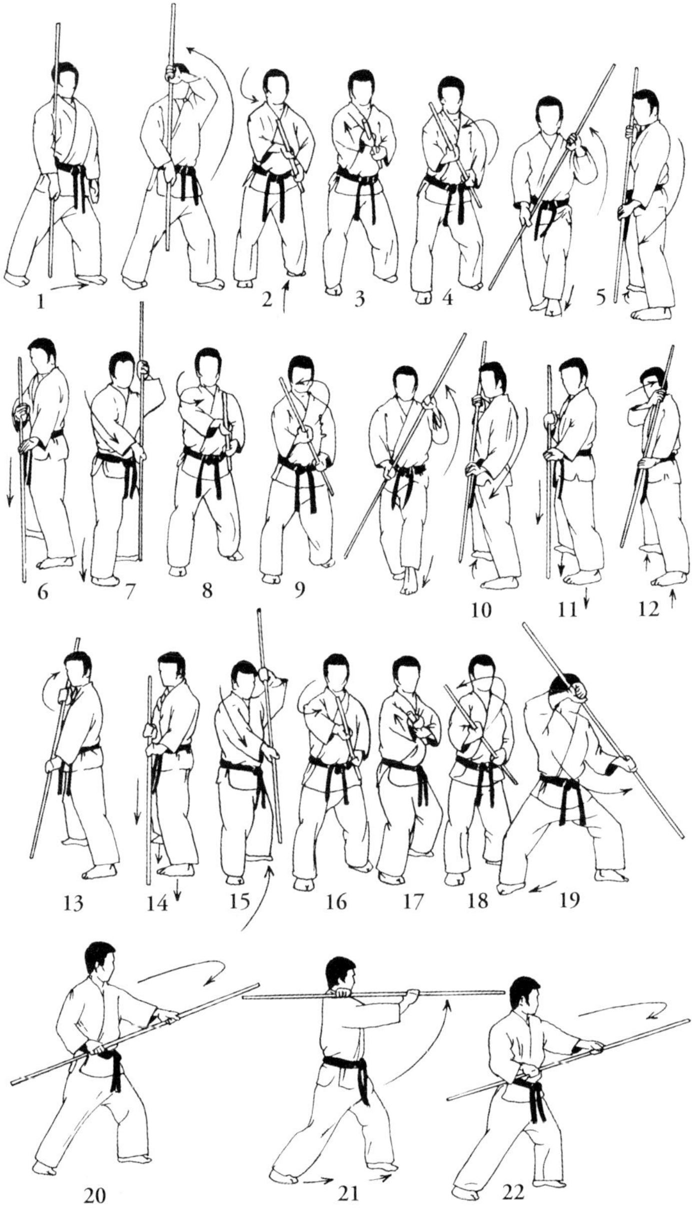

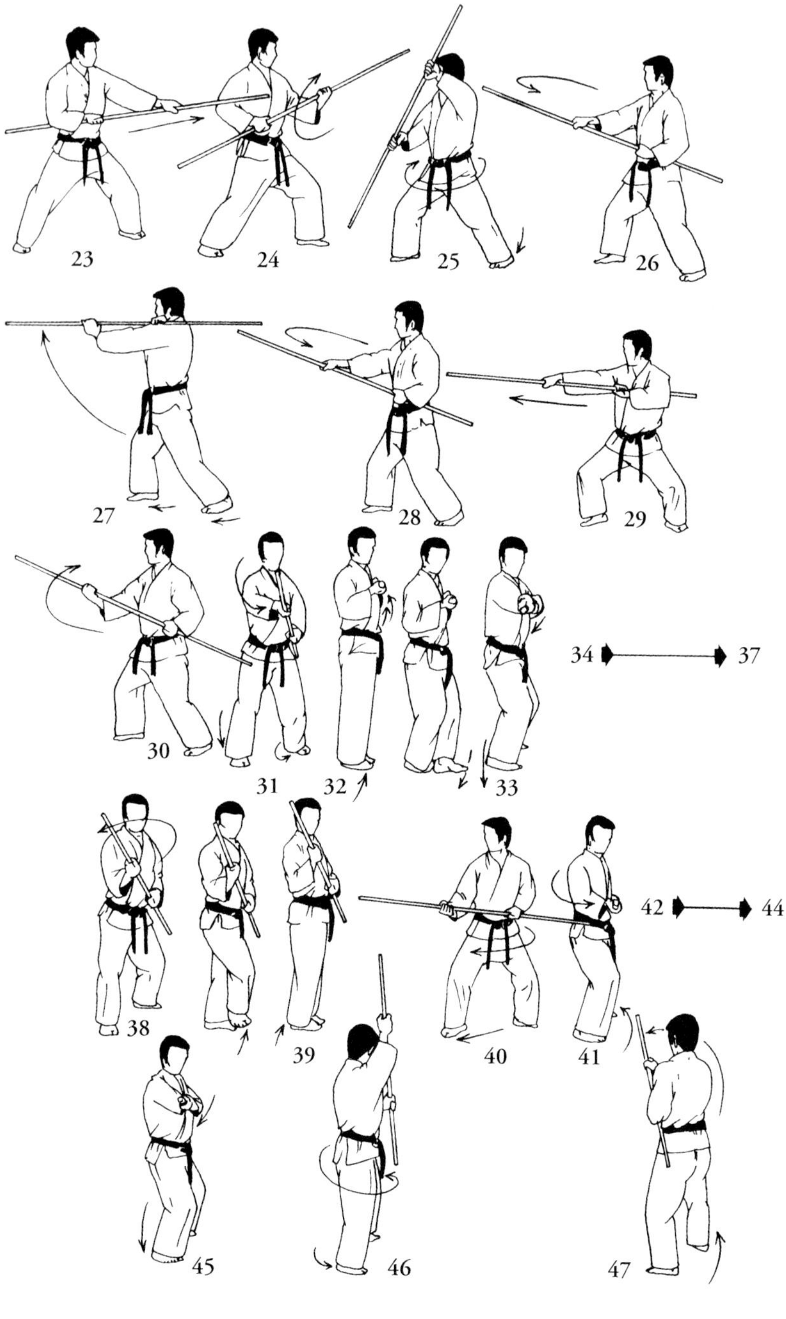
23
24
25
26
27
28
29
30
31
32
33
34
37
38
39
40
41
42
44
45
46
47

48
49
50
51
52
53
54
55
56
57
58
59
60
61
62
63

II

Sai

Einleitung

Geschichte und Verwendung

Dieser Dreizack aus Metall hat eine lange Geschichte. Vorformen und sehr ähnliche Formen finden sich in zahlreichen Ländern Südostasiens, vor allem in China (San-ku-chu), in Indien und Indonesien (unter den Bezeichnungen Tjabang, Ticheo, Tekpi und Trisula). Man nimmt an, daß Seeleute aus Sumatra oder Java seinen Gebrauch auf den Ryûkyû-Inseln eingeführt haben.

Das Sai ist eine Art Spieß, dessen »Klinge« aus einem runden Eisenstab mit stumpfer Spitze besteht und der einen leicht kegelförmigen Querschnitt besitzt. Mit dem Heft verbunden sind zwei »Gabelzinken«, deren Spitzen nach vorn gebogen sind. Manche Klingen haben auch einen achteckigen Querschnitt. Heute existieren verschiedene Formen der Gabel des Sai, die mehr oder weniger offen oder gebogen sind. Das in den modernen Dôjô genutzte Gerät ist für gewöhnlich verchromt; lediglich das Heft ist mit einer Schnur oder einem zusammengedrehten Band (aus Stoff oder Leder) umwickelt, um einen besseren Griff zu gewährleisten. Auf diese Weise unterscheidet es sich nicht unbeträchtlich von dem Sai, wie man es früher auf Okinawa kannte. Bei jenem bestand das Heft aus gespaltenem und zusammengebundenem Bambus, und die Spitzen – sowohl die Hauptspitze als auch die der Gabel – waren scharf geschliffen.

Für die Herkunft des Sai existieren verschiedene Hypothesen. So könnte es sich ursprünglich um ein Fischereigerät oder auch um ein Gerät zum Verpflanzen von Reis gehandelt haben, das zunächst aus Holz bestand. Es könnte aber auch von Anfang an eine Waffe zur Verteidigung buddhistischer Mönche gewesen sein, die sie während ihrer einsamen Pilgerreisen bei sich trugen. Nimmt man letzteres an, so könnte sich das Sai aus dem Degen, den die große Hindugottheit Indra trug, entwickelt haben. Ohnehin ist die Existenz eines solchen »Werkzeuges« in einem Land, das sich, wie weiter oben erwähnt wurde, durch äußerste Armut an Metallen auszeichnete, verwunderlich.

Grundsätzlich wird das Sai paarweise verwendet und so gehalten, daß der zentrale Stab am Unterarm anliegt. Früher – und in einigen Kata auch

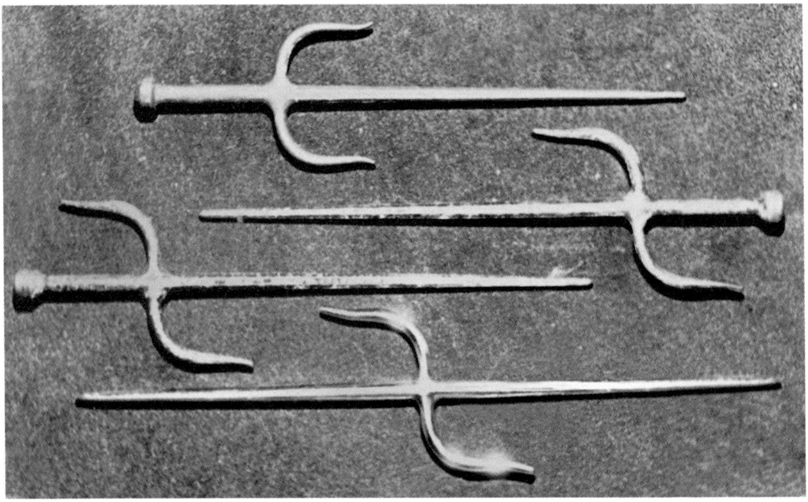

Foto 222: Eine Sammlung von Sai. Oben ist ein klassisches Sai zu sehen, in der Mitte zwei Sai mit entgegengesetzt gerichteten Nebenschäften (Manji sai) und unten ein Nunte. Manji sai haben die gleichen Nebenschäfte (Flügel) wie Nunte, verfügen aber wie das klassische Sai über ein Heft und eine Klinge.

heute noch – verfügte der Kämpfer außerdem über ein drittes Sai, das in der Mitte des Rückens im Gürtel steckte und welches er auf einen Gegner werfen oder mit dem er ein während des Kampfes zerbrochenes Sai ersetzen konnte. Es gibt darüber hinaus noch ein spezielles Sai, das kein Heft besitzt, sondern Spitzen in beide Richtungen, wobei das Stichblatt S-förmig ist. Es handelt sich um das Nunte, das – ebenfalls am Unterarm anliegend gehalten – wie ein normales Sai gebraucht werden kann (man benutzt die beiden »Klingen« des Nunte beispielsweise in der Kata Jigen no sai). Eine zweite Einsatzmöglichkeit besteht darin, eine der Spitzen am Ende eines Stocks zu befestigen und auf diese Weise eine Lanze mit außerordentlicher Effektivität herzustellen. Dies ist der Nuntebô.

Es gibt eine Vielzahl von Kampfstilen mit dem Sai. Zwar sind die einzelnen Techniken einander sehr ähnlich, Unterschiede treten jedoch auf dem Gebiet der Kata auf. Die Hauptschulen des Umgangs mit dem Sai sind: Tsuken Shitahaku, Tawada, Chatanyara (oder Kitae Yara), Hakuta, Hamahiga, Kojô kagi und Aragaki. Die Namen beziehen sich entweder auf die Stilgründer oder auch auf Nachbarinseln von Okinawa, von welchen der jeweilige Stil stammt.

Die Meister des Sai

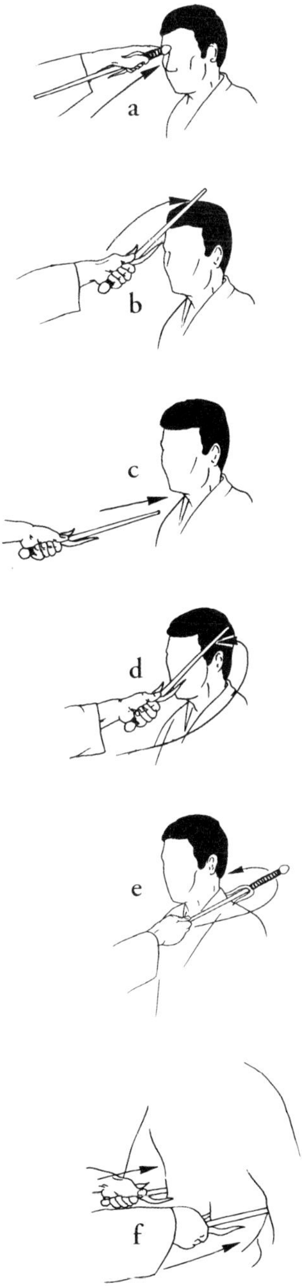

Alle heutigen Experten und Meister beziehen sich in ihrer Ausbildung auf eine Abstammungslinie von »Größen« des Kobudô von einst. Tatsächlich sind all diese alten Meijin Meister und Begründer von Schulen des Okinawa te gewesen. Ihre Namen sind oft auf diesem Gebiet bekannter als auf dem des Kobudô. Folgende Experten zählten zu den Meistern des Sai:

Yara Chatan (Kitae Yara) lebte in der 2. Hälfte des 18. Jahrhunderts. Er stammte aus dem Dorf Chatan. Sein Ruhm auf dem Gebiet des Kobudô ist vor allem durch einen Kampf mit dem jungen Shiroma (Gusukuma), einem anderen Meister des Sai, begründet, aus dem er als Sieger hervorging. Er schuf die Kata Chatanyara no sai.

Grundlegende Angriffstechniken mit dem Sai:
Das Sai wird verwendet, um zu blocken oder schneidende Waffen abzulenken. Hierfür kommt entweder die Klinge oder die Gabel zum Einsatz. Man greift damit an, indem man wie mit einem Schwert zuschlägt, mit der Gabel hakt oder mit den Enden des Sai sticht. All dies erfolgt mit schnellen und leichten Bewegungen, die eine große Geschmeidigkeit der Hand und des Handgelenks voraussetzen. Wie bei den anderen Kobudôwaffen wird das Sai als eine Verlängerung der Techniken des Karate eingesetzt.

Zeichnungen:
a: Direkter Stoß mit dem Knauf.
b: Indirekter vertikaler Schlag mit der Klinge.
c: Direkter Stoß mit der Spitze.
d: Indirekter horizontaler Schlag mit der Klinge.
e: Bogenförmiger Einsatz der Gabelspitzen.
f: Nach vorn geführter Stoß mit den Gabelspitzen.

Tsuken Hantaka (auch Tsuken Hantagawa oder Tsuken Hakuta) stammte aus Yaeyama. Er lebte im 18. Jahrhundert und zeichnete sich durch hervorragende Beherrschung aller Kobudô-Waffen aus.

Taira Shinken lebte von 1898 bis 1970 und war der letzte große, unangefochtene Meister des Kobudô. Er schuf eine eigene Synthese der Kobudô-Kampfsysteme, indem er die alten Kata zusammentrug, sie leicht modifizierte und die Kobudôausbildung kodifizierte. Er stellt nach wie vor *die* große Autorität des Kobudô dar, und alle heutigen Meister, die okinawanischen und sogar die japanischen, berufen sich auf ihn. Jedoch ist die Kontroverse zwischen den beiden Hauptrichtungen des Kobudô mitunter heftig. Tatsächlich gab es einige Veränderungen, als das Kobudô von Okinawa nach Japan gelangte, und unweigerlich ergaben sich dadurch Streitigkeiten zwischen den einzelnen Stilrichtungen. Das eigentliche Problem ist jedoch eher ethnischer Natur: Taira Shinken war Okinawaner, und diese Tatsache ist für die auf der Insel lebenden heutigen Meister, die ihr Erbe eifersüchtig hüten, ausreichend, den Japanern jedes Recht abzusprechen, sich als Nachfolger ihres Landsmanns auszugeben.

Taira Shinkens Rolle im Kobudô ist der Funakoshi Gichins im Karate vergleichbar, sowohl in Bezug auf ihr Wissen als auch im Hinblick darauf, was heute aus ihren Künsten geworden ist. Nach dem Tod des Meisters zerbrach die technische Einheit des Kobudô, und seither ist der Streit um die legitime Nachfolge nie wieder zur Ruhe gekommen.

Zu den wichtigsten Persönlichkeiten des heutigen Kobudô bzw. des Kobudô der jüngeren Vergangenheit zählen folgende Meister:

Inoue Motokatsu (1918-1993), Schüler und offizieller Nachfolger Taira Shinkens; ein Japaner, der in Shimizu lehrte.

Hayashi Teruô (1924-2004) aus Naha, ein Okinawaner, der zugleich ein berühmter Karateexperte (Shitô ryû) war und der Kobudô bei Nakaima Kenko studierte.

Sakagami Ryûsho (1915-1993), ein Japaner, der auch ein großer Meister des Shitô-ryû-Karate war. Er erlernte die Kunst des Kobudô bei Taira Shinken. Auch sein Sohn Sakagami Sadaaki (geb. 1942) ist ein bedeutender Meister des Kobudô, vor allem auf dem Gebiet des Nunchaku und des Sai. Sakagami Ryûshu war der Lehrer von Demura Fumio (geb. 1940), der mit großer Hartnäckigkeit erfolgreich das Kobudô in Kalifornien einführte.

Foto 223: Meister Matayoshi Shinpô, Präsident der Gesamtokinawanischen Kobudô Föderatio,n in seinem Dôjô in Naha.

Tamano Toshio (geb. 1942), ein Japaner, der die Shôreikai Kobudô Vereinigung Europa in Mailand (Italien) gründete. Er ist Schüler von Tôguchi Seikichi Sensei (Shôreikan-Karate) und von Matayoshi Shinpô (Kobudô).

Kise Fuji (Fusei) (geb. 1935), okinawanischer Meister des Karate und des Kobudô; Schüler von Soken Hôhan.

Matayoshi Shinpô (1922-1997), okinawanischer Meister des Kobudô und des Karate, Sohn von Matayoshi Shinkô (1888-1947) und Erbe von dessen Stil (Matayoshi Kobudô – vgl. Fußnote 3 auf S. 13). Matayoshi Shinpô war Gründer und Präsident der Ryûkyû Kobudô Renmei (1970 gegründet, 1972 in Zen Okinawa Kobudô Renmei – Gesamtokinawanische Kobudô Föderation – umbenannt) in Naha. Er hat zahlreiche Experten ausgebildet, u. a. auch Chinen Kenyû (geb. 1942), einen gebürtigen Okinawaner, der seit 1976 in Frankreich lebt und seither Unterricht in zahlreichen europäischen Dôjô erteilt.

Es ist anzumerken, daß weitere okinawanische Karatemeister Kobudô im Zusammenhang mit Karate unterrichteten. Hierzu zählen beispielsweise Nagamine Shôshin (1907-1997), Higa Seitoku (geb. 1920), Tôguchi Seikichi (1917-1998) und Yagi Meitoku (1910-2003). Dieser Unterricht basierte auf für ihre Schulen charakteristischen Kata, deren Abstammung von den Kata der unangefochtenen alten Meister wie Taira Shinken oder Yabiku Moden (1882-1945) nicht immer offensichtlich ist.

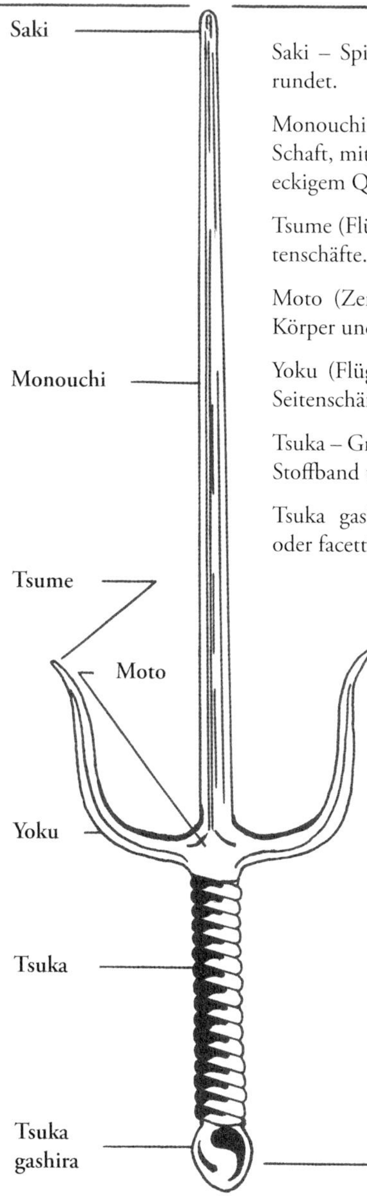

Saki – Spitze, im allgemeinen abgerundet.

Monouchi (Körper) – der lange Schaft, mit rundem, sechs- oder achteckigem Querschnitt.

Tsume (Flügelspitze) – Spitze der Seitenschäfte.

Moto (Zentrum) – Kreuz zwischen Körper und Griff.

Yoku (Flügel) – die hörnerförmigen Seitenschäfte.

Tsuka – Griff, mit Schnur, Leder oder Stoffband umwickelt.

Tsuka gashira – runder, länglicher oder facettierter Knauf.

Abbildung: Die einzelnen Abschnitte des Sai.

1. Abschnitt – Hôjô undô (Grundtechniken)

1. Kapitel – Das Halten des Sai

Es gibt zwei grundsätzliche Arten, das Sai zu halten:

a) Honte mochi: Der Schaft zeigt nach außen in Richtung der Verlängerung des Arms. Dies ist die grundsätzliche Haltevariante für den Angriff. Der Griff liegt fest in der Hand, der Daumen drückt auf das Kreuz zwischen Körper und Griff, wodurch zum einen dem Stoß beim Kime mehr Kraft verliehen und zum anderen die Waffe bei der Bewegung stabilisiert werden kann.

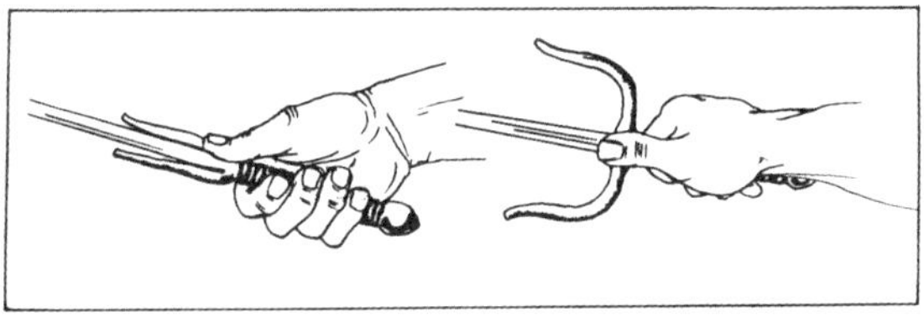

b) Gyakute mochi: Der Schaft zeigt nach innen, er ist entlang dem Unterarm ausgerichtet. Dies ist die grundsätzliche Haltevariante für die Verteidigung. Ein Seitenschaft liegt fest in der Vertiefung zwischen Daumen und Zeigefinger, die drei anderen Finger sind um den anderen Seitenschaft gebogen. Der Zeigefinger ist entlang dem Griff gestreckt. Der Schaft wird auf diese Weise fest gegen den inneren Teil des Unterarms gepreßt.

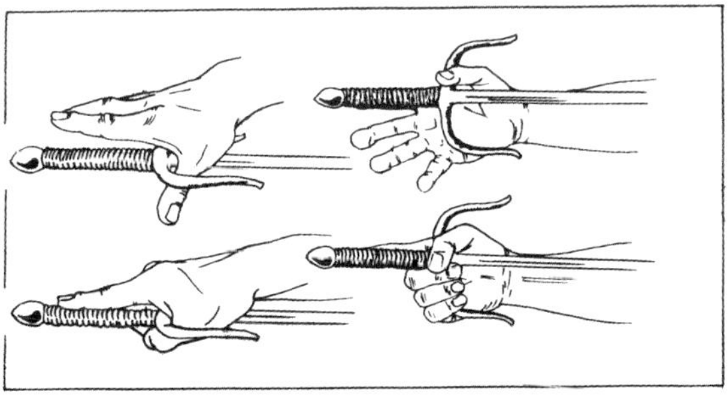

Weitere Haltemöglichkeiten:

- Das Sai wird wie ein Dolch gehalten, um von oben nach unten zuzustoßen.
- Das Sai wird nur mit drei Fingern gehalten, Zeige- und Mittelfinger stabilisieren die Seitenschäfte.
- Das Sai wird am Ende des Hauptschafts gehalten, was es ermöglicht, mit den Seitenschäften zu blockieren (siehe auch S. 211).

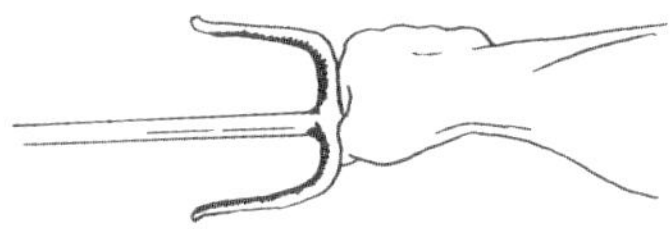

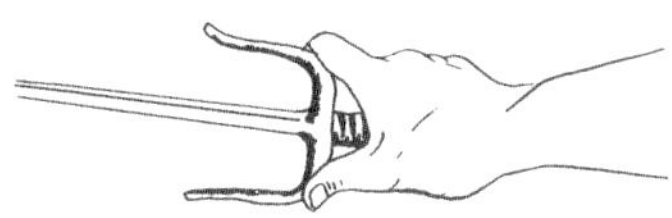

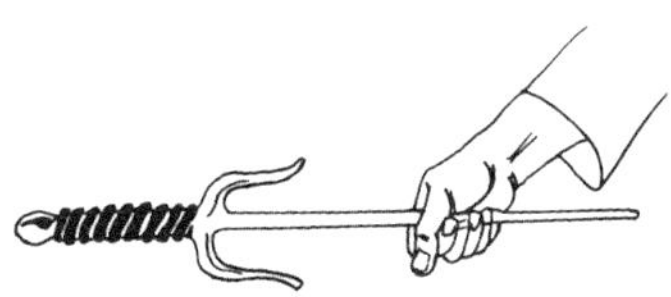

Foto 224

Foto 225

2. Kapitel – Die Verteidigungstechniken (Uke waza)

Die Verteidigungstechniken erfordern eine große Geschmeidigkeit und Kraft in den Handgelenken, zugleich aber auch die Einbeziehung des gesamten Körpers, der sich als vollkommene Einheit bewegen muß.

Es gibt drei Verteidigungsgrundarten:

- Das Blocken: Der gegnerische Schlag wird von vorn gestoppt.
- Das Ausweichen: Der gegnerische Schlag wird entlang des Sai abgeleitet.
- Die Vorwegnahme: Es wird ein Gegenangriff ausgeführt, der dem gegnerischen Angriff zuvorkommt, d. h., bevor es zum Kontakt mit der Waffe des Gegners kommt.

Der Kontakt mit der gegnerischen Waffe kann mit dem Schaft des Sai als Verlängerung oder Verstärkung des Unterarms erfolgen. Damit wird ein Block wie im Karate ausgeführt. Eine zweite Möglichkeit besteht im Blockieren der gegnerischen Waffe durch Verhaken mit den Seitenschäften. Die dritte Variante ist das kreuzweise Blocken, das gleichzeitig mit zwei Sai erfolgt.

Es ist wichtig, daß der Block immer sehr nah am eigenen Körper erfolgt, d. h., das Sai darf nicht zu weit weg bewegt werden, um dem gegnerischen Stoß zu begegnen.

A) Tiefe Abwehrtechniken (Gedan uke)

1.) Fegende Abwehr (Gedan barai oder Gedan harai)

Erste Form

Die Abwehr erfolgt mit dem den Unterarm verstärkenden Schaft (Gyakute mochi).

Zu beachten ist, daß auf Foto 228 (nächste Seite) Meister Matayoshi den Griff so gedreht hat, daß die Spitze des Sai auf dem Ellbogen ruht. Auf diese Weise ist ein besserer Schutz des Ellbogens möglich.

Foto 226

Foto 227

Foto 228

Foto 226-228 und Zeichnungen: In den unten dargestellten Zeichnungen ist der Ablauf der Bewegung dargestellt. Die Bewegung beginnt auf Kopfhöhe. Zu beachten sind auch die Weite der Fegebewegung und die Rolle, die der Ellbogen als Drehpunkt spielt. Am Ende befindet sich der Knauf ungefähr 20 Zentimeter senkrecht über dem Knie. Der Arm ist gestreckt. Man bringt den anderen Arm von innen nach außen zur Seite. Diese Technik wird generell im Zenkutsu dachi (Foto 224 auf S. 198) oder im Nekoashi dachi (Fotos 226 bis 228) ausgeführt.

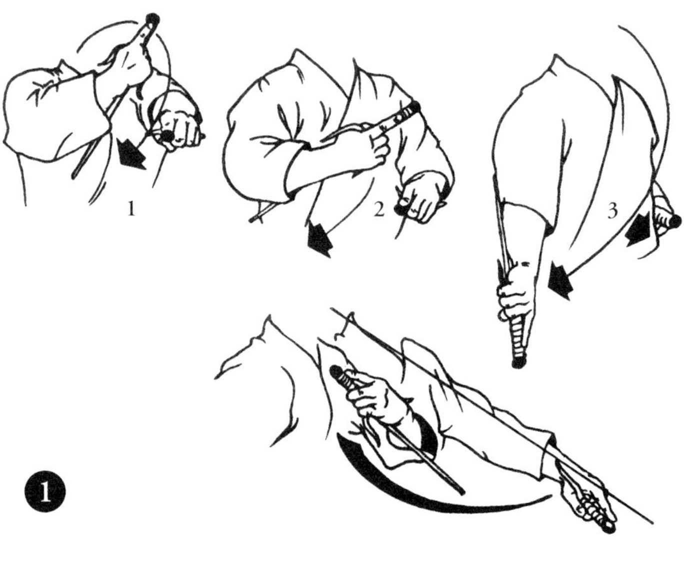

Foto 229

Foto 229: Die korrekte Position für den Gedan barai. Zu beachten ist die Hikite-Bewegung der gegenüberliegenden Hand. Die Seitenschäfte des Sai sind vertikal, damit das Risiko, sich selbst an deren Spitzen zu verletzen, vermieden wird.

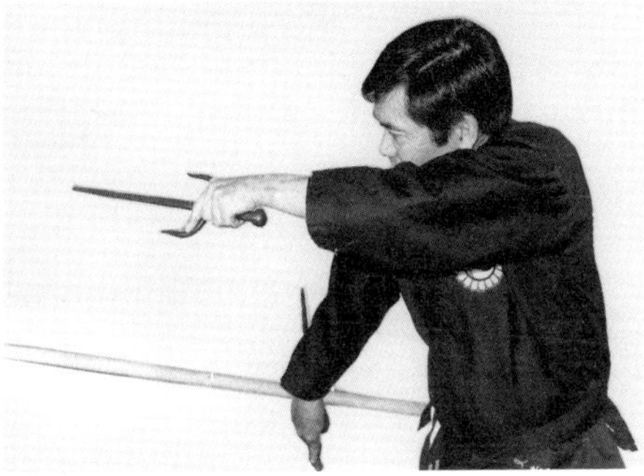

Foto 230

Foto 230: Ein Gegenangriff im Tsuki komi (Zustechen: siehe S. 219) nach einem Block.

Foto 231

Foto 232

Fotos 231 und 232: Die Technik Gedan barai mit dem Sai im Gyakute mochi; diese Technik kann auch aus den Positionen Sagiashi dachi (Foto 231), Kôkutsu dachi (eine alte okinawanische Form, Foto 232) und Shiko dachi (Foto 271 auf S. 215) heraus ausgeführt werden.

Zu beachten ist, daß hier das andere Sai zugleich im Jôdan age uke pariert (siehe S. 207 f.).

Zweite Form

Bei der Abwehr wird der Schaft so gehalten, daß er mit der Spitze nach vorn (Honte mochi) eine Verlängerung des Unterarms bildet. Wie bei der zuvor beschriebenen Technik wird die andere Waffe mit einer Bewegung, die von innen nach außen geht, zur Seite geführt. Am Ende muß das Sai als Verlängerung des Arms nach unten zeigen, auf einer vertikalen Ebene oberhalb des nach vorn gesetzten Beins; die Spitzen der Seitenschäfte sind zum Boden gerichtet. Man achte auf die Haltung des Daumens, der gegen das Moto (Kreuz zwischen Körper und Griff) drückt, der Daumennagel zeigt dabei nach oben. Diese Abwehr eignet sich lediglich für die Abwehr tiefgeführter Angriffe, die auf das Knie gerichtet sind. Man muß darauf achtgeben, keine große Öffnung zwischen dem Arm und dem Bein zuzulassen.

Foto 233

Foto 234

Fotos 233-239: Drei Varianten dieser Form des Gedan barai:
a) Die einfache Technik (Fotos 233 und 234): Ein einziges Sai führt die Bewegung aus, während das andere Sai in Hikite geführt wird. Auf Foto 233 wird das Sai in Ausgangsstellung über die gegenüberliegende Schulter gebracht; die Spitze zeigt nach hinten. Die linke Hand wird nach vorn gebracht, bevor sie Hikite einnimmt. Dies stellt das Prinzip der gekreuzten Arme vor dem eigentlichen Block dar, welches zum einen schützen und zum anderen zu größerer Kraft beim Block führen soll.
Auf Foto 234 ist zu beachten, daß, wie bei den Blöcken im Karate, der Oberkörper ins Profil gedreht ist. Die Bewegung wird durch eine starke Drehung der Hüften nach hinten links unterstützt, während der rechte Arm von links nach rechts fegt.

b) Die verstärkte Technik: Morote gedan barai (Fotos 235 bis 237): Das zweite Sai unterstützt die Bewegung des ersten, indem es in die gleiche Richtung geführt wird, was jedoch nicht unmittelbar als Block dient. Die Bewegung wird hier dadurch verstärkt, daß die Arme eine doppelte Fegebewegung von links nach rechts ausführen. Am Ende sind die Sai

Foto 235

Foto 236

Foto 237

parallel zueinander. Die Stellung auf Foto 236 ist Shumoku dachi; der Oberkörper ist zu drei Viertel nach vorn gerichtet. Die Stellung auf Foto 237 ist Kôkutsu dachi.

c) Die Technik mit unterstützender Drehung des Handgelenks (Fotos 238 und 239): Das Grundprinzip ist das gleiche wie unter b), aber das Handgelenk wird beim Auftreffen gedreht. Der Daumen wird nach unten gegen das Moto gedrückt, was eine unterstützende Kraft beim Kontakt mit der gegnerischen Waffe zur Folge hat. Der Arm ist gestreckt. Es ist zu beachten, daß das Sai zu Beginn sowohl im Honte mochi (Foto 238) als auch im Gyakute mochi (Zeichnung 1) gehalten werden kann; in letzterem Fall muß der Griff während der Fegebewegung verändert werden. Diese Bewegung mit ausreichender Schnelligkeit auszuführen ist nicht einfach.

Foto 238

Foto 239

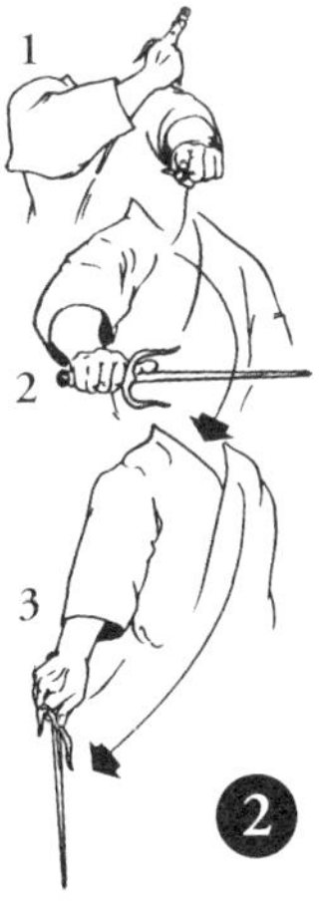

2.) Nach unten geführte Abwehr (Otoshi uke)

Diese Technik ist zu Beginn sehr ähnlich der zuvor beschriebenen (Zeichnungen 1 und 2 auf der vorigen Seite). Während des Auftreffens bleibt der Schaft des Sai hingegen in horizontaler Stellung oder leicht schräg vor dem Körper, im rechten Winkel zur vertikalen Ebene oberhalb des nach vorn gesetzten Beins. Man beachte auf Foto 240 die Haltung des Handgelenks und die Ausrichtung der Flügel des Sai. Das andere Sai ist währenddessen bereit, im Tsuki komi zuzustechen. Auf Foto 241 wird der Griff durch die Stellung des Daumens verstärkt.

Die Bahn, auf der sich das Sai bewegt, führt direkt von oben nach unten und ein wenig nach vorn, wodurch die gegnerische Waffe in Richtung Boden gestoßen wird. Diese Technik wird eingesetzt, um Stößen, die mit einer Stockspitze oder der Spitze eines Schwertes von unten nach oben oder direkt gegen die Bauchregion geführt werden, zu begegnen. Das Sai wird fest gehalten, jedoch ohne daß dabei der Ellbogen steif ist.

Anmerkung: Wie bei allen Blocktechniken in der Haltung Honte mochi wird die maximale Kraft erreicht, wenn der Kontakt mit der gegnerischen Waffe in größtmöglicher Nähe der Nebenschäfte (Flügel) des Sai erfolgt. Ein Stoß, der in der Nähe der Spitze des Hauptschaftes abgefangen wird, ist schwierig aufzuhalten oder umzuleiten.

Foto 240

Foto 241

3.) Blocken über Kreuz (Gedan juji uke oder Gedan kosa uke)

Die Spitzen der Sai werden direkt nach vorn und nach unten geführt. Die Schäfte kreuzen sich, als ob man schräg zustechen würde. Diese Technik wird eingesetzt, um von unten nach oben oder direkt gegen die Bauchregion geführte Stöße abzufangen. Auf Foto 242 ist die Art und Weise zu beachten, wie das hintere Sai in Stellung ge-

Foto 242

Foto 243

bracht wird, wobei die Spitzen schon ihre endgültige Ausrichtung haben. Auf Foto 243 (vollständiger Block) ist besonders auf die Position der Flügel und der Daumen, deren Nägel nach oben zeigen, zu achten. Die allgemein eingenommene Stellung ist der Zenkutsu dachi; man kann auch den Oberkörper leicht nach vorn beugen, um den Bauch etwas zurückzunehmen, aber die Abwehr ist dann weniger stark. Der Körper steht dem Angriff frontal gegenüber.

B) Hohe Abwehrtechniken (Jôdan uke)

1.) Blocken über Kreuz (Jôdan juji uke oder Jôdan kosa uke)

Die Fotos 244 bis 250 auf der folgenden Seite zeigen den Ablauf und einige Einzelheiten der Abwehr.

Diese Abwehr erfolgt nach den gleichen Prinzipien wie die, welche für die tiefe Abwehr gelten. Allerdings wird hier mit den beiden Sai nach oben gestochen, wobei sich die Schäfte ein wenig vor dem Kopf kreuzen. Auf Foto 248 sind die Position der Flügel und der Daumen auf dem Moto (Verbindungskreuz zwischen Hauptschaft und Seitenschäften) zu beachten; die Daumennägel zeigen zum Körper. (Um von der in Foto 243 dar-

Foto 244

Foto 247

Foto 248

Foto 245

Foto 246

gestellten Position zur Position in Foto 248 zu gelangen, müssen die Arme einen Bogen von unten nach oben beschreiben, ohne daß die Sai voneinander getrennt werden.) Diese Technik wird eingesetzt, um von oben nach unten gegen die Schädeldecke oder direkt gegen das Gesicht geführte Stöße abzuwehren. Die generell eingenommene Stellung ist Zenkutsu dachi; der Körper ist frontal ausgerichtet.

Die Aktion (Fotos 244 bis 247) beginnt mit einem doppelten Hikite (244). Man kann auch von einer Position ausgehen, bei der die Ellbogen nach hinten gezogen sind und die Spitzen das Sai nach vorne weisen, wie auf Foto 242 dargestellt. Foto 249 zeigt die korrekte Blocktechnik gegen ein Schwert (oben), gefolgt von einer möglichen Weiterentwicklung (Foto 250) nach diesem Block: Das linke Sai wird durch kraftvolle Drehung des Handgelenks zur Seite und nach unten gedrückt. Durch diese Bewegung klemmt man die Klinge des gegnerischen Schwertes zwischen Moto und Yoku ein; es ist

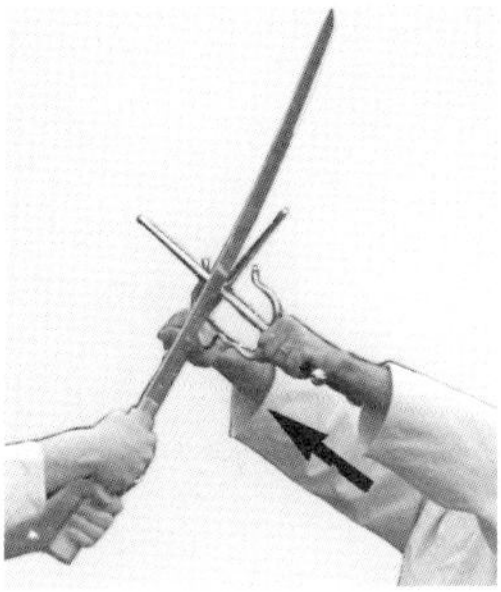

Foto 249

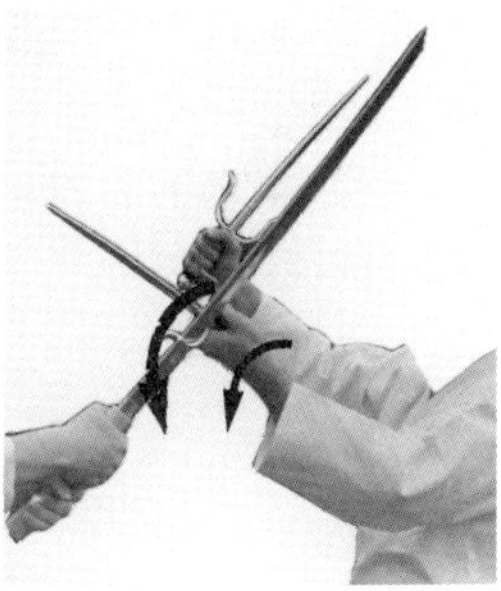

Foto 250

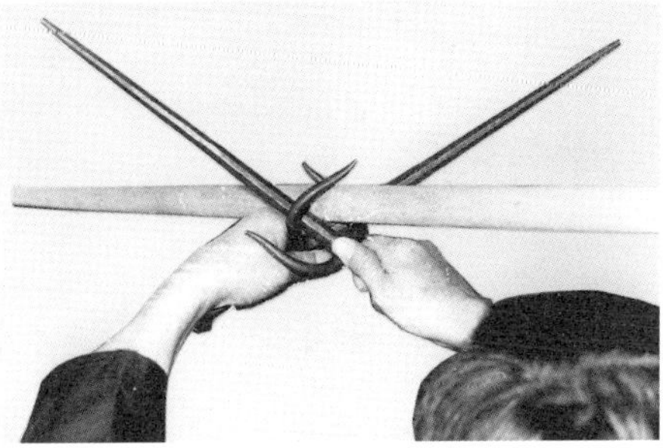

Foto 251

Foto 251: Spezieller Jôdan uke. Der gegnerische Stock wird auf analoge Weise wie in Fotos 249 und 250 abgefangen. Sobald der Kontakt hergestellt ist, kreuzt man sehr schnell die Schäfte noch weiter; ihr Kreuzungspunkt wird bis zu den Flügeln geführt, die man miteinander verschränkt. Das Bild dieses Kreuzens ist komplex, aber man kann es hier sorgfältig studieren: Wird der Stock auf diese Weise gehalten, ist er vollständig blokkiert. Man beachte, daß der sechseckige Querschnitt der hier verwendeten Sai das Einfangen des Stocks erheblich erleichtert.

nun einfach, die auf diese Weise gefangene gegnerische Waffe weiter beiseite zu schieben. Dies kann zum Bruch der Schwertklinge führen, oder es wird mit dem anderen Sai ein Gegenangriff ausgeführt. Eine Anwendung dieser Technik findet sich auf Seite 244.

2.) Nach oben geführter Block (Jôdan age uke)

Der Unterarm führt eine fegende Bewegung von unten nach oben aus, wobei seine schräge Ausgangshaltung beibehalten wird. Diese Bewegung findet in einer vertikalen Ebene, die etwa 20 Zentimeter vor dem Gesicht verläuft, statt. Das Sai wird im Gyakute mochi gehalten. Zu Beginn zeigt die Handfläche zum Körper. Während der Bewegung vollführt das Handgelenk jedoch eine Drehung, so daß am Ende die Handfläche zum Gegner weist (siehe Zeichnungsfloge 3). Zu beachten ist die Position der Klinge, die den Unterarm verstärkt, sowie die Postion des Knaufs, der sich am Ende oberhalb des Kopfes befindet. Weiterhin zu beachten ist das Hikite mit dem anderen Sai.

Foto 252

Foto 253

Foto 254

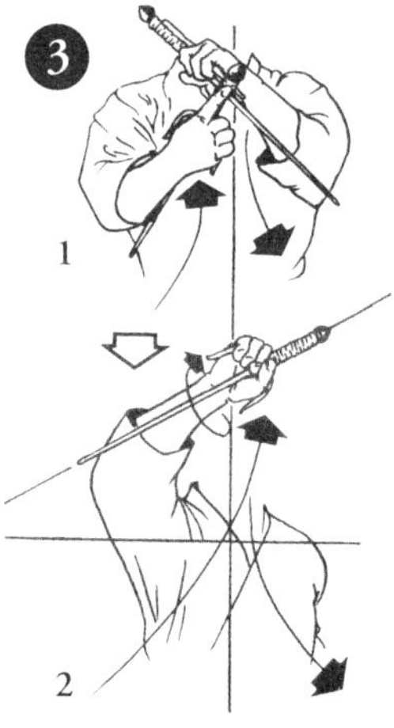

Foto 255

Fotos 252 bis 255: Meister Matayoshi beim Vorführen eines Age uke im Zenkutsu dachi und im Nekoashi dachi. Auf Foto 252 ist ein Gegenangriff mit Tsuki komi zu sehen, während dessen der Block aufrechterhalten wird. Age uke wird gegen vertikale oder direkte Stöße auf Höhe des Gesichts eingesetzt.

3.) Block durch Verhaken (Jôdan kake uke)

Das Prinzip dieser Verteidigungstechnik besteht darin, die gegnerische Waffe nach außen abzulenken und diese Bewegung durch Verhaken mit Hilfe des Yoku abzuschließen. Der Stock wird nun zwischen dem Schaft des Sai und einem Seitenschaft festgehalten. Im einzelnen blockt man zunächst mit dem Schaft, worauf man ihn unverzüglich an sich heranzieht, wobei der Stock des Angreifers in der Gabelrundung zwischen Schaft und

Foto 256

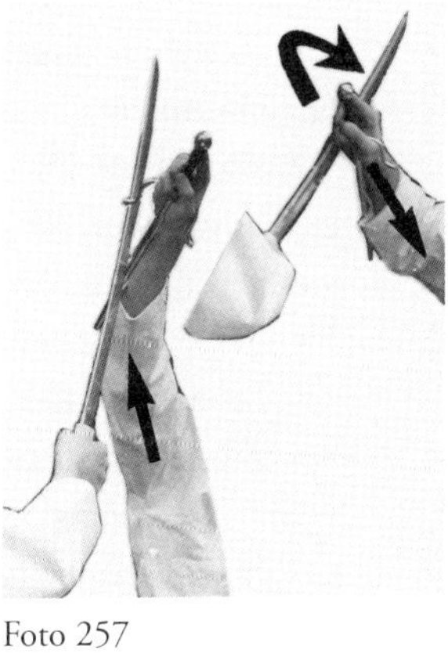

Foto 257

Foto 258

Foto 259

Fotos 256 und 257: Ein Block im klassischen Age uke, der in einen Kake uke weitergeführt wird. Die Klinge der gegnerischen Waffe wird verhakt und kraftvoll zur Seite und nach unten gedrückt.

Fotos 258 und 259: Meister Matayoshi führt einen Gegenangriff im Tsuki komi aus, während die Blokkierung der gegnerischen Waffe aufrechterhalten wird.

Seitenschaft mitgeführt wird. Man kann die Technik auch mit Age uke beginnen, wie dies in Foto 256 gezeigt wird. Zu beachten ist die leicht eingebeugte Haltung des Handgelenks; die Hand befindet sich auf Schulterhöhe. Um die Aktion zu erleichtern, bewegt man den Körper, während man die gegnerische Waffe verhakt, in die entgegengesetzte Richtung, d. h., man weicht nach innen aus.

Diese Verteidigung ist ausschließlich für seitliche Angriffe, die von außen nach innen geführt werden (nach Art Yoko honte uchi), geeignet; zur Verteidigung gegen vertikale Schläge eignet sie sich nicht.

Anmerkung: Siehe auch den Ablauf der Handlung auf mittlerer Höhe (Chûdan) auf Seite 212.

4.) Fegende Abwehr

Erste Form: Abwehr nach außen (Jôdan nage uke).

Das Sai wird im Honte mochi gehalten. Man pariert mit dem Schaft, indem die gegnerische Waffe nach außen gestoßen wird. Eine andere Möglichkeit ist, die gegnerische Waffe zu verhaken, indem am Ende der Bewegung das Handgelenk so gedreht wird, daß die Spitze des Sai nach unten gerichtet wird (Zeichnungen).

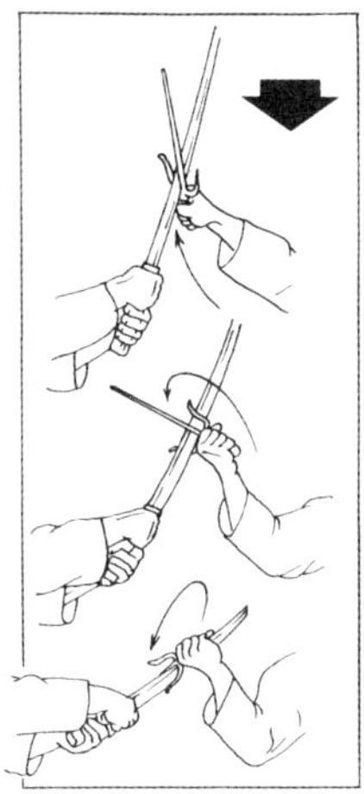

Foto 260

Anmerkung: Dies entspricht der Abwehr Uchi uke im Karate.

Obgleich diese Technik zur Abwehr eines vertikal geführten Angriffs geeignet sein kann, ist sie am wirkungsvollsten gegenüber einem seitlich gegen den Körper gerichteten Angriff. Man vergleiche auch den Ablauf auf Chûdan-Niveau, wie er auf Seite 213 dargestellt ist.

Zweite Form: Abwehr von außen nach innen (Jôdan barai).

Das Sai kann im Gyakute mochi (Foto 261) oder im Honte mochi (Foto 262) gehalten werden. Man pariert mit dem Schaft, indem die gegnerische Waffe nach innen abgelenkt wird. Die Brust muß im Profil zum Angriff sein und der Ellbogen nahe am Körper.

Anmerkung: Diese Form entspricht der Verteidigung Soto uke im Karate.

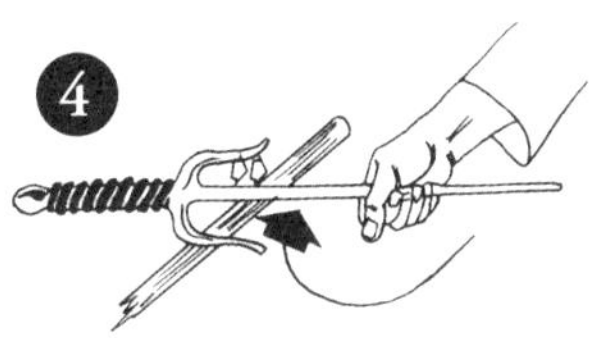

Varianten:

- Nebenstehende Zeichnung: Das Sai wird am Schaft gehalten, man hakt mit den Flügeln. Die Bewegung kann sowohl in der Form Nage uke als auch in der Form Jôdan barai erfolgen.
- Jôdan morote uke: Siehe Ausführung der entsprechenden Bewegungen auf Chûdan-Höhe, wie sie auf den Fotos 269, 270 (S. 214) und 276 bis 278 (S. 216) dargestellt sind.

Foto 261

Foto 262

C) Mittlere Abwehrtechniken (Chûdan uke)

1.) Block durch Verhaken (Chûdan kake uke)

Diese Technik wurde auf Seite 209 für die Jôdan-Höhe erklärt. An dieser Stelle wird sie in Form von Zeichnungen für die Chûdan-Höhe dargestellt:

Zeichnungsfolge 5 stellt die einfache Form dar:

5

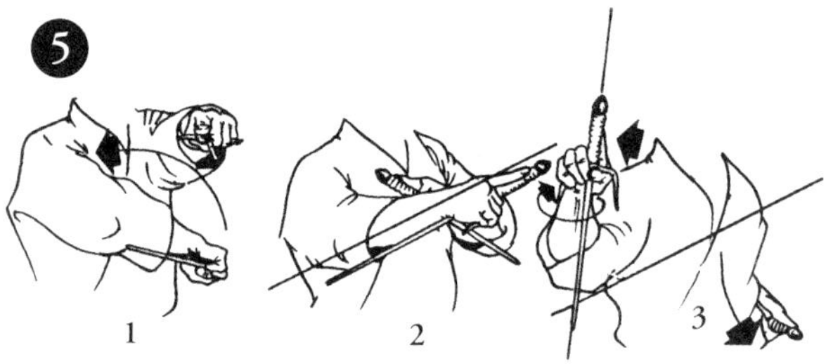

Die beidhändige Form (Morote chûdan kake uke) wird in Zeichnungsfolge 6 und Fotos 263 bis 266 wiedergegeben.

Die Fotos auf der gegenüberliegenden Seite zeigen die Bewegung im Profil (263, 264) und von vorn (265, 266) im Shumoku dachi. Diese Form findet man auch mehrfach in den Sai-Kata wieder (siehe 3. Abschnitt, S. 259 ff.).

Man beachte in dem verstärkten Block (Morote) die schräge Stellung des Sai sowie in beiden Fällen die kraftvolle Drehung der Handgelenke nach außen. In der Morote-Form kann der Block sowohl mit dem einen wie auch mit dem anderen Sai ausgeführt werden.

Diese Technik ist zur Abwehr eines seitlichen Angriffs, der von außen nach innen geführt wird, geeignet.

6

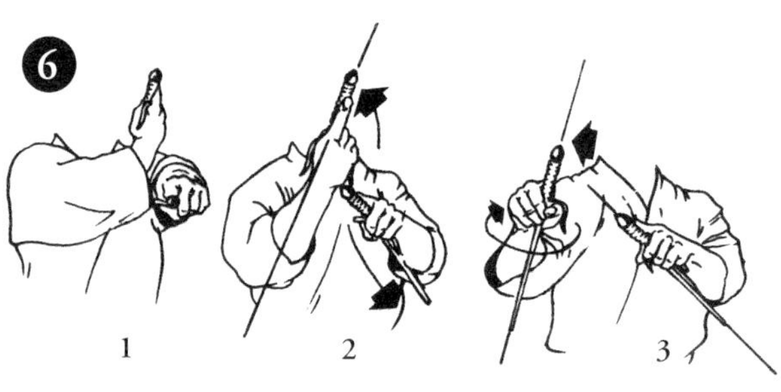

Foto 263

Foto 264

Foto 265

Foto 266

2.) Fegende Abwehr

Erste Form: Abwehr von innen nach außen (Chûdan uchi uke).

Diese Technik wurde für die Jôdan-Höhe auf Seite 210 erläutert. Hier wird sie in Form von Abbildungen für die Chûdan-Höhe dargestellt:

Für die einfache Form: Zeichnungfolge 7 sowie Fotos 267 und 268.

Für die beidhändige Form (Morote chûdan uke): Fotos 269 und 270.

In dieser verstärkten Form kann der Block sowohl mit dem einen als auch mit dem anderen Sai ausgeführt werden. Zu beachten ist, daß die Spitzen des Sai gegen den Angreifer gerichtet werden. Diese Technik ist zur Abwehr eines seitlichen Angriffs, der von außen nach innen geführt wird, geeignet.

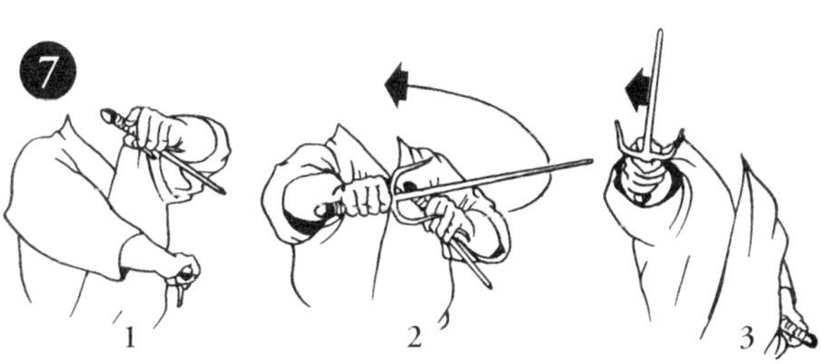

Foto 267

Foto 268

Foto 269

Foto 270

Anmerkung: Es gibt zwei Arten, das Sai zu Beginn der Bewegung in Stellung zu bringen:

Foto 267: Das nicht eingesetzte Sai ist zuerst vorn, während das Sai, welches blocken soll, von der Hüfte aus mit der Spitze nach hinten eingesetzt wird. Man blockt schließlich auf eine Weise, als zöge man einen Degen. Siehe auch Fotos 291 und 292 auf S. 234.

Foto 269: Beide Sai werden von der gegenüberliegenden Seite aus eingesetzt und führen danach eine »schneidende«, direkte Bewegung zum Punkt des Kime hin aus.

Man vergleiche auch Fotos 235 und 236 (S. 203), die die gleiche Bewegung auf Gedan-Höhe zeigen.

Zweite Form: Abwehr von außen nach innen (Chûdan yoko uke)

Das Sai wird im Gyakute mochi gehalten (Foto 271 und Zeichnungfolge 8). Foto 271 stellt die Bewegung 108 der 2. Kata (vgl. S. 280) dar. Das rechte Sai führt einen Yoko uke aus und das linke einen Gedan barai. Die Stellung ist Shiko dachi.

Foto 271

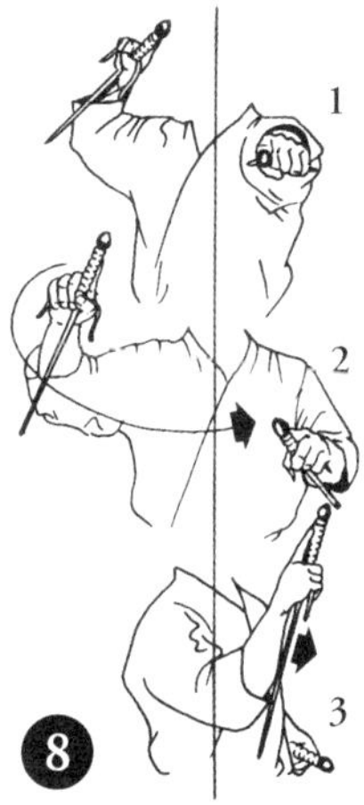

Man vergleiche auch Foto 261 (S. 211), auf welchem die gleiche Technik auf Jôdan-Höhe dargestellt ist.

Das Sai wird im Honte mochi gehalten (Foto 272 und Zeichnungsfolge 9 unten). Man vergleiche auch Foto 262 (S. 211), auf welchem die gleiche Technik auf Jôdan-Höhe dargestellt ist.

Diese Technik (sie entspricht im Karate dem Uchi komi bzw. dem Soto uke) wird im Gyakute mochi oder im Honte mochi gegen direkte Stöße mit der Spitze der gegnerischen Waffe oder gegen seitlich von außen nach innen geführte Angriffe eingesetzt.

Die Technik wird durch kraftvolle Drehung der Hüften in Richtung des Blocks unterstützt. Der Oberkörper ist am Ende seitlich zum Angriff ausgerichtet.

Foto 272

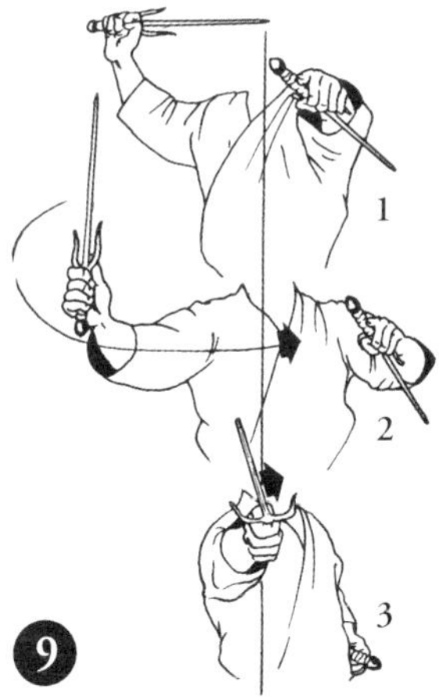

Foto 273

Foto 274

Foto 275

Varianten (Fotos 273 bis 280):

Foto 273: Chûdan barai. Die Technik ist die gleiche wie Gedan barai, jedoch wird sie auf mittlerer Höhe ausgeführt. Der Ellbogen ist gebeugt und in deutlichem Abstand vom Körper. Es ist wichtig, die Spitze des Sai fest gegen den Ellbogen zu drücken, um das Gelenk gut zu schützen (siehe auch Foto 280 auf der folgenden Seite).

Fotos 274 und 275: Chûdan nage uke (von innen nach außen). Hierbei handelt es sich um die gleiche Technik, wie sie bereits in den Erläuterungen zu den Zeichnungen auf S. 210 beschrieben wurde. Der Unterschied zu dem auf Fotos 269 und 270 dargestellten Morote chûdan uke besteht darin, daß man hier versucht, die Bewegung durch Verhaken der gegnerischen Waffe abzuschließen, wobei diese durch Drehung des Handgelenks, durch die der Daumen nach unten gerichtet wird, nach außen und unten gestoßen wird.

Foto 276

Foto 277

Foto 278

Fotos 276 bis 278: Morote chûdan yoko uke (von außen nach innen): Foto 276: Abwehr mit beiden Sai im Honte mochi. Foto 277: Abwehr mit dem vorderen Sai im Gyakute mochi und mit dem hinteren Sai im Honte mochi. Letztere kann in einem Verhaken der gegnerischen Waffe enden. Foto 278: Abwehr mit dem vorderen Sai im Honte mochi und mit dem hinteren im Gyakute mochi.
In allen drei Fällen müssen beide Sai gleichzeitig auf die gegnerische Waffe auftreffen. Der Oberkörper befindet sich im Profil zum Angriff.

Foto 279

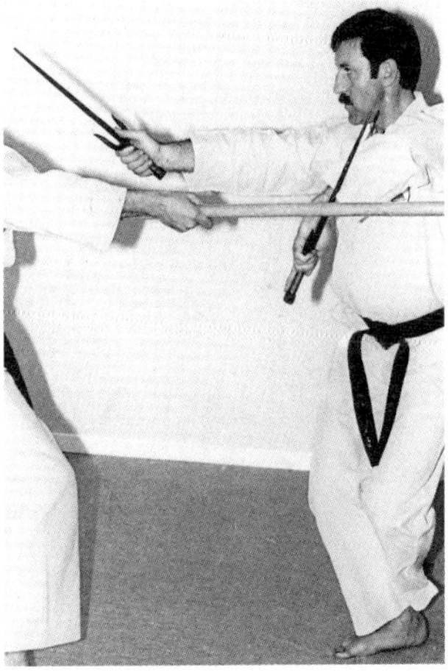

Foto 280

Foto 279: Ein doppelter Block im Kôkutsu dachi (rechter Gedan barai und linker Chûdan yoko uke).

Foto 280: Block Chûdan barai, begleitet von einem Furi dachi.

Man könnte diese Vorstellung der wichtigsten Blocktechniken durch verschiedene der Angriffstechniken, die im folgenden Kapitel dargestellt werden, ergänzen. So ähneln beispielsweise die Furi-dachi-Techniken, die ausführlich graphisch dargestellt werden, stark den Abwehrtechniken der Art Nage uke oder Yoko uke.

3. Kapitel – Die Angriffstechniken (Tsuki und Uchi waza)

Jede Technik mit der Faust oder mit der offenen Hand, die im Karate üblich ist, kann auch mit dem Sai ausgeführt werden. Wie in den Verteidigungstechniken muß man die Techniken mit der Waffe als Verlängerung der Techniken ohne Waffen betrachten. Und ebenso, wie dies im Karate der Fall ist, muß der ganze Körper in den Schlag oder Stoß einbezogen werden (Kime). Dabei gibt es zwei grundlegende Methoden, den direkten, geradlinig geführten Stoß, Tsuki waza, und den indirekt in halbkreisförmigem Bogen geführten Schlag, Uchi waza.

A) Direkte Angriffe (Tsuki waza)

1.) Stöße mit dem Knauf (Tsuki)

Fotos 281 und 282, Zeichnungfolge 10. Einfache Form. Der Stoß wird im Gyakute mochi so geradlinig wie möglich ausgeführt. Zu beachten sind das Hikite des anderen Sai und seine Endstellung, bei der die Seitenschäfte sich in einer vertikalen Ebene befinden. Letzteres ist wichtig, um sich beim kraftvollen Zurückziehen nicht selbst zu verletzen. Für das Sai, mit dem angegriffen wird, gilt, daß sich die Seitenschäfte beim Auftreffen in der Horizontalen befinden können (Einwärtsdrehung der Hand, Handfläche zeigt nach unten) oder in der Vertikalen (äußere Handkante zeigt nach unten).

Fotos 283 und 284. Doppelform: Man kann zwei Tsuki gleichzeitig auf der gleichen Ebene ausführen (Morote zuki), oder zueinander versetzt (Yama zuki).

Foto 281: Jôdan tsuka gashira gyaku zuki

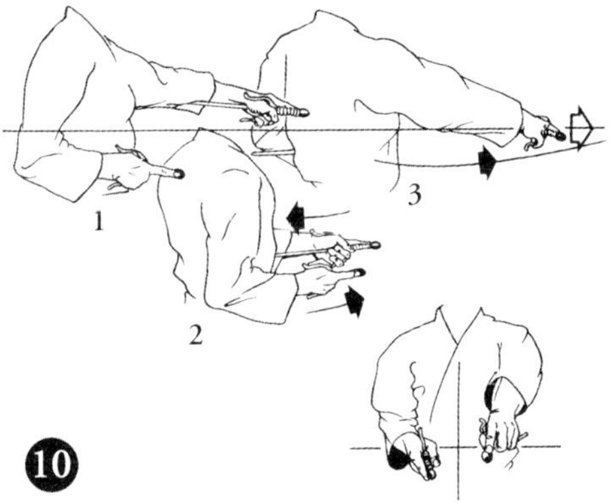

Foto 282

Foto 283

Foto 284

Foto 285

2.) Stöße mit der Spitze (Tsuki komi oder nuki)

Man stößt auf gleiche Weise zu wie mit dem Knauf; das Sai wird entweder im Honte mochi gehalten oder im Gyakute mochi. In letzterem Fall erfolgt der Stoß so, als stieße man mit dem Ellbogen zu. Der Stoß kann geradlinig mit der Spitze ausgeführt (Foto 285) oder von unten nach oben oder auch bogenförmig geführt werden (ohne Abbildung).

3.) Stöße mit der Gabel des Sai (Yoku zuki)

Der Stich erfolgt mit dem Tsume (Spitze eines Seitenschafts) oder mit der ganzen Gabel des Sai. Siehe Seite 193 sowie die Seiten, die den Kumite-Anwendungen gewidmet sind (S. 236 ff.).

B) Indirekte Angriffe (Uchi waza oder Furi dachi)

1.) Stöße mit dem Knauf

Die Hand hält das Sai wie einen Degen im Honte mochi. Man kann mit dem Knauf zustoßen, vor allem als Rückhandstoß, so, als führte man einen Fauststoß im Tettsui (»Eisenhammer«) aus. Siehe auch Foto 358 auf Seite 251.

Foto 286

11

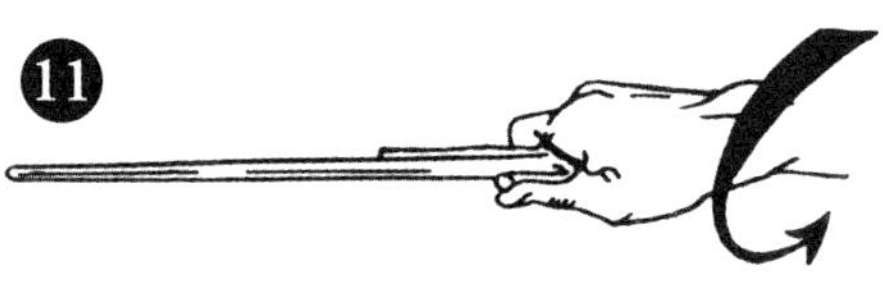

2.) Stöße mit dem Schaft

Das Sai wird im Gyaku-te mochi gehalten, und es werden »mähende« Schläge mit dem Schaft ausgeführt. Hierfür gibt es mehrere Möglichkeiten:

- Seitlich, von innen nach außen, Daumen nach oben (Foto 286) oder Daumen nach unten (Zeichnung: Drehung des Handgelenks, Rückhandstoß);
- seitlich, von außen nach innen;
- vertikal von außen;
- vertikal von innen.

Die wichtigsten Punkte für all diese Techniken sind:

- Die Lage des Daumens auf den Seitenschäften – er bestimmt die Bewegungsbahn und hält die Stellung beim Auftreffen aufrecht;
- die Geschmeidigkeit und die Kraft des Handgelenks (harte und schnelle Bewegung, wie ein Peitschenschlag);
- das Ausmaß des Beugens und Streckens des Ellbogengelenks;
- niedrige Haltung der Schultern;
- die Kraft, die im Gebiet des Tanden empfunden wird.

Alle Bewegungen erfolgen im allgemeinen auf Jôdan-Höhe.

Erste Form: seitlicher Schlag von innen nach außen (Nage uchi)

Es handelt sich hier um die gleiche Technik wie bei der fegenden Abwehr (Jôdan nage uke – S. 210). Die Zeichnungen auf der folgenden Seite und die Darstellungen auf Tafel A (S. 223) zeigen sie unter verschiedenen Winkeln: Die Ausgangshaltung ist Tsuki (A 1). Die Hand wird zum Körper in einer bogenförmigen Bewegung, die von außen nach innen führt, zurückgezogen; die Handfläche zeigt dabei ständig nach unten, die Ellbogenspitze nach vorn (A 2 und 3). Die Spitze des Sai wird auf diese Weise auf den Gegner gerichtet, und die Waffe wird nunmehr nur noch durch den Daumen gehalten, der in seiner Ausgangsposition geblieben ist (1). Die anderen Finger liegen offen auf dem Griff. In der Folge wird der Griff wieder erfaßt, und es wird ein Schlag von innen nach außen und nach vorn geführt, von unten nach oben (4). Beim Auftreffen kommt der Daumen auf dem Moto (Kreuz zwischen Schaft und Seitenschäften) zu liegen, nachdem er innen an den Seitenschäften entlanggeglitten ist. Die Spitze des Sai muß abrupt zum Stillstand kommen, direkt vor dem eigenen Körper; der Arm ist angespannt.

Zweite Form: seitlich von außen nach innen (Yoko uchi)

Vergleiche auch Foto 272 und die Zeichnungen, in denen die Phasen des Chûdan yoko uke dargestellt sind (S. 215). Die gleiche Technik wird hier für den Angriff verwendet.

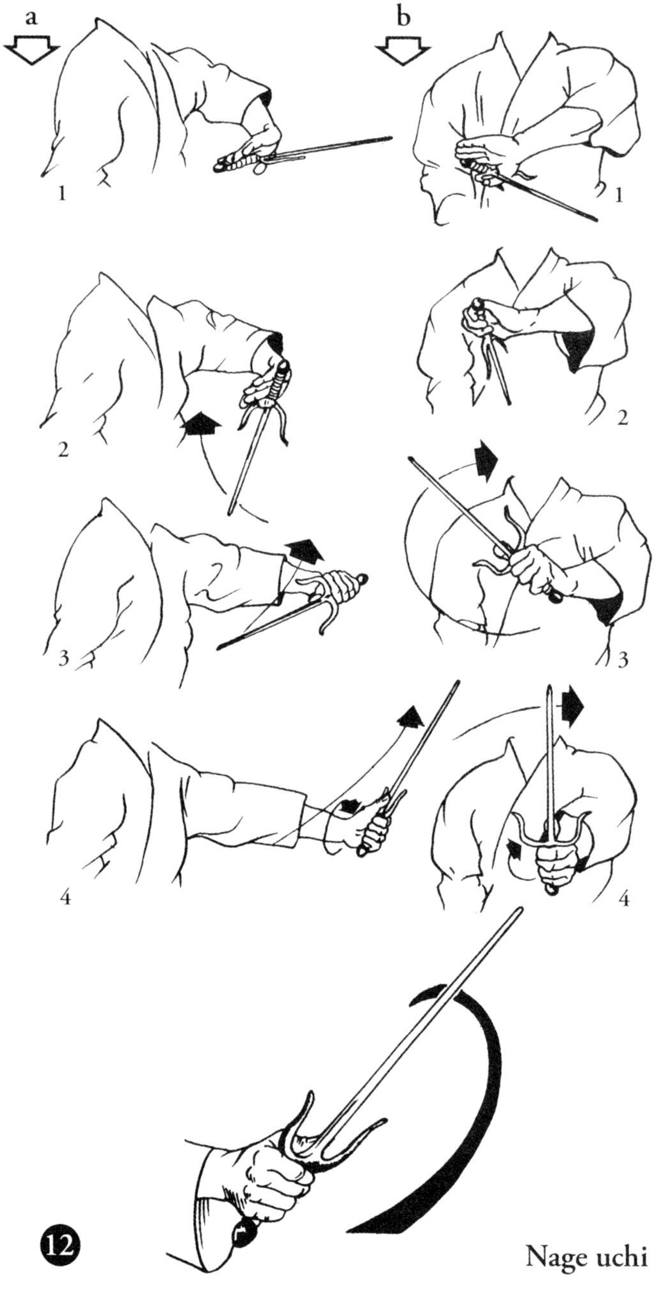

12

Nage uchi

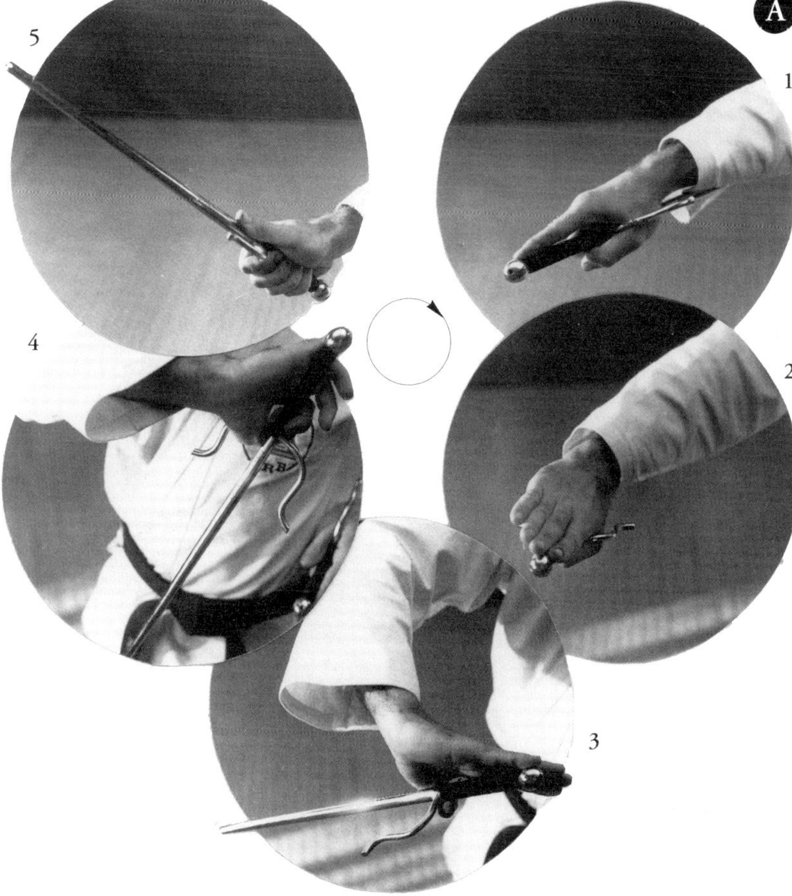

Dritte Form: Vertikal von außen (Kaeshi uchi oder Uchi komi)
Dieser Technik entspricht keine Blocktechnik. Die Zeichnungen auf der folgenden Seite und die Tafeln B und B' (S. 225 f.) stellen sie unter verschiedenen Winkeln dar, wobei insbesondere der subtile Einsatz von Fingern und Handgelenk gezeigt wird.

Die Ausgangsposition entspricht der Endstellung des Nage uchi (erste Form), d. h., der Daumen liegt auf dem Moto (Tafeln B-5 und B'-5). Das Sai wird gedreht, so daß die Flügel vertikal liegen, während der Daumen

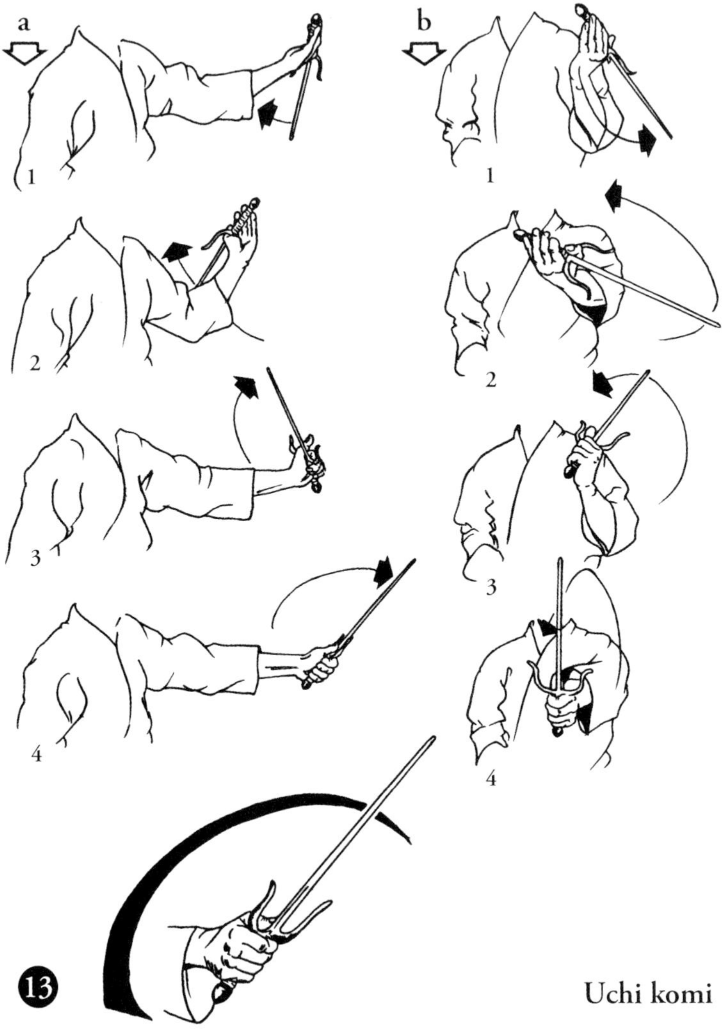

Uchi komi

auf den linken Seitenschaft gelegt wird, der jetzt oben ist (1). Der Ellbogen wird gebeugt und die Hand zum Körper zurückgeführt; die Handfläche zeigt nach oben. Das Sai hängt jetzt außen am Unterarm, es wird nur noch durch den Daumen und die letzten Glieder von Zeige- und Mittelfinger gehalten (2). Der Griff wird wieder in die Hand genommen; die Spitze des Sai beschreibt eine Kurve von vorn nach hinten, wobei sie außen am

Ellbogen und an der Schulter vorbeigeführt wird, bevor sie wieder nach vorn gerichtet wird (3 und 4). Sobald das Sai, das nun wieder fest gehalten wird, in einer vertikalen Ebene nach vorn schwingt, bewegt sich der Daumen wieder auf den Moto (4). Auf diese Weise kehrt man in die Ausgangsstellung zurück, nachdem die Spitze des Sai einen vollständigen Kreis beschrieben hat.

Anmerkung: Die Geschmeidigkeit des Handgelenks spielt hierbei mit einer Bewegung vor-zurück-vor des Ellbogens zusammen.

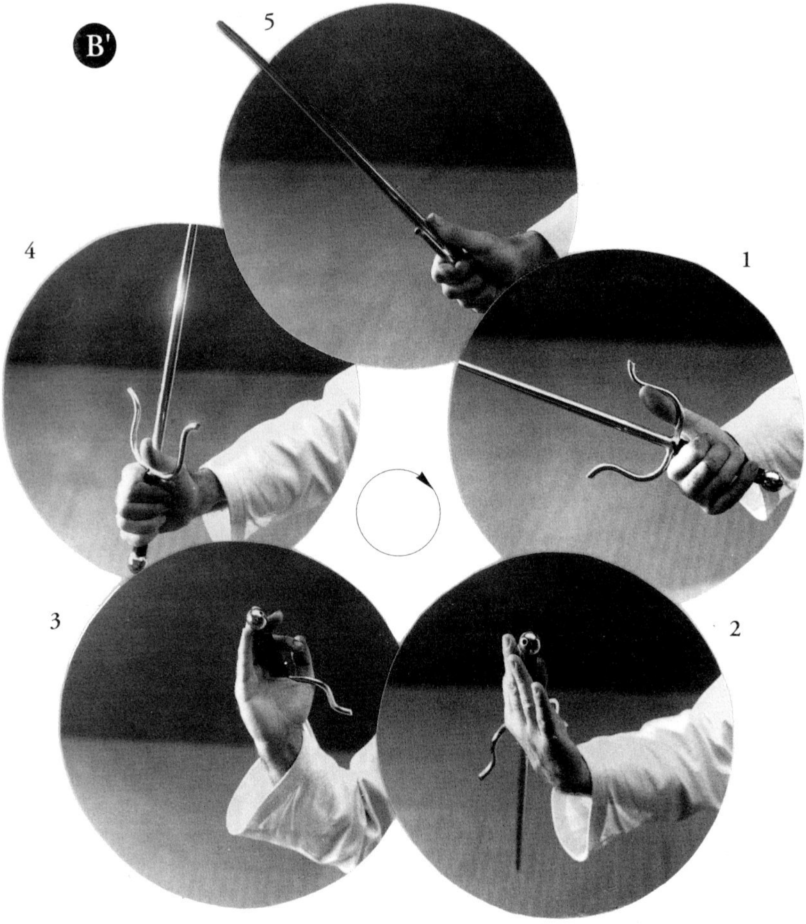

Ratschläge für das Training

Die Technik sollte unabhängig voneinander links und rechts trainiert werden. Sobald man die Bewegungen des Handgelenks beherrscht, sollte ein unbewegliches Zielobjekt verwendet werden, um mit wachsender Schnelligkeit zuzuschlagen, wobei die Spitze des Sai hart in unmittelbarer Nähe vom Ziel zum Stillstand gebracht wird, ohne daß jedoch das Ziel berührt wird.

Vierte Form: Vertikal innen (Otoshi uchi)
Auch dieser Technik entspricht keine Blocktechnik. Sie unterscheidet sich von der dritten Form nur dahingehend, daß die Bewegungsbahn des Sai neben der Innenseite des Arms erfolgt. Tafel C (folgende Seite) zeigt den Ablauf der Technik. Die Ausgangsposition kann sowohl Nage uchi (5) als auch Chûdan zuki (1) sein. Der Ellbogen wird gebeugt und die Hand zurückgezogen; der Handrücken zeigt dabei zum Körper. Das Sai wird nur noch durch den Daumen an den Seitenschäften und durch die letzten Fingerglieder gehalten, d. h., es hängt frei auf Höhe der Innenseite des Ellbogengelenks (3). Der Griff wird nun wieder in die Hand genommen und die Bewegungsfolge wie die vorherige abgeschlossen, indem der Daumen auf den Moto gesetzt wird.

Diese Technik hat die gleiche Anwendung wie die vorhergehende: es geht darum, den Gegner direkt auf den Kopf zu schlagen. Aufgrund dessen, daß die Spitze des Sai sich sehr nahe am Gesicht des Ausführenden vorüberbewegt, lehnen einige Experten diese Form jedoch ab und setzen ausschließlich den Kaeshi uchi ein.

Foto 287

Foto 288

Foto 289

Fotos 287-289: Eine Möglichkeit, die Technik des Otoshi uchi gefahrlos für sich selbst zu praktizieren. Beschreibung auf der folgenden Seite.

Die Technik des Otoshi uchi kann unter folgenden Voraussetzungen gefahrlos eingesetzt werden:

- Entweder dreht man sich so, daß man seitlich steht. Auf diese Weise besteht keine Gefahr, daß das Sai auf seiner Bahn am eigenen Körper hängenbleibt;
- oder man führt die Bewegung so aus, daß das Sai eine Bahn durchläuft, die um den gesamten Kopf herumführt (Fotos 287 bis 289, S. 227). Die Spitze des Sai bewegt sich von vorn nach hinten außen am Gesicht vorbei, gelangt hinter den Kopf und wird auf der vertikalen Mittelebene vom Körper des Ausführenden aus gesehen wieder nach vorn geführt.

4. Kapitel – Das Wiederergreifen (Osame)

In diesem Kapitel geht es um die Art und Weise, wie eine Bewegung zu Ende gebracht wird, indem das Sai wieder ergriffen wird, ohne daß hierdurch der Gesamtablauf der Bewegungen ins Stocken gerät. Diese Technik taucht viele Male in den Kata auf, und im Kampf ermöglicht sie es, nach dem Kime nicht gefährlich aufgehalten zu werden. Sie ist Teil der wesentlichen Grundtechniken für die Beherrschung des Sai.

Bildtafel D (folgende Seite) stellt einen korrekten Osame dar. Zuvor wurde ein Nage uchi oder ein Kaeshi uchi ausgeführt. Das Sai wird nun im Honte mochi gehalten, der Daumen liegt auf dem Moto (1). Das eigentliche Osame besteht aus den beiden folgenden Abläufen: Der Daumen wird in die Gabelung zwischen Schaft und rechtem Nebenschaft gebracht. Die Finger werden geöffnet, so daß das Sai von vorn nach hinten (zum Körper) in einer vertikalen Ebene schwingt (2). Mittel-, Ring- und kleiner Finger werden unterhalb des Griffes entlanggeführt und schließen sich um den linken Nebenschaft, während der Zeigefinger von unten entlang des Griffs gelegt wird (3). Die Spitze des Sai ist in Richtung des Ellbogeninneren gerichtet.

Die Bewegung Osame wird generell mit Gedan barai abgeschlossen: Die Hand wird zum Körper zurückgezogen, die Handfläche zeigt dabei zur Brust (4), und ein Gedan barai uke wird ausgeführt (5). Siehe auch Fotos 300 bis 303 (S. 235).

D

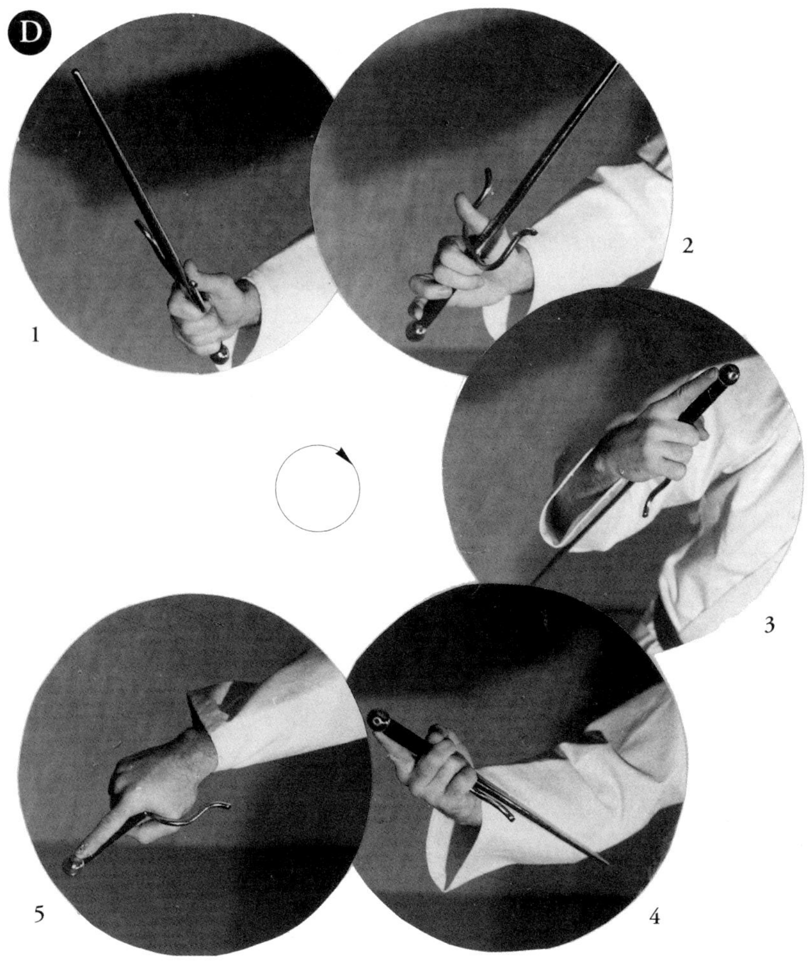

1 2 3 4 5

5. Kapitel – Kombinationen (Renzoku waza)

Es gibt zahllose mögliche Abläufe für kombinierte Bewegungen. Die Grundformen (Kihon furi) unermüdlich zu üben, entwickelt Gleichgewicht, Timing, Schnelligkeit, Kraft und die Fähigkeit, synchron zu handeln. Es ist einfach, diese Grundtechniken selbst aus den in den vorigen Kapiteln beschriebenen Elementen zu konstruieren. Man darf dabei jedoch nie vergessen, daß jede Technik mit einem Kime beendet wird, das den Körper stabilisiert, bevor zur nächsten Technik übergegangen wird. Die Stellungen können variiert werden. Die Techniken können auch ausgeführt werden, während man auf einer gedachten Linie vor- und zurückgeht. Man muß das Gefühl haben, die Schläge und Stöße aus dem Tanden heraus auszuführen. Auf den folgenden Seiten werden einige Beispiele für Kombinationen dargestellt.

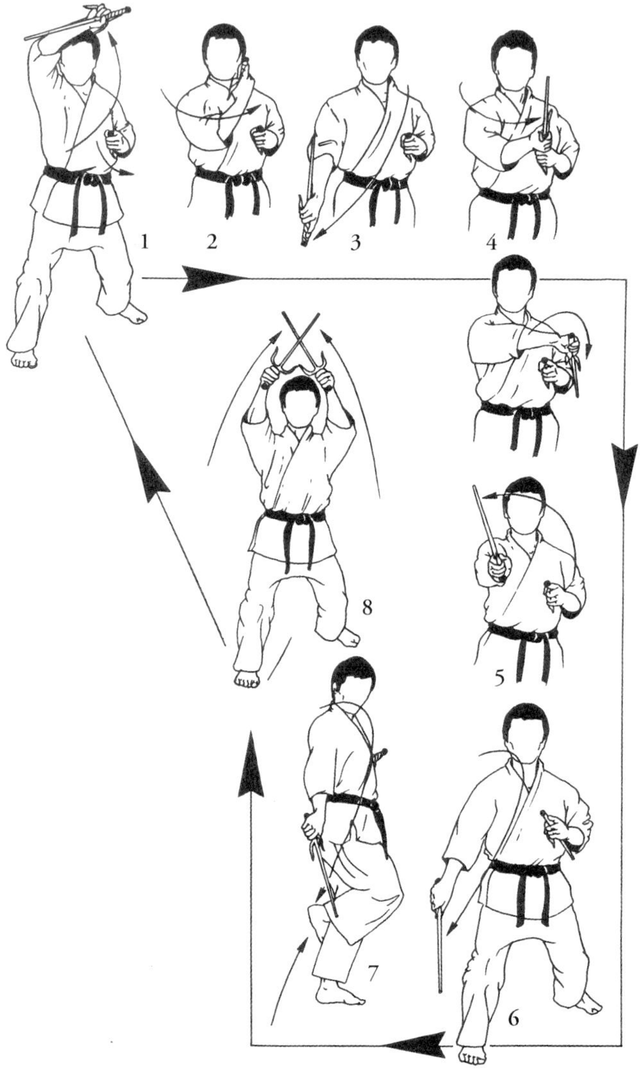

Am Ort wird ein Age uke ausgeführt (1), gefolgt von einem Gedan barai im Gyakute mochi (2 und 3), von einem Chûdan uke im Honte mochi (4) und schließlich von einem Nage uchi (5) und einem Gedan uke (6). Der vordere Fuß wird nun in Sagiashi dachi zurückgesetzt, und es wird erneut ein Gedan uke ausgeführt (7), bevor dieser Fuß in Zenkutsu dachi abgesetzt wird, während ein Jôdan juji uke ausgeführt wird (8). Der gesamte Bewegungsablauf wird nun am Ort wiederholt, oder während man nach vorn geht.

Nach Chûdan oi zuki (1) erfolgt ein rechter Chûdan nage uchi (2), wiederholt als Rückhandschlag (3), und schließlich Otoshi uchi (4). Abgeschlossen wird mit Gedan barai, und man führt schließlich einen Chûdan oi uke mit dem anderen Sai aus.

Foto 290

Foto 291

Foto 292

Foto 293

Foto 294

Foto 295

Foto 296

Fotos 290 bis 296: Darstellung eines Ablaufs, bei dem das Sai mit der Hand, die dem nach vorn gesetzten Bein gegenüberliegt, im Gyakute gehalten wird:
Chûdan yoko uke (290), gefolgt von Chûdan uke (291 bis 294). Zu beachten ist hierbei, daß das andere Sai hierbei vor und zurück bewegt wird. Es folgt ein Jôdan nage uchi mit der Rückhand (295, 296).

Foto 297

Fotos 297 bis 303: Am selben Ort, im Shiko dachi, wird ein Chûdan nukite (297) ausgeführt, gefolgt von Jôdan otoshi uchi (298-300). Anschließend erfolgt ein Gedan barai (301-303).
Zu beachten ist der Hikite mit vertikal gehaltenen Seitenschäften des Sai.

Foto 298

Foto 299

Foto 300

Foto 301

Foto 302

Foto 303

2. Abschnitt – Kumite (Kampftechniken)

Im folgenden werden einige Formen des Sai-Kumite vorgestellt. Werden sie erst einmal beherrscht, so kann sie der Praktizierende entsprechend seinen Vorlieben oder seinem Körperbau modifizieren oder kombinieren. Es gibt hier keine unabänderlichen Festlegungen, abgesehen davon, daß die grundlegenden Methoden im Umgang mit dem Sai respektiert werden müssen. Von grundsätzlicher Bedeutung ist dabei vor allem, daß man den Begriff der Distanz (Ma) nicht aus den Augen verliert. Während des Angriffs besteht die Gefahr, daß der Gegner einen Schlag auf die Finger, die das Sai halten, ausführt. Während des Gegenangriffs muß der Abstand unbedingt unter Kontrolle bleiben. Im Training ist daher äußerste Vorsicht geboten.

Anmerkungen: Die Abfolge der auf den folgenden Seiten vorgestellten Kombinationen entspricht keiner zwangsläufigen Entwicklungsfolge der Techniken. Für die Handhabung des Stockes (Bô) siehe die entsprechenden Erklärungen im ersten Teil dieses Buches.

1.) Angriff des Bô mit rechtem Chûdan yoko honte uchi (oder Chûdan zuki)

Die Abwehr erfolgt, indem der rechte Fuß vorgesetzt wird, während die Hüften stark nach links gedreht werden. Hierdurch gelangt man in seitliche Stellung zum Angriff im Shiko dachi. Die Sai werden entweder in vertikaler (304) oder in schräger, pyramidenförmiger Stellung (305) nach oben geführt. Der Gegenangriff erfolgt mit einem Nukite, indem das entsprechende Sai entweder in Honte mochi gebracht wird (306) oder im Gyakute mochi bleibt und ein einfacher Stoß mit dem Ellbogen nach vorn erfolgt (307).

Foto 304

Foto 305

Foto 306

Foto 307

2.) Angriff des Bô mit linkem Chûdan yoko honte uchi (oder Chûdan zuki)

Foto 308

Man begegnet dem Gegner auf gleiche Weise wie in der vorherigen Technik und führt einen Schlag im Nuki aus, während der Angriff mit dem Bô durch das Sai, das außen am Unteram anliegt, abgewehrt wird (Foto 308). Die Abwehr beginnt mit Hikite, dann wird der Arm gedreht und der Ellbogen ein wenig vom Körper entfernt. Block und Gegenangriff erfolgen simultan.

3.) Angriff des Bô mit rechtem Chûdan yoko honte uchi

Die Abwehr erfolgt mit dem linken Sai im Chûdan nage uke, während das rechte Sai, an der Spitze gehalten, schwungvoll erst nach hinten und dann von hinten nach unten geführt wird (309). Am Ort, oder, wenn es der Abstand erforderlich macht, nach einem Schritt nach vorn, werden die Hüften nach links gedreht, als würde man sich in den Angriff hineindrehen, und es wird mit den Seitenschäften des rechten Sai einen Schlag in die Kniekehle des Gegners ausgeführt (310). Der Gegner wird aus dem Gleichgewicht gebracht, indem sein Knie nun nach vorn gezogen wird (311). Je nachdem, ob es sich um das rechte oder linke Knie handelt, erfolgt der Angriff von innen oder von außen mit dem gleichen Ergebnis (siehe Foto 315).

Foto 309

Foto 310

Foto 311

4.) Angriff des Bô mit Jôdan honte uchi

Foto 312

Es erfolgt eine hohe Abwehr mit dem linken Sai, während das rechte Sai hinten in Stellung gebracht wird. Beide Sai werden an der Spitze gehalten (312). Der rechte Fuß wird nach vorn gesetzt und mit einer fegenden Bewegung die Spitze eines Seitenschaftes des rechten Sai gegen die Schläfe des Gegners geschlagen (313) oder in die Kniekehle (314). In letzterem Fall wird das gegnerische Knie am Ende der Bewegung nach vorn gezogen (315). Zu beachten ist, daß die Abwehr mit dem linken Sai auch so weiterentwickelt werden kann, daß der Bô eingehakt und nach unten gezogen wird.

Foto 313

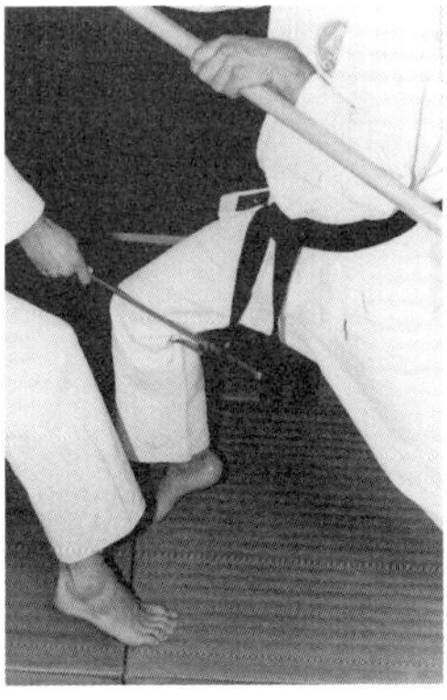

Foto 315

Foto 314

5.) Angriff des Bô mit Tate honte uchi

Foto 316

Aus dem Yoi (316) weicht man aus, indem man den rechten Fuß nach rechts setzt, den Oberkörper nach links dreht und sich duckt, um aus der Angriffslinie zu gelangen. Gleichzeitig wird der Angriff mit dem rechten Sai im Jôdan yoko uke abgewehrt, während das linke Sai in Age uke gehoben wird, um den Kopf zu schützen, wenn die Ausweichbewegung nicht ausreichend war (317). Während man in Shiko dachi geht, wird mit dem rechten

Foto 317

Foto 318

Foto 319

Sai, das wieder im Gyakute mochi gehalten wird, zugestochen. Der Ellbogen führt hierbei einen direkten Stoß aus (318, 319).

Auf den Fotos 320 bis 322 ist dieselbe Abfolge von oben gesehen dargestellt. Man beachte, daß man unter dem Bô hindurchgeht, um den Gegenangriff auszuführen. Weiterhin zu beachten ist die Endposition in Bezug auf die Angriffslinie.

Foto 320

Foto 321

Foto 322

Foto 323

Foto 324

Foto 325

Foto 326

6.) Angriff des Bô mit Jôdan yoko honte uchi (oder Tate honte uchi)

Der Schlag wird mittels linkem Age uke pariert (Gyakute mochi), und das rechte Sai, an der Spitze gehalten, wird schwungvoll nach hinten geführt (323). Am Ort wird der Oberkörper nach links gedreht, wodurch es möglich wird, das rechte Sai außen an den Bô zu bringen (324). Der Bô wird mit einem Seitenschaft von oben nach unten verhakt, oder – besser noch – das Handgelenk des Gegners wird verhakt (325). Um das Einhaken zu erleichtern, wird gleichzeitig der linke Ellbogen angehoben, wodurch der Bô nach rechts gedrückt wird. Nachdem das linke Sai wieder frei ist, wird es zum Gegenangriff mit der Spitze eingesetzt (326).

7.) Angriff des Bô mit rechtem Tate honte mochi

Der Angriff wird von außen mit einem rechten Age uke geblockt (327). Man dreht sich nun weitläufig auf dem vorderen Fuß nach rechts. Falls der Abstand zum Gegner zu gering ist, kann man den Fuß zuvor auch ein wenig zurücksetzen. Die Hüften werden kraftvoll gedreht, der Körper ist aufrecht und die Knie gebeugt (328). Die Drehung wird fortgesetzt und, während der Körper sich seitlich zur Angriffsrichtung befindet, mit dem Fuß ein peitschender Tritt (Mawashi geri) gegen das Gesicht, den Körper oder das Knie (Feger) des Gegners ausgeführt (329). Zu beachten ist, daß während der Drehung der rechte Ellbogen am Körper gehalten wird, was zur Folge hat, daß der Bô, der zwischen Schaft und Seitenschaft verhakt ist, weiter nach unten gedrückt wird.

Foto 327

Foto 328

Foto 329

8.) Angriff des Bô mit rechtem Tate honte mochi

Im Nekoashi dachi wird direkt nach vorn mit Jôdan kosa uke geblockt (330 und 332). Die Sai bleiben gekreuzt, und es wird ein Tritt mit dem Fuß des vorn stehenden Beines ausgeführt. Hierbei beugt man sich ein wenig zurück, um die Angriffsenergie besser absorbieren und den Gegenangriff mit maximaler Kraft ausführen zu können (331).

Die Abwehr kann vollendet werden, indem der Fuß in Zenkutsu dachi abgesetzt wird und mit dem Schaft oder den Seitenschäften des rechten Sai in Richtung der gegnerischen Kehle gestochen (334) oder mit dem Knauf zugestoßen wird (333, 336). Das linke Sai bleibt dabei in seiner Position und hält den Bô auf Distanz.

Letztere Gegenangriffe können auch unmittelbar ausgeführt werden, wenn die Abwehr von Anfang an im Zenkutsu dachi erfolgt (332, 335).

Foto 330

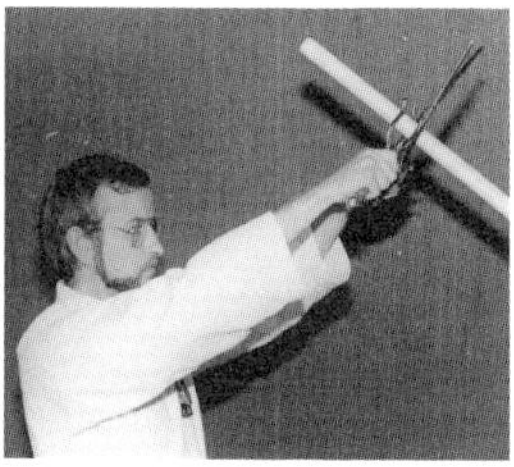

Foto 332

Foto 333

Foto 331

Foto 334

9.) Angriff des Bô mit Tate honte uchi (oder vertikaler Schwerthieb)

Die Abwehr erfolgt mit einer Variante des Age uke. Das rechte Sai wird im Honte mochi gehalten, die Handfläche zeigt zum eigenen Körper (337). Zu beachten ist die horizontale Haltung des Schafts; die Spitze zeigt nach außen. Durch die Wucht des Schlages kann die Spitze des Sai noch weiter nach unten gedrückt werden, wodurch der Schlag nach außen abgeleitet wird. Aus diesem Grund wird auch der rechte Fuß in Richtung Gegner gesetzt, so daß die Nekoashi-Stellung eingenommen wird. Der Körper steht nun auf der Innenseite der vertikalen Angriffsebene. Daraufhin wird unverzüglich am Platz zu Zenkutsu dachi gewechselt und mit dem Sai nach vorn von oben nach unten direkt gegen den Kopf des Gegners geschlagen (338).

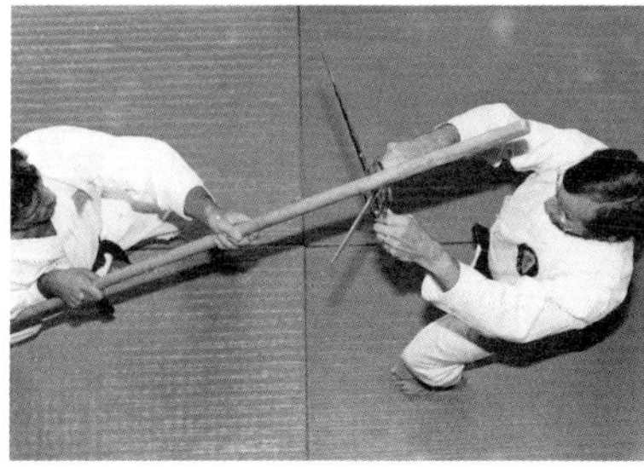

Foto 335

Foto 336

Foto 337

Foto 338

Foto 339

Foto 340

Foto 341

10.) Angriff des Bô mit Tate honte uchi

Die Abwehr erfolgt mit rechtem Age uke. Der linke Fuß ist vorn (Gyaku ashi), wodurch es einfacher ist, den Körper nach links zu drehen (339 und 342) und eventuell mit dem rechten Fuß zuzustoßen (ohne Abbildung). Mit einer kraftvollen Drehung der Hüften nach rechts wird der rechte Ellbogen zum Körper zurückgezogen (das Sai ist dabei mit dem Bô verhakt). Dadurch wird der Gegner nach vorn aus dem Gleichgewicht gebracht. Zugleich wird ein linker Jôdan zuki ausgeführt (340 und 343). Unverzüglich folgt ein rechter Jôdan gyaku zuki, unterstützt von einer neuerlichen starken Drehung der Hüften in entgegengesetzte Richtung (341 und 344).

Foto 342

Foto 343

Foto 344

11.) Tiefer Rückhandangriff mit dem Bô

Foto 345

Dem Angriff wird ausgewichen, indem das vordere Knie angehoben wird, um die Stellung Sagiashi dachi einzunehmen. Die Abwehr erfolgt mit einem Gedan barai des rechten Sai, der im Gyakute mochi gehalten wird (345-347). Simultan hierzu wird mit dem linken Sai ein Age uke ausgeführt, so daß das Gesicht geschützt ist. Das Standbein ist leicht gebeugt, der Stand sicher, und es wird mit der Ferse des angehobenen Beins ein Stoß nach vorn, direkt von oben nach unten gegen das vordere Knie des Gegners ausgeführt (Fumikomi; 346 und 348).

Foto 346

Foto 347

Foto 348

12.) Tiefer Rückhandangriff mit dem Bô

Dem Angriff wird auf gleiche Weise, wie unter 11.) beschrieben, ausgewichen. Die Abwehr erfolgt mit dem Sai im Honte mochi (349 und 351). Befindet man sich hinreichend nahe am Gegner, kann ein peitschender Fußstoß mit gestrecktem Fuß gegen die Innenseite des vorderen gegnerischen Knies ausgeführt werden (350 und 352). Man kann auch den Gegner fegen, indem man sein Fußgelenk wegschlägt. Hierfür muß man unbedingt sicher auf seinem Standbein stehen. Zu diesem Zweck drückt man den Bô noch etwas weiter weg und beugt sich ein wenig zurück.

Foto 349

Foto 350

Foto 351

Foto 352

13.) Tiefer Rückhandangriff mit dem Bô

Die Abwehr erfolgt mit einem rechten Gedan oder Chûdan barai in Gyakuashi, wobei der linke Fuß weit nach links ausweicht (353). Der Schlag muß so weit wie möglich vom Körper entfernt abgefangen werden. Der hintere Fuß wird rasch in Richtung Gegner gesetzt (354), und mit demselben Sai, das den Schlag abgewehrt hat, wird ein Jôdan otoshi uchi ausgeführt (355).

Foto 353

Anmerkung: Wenn man sich auf den Gegner zubewegt, gleitet der rechte Fuß entlang dem »Korridor« zwischen linkem Bein und der Spitze des Bô, der durch das rechte Sai auf Distanz gehalten wird.

Foto 354

Foto 355

14.) Rückhandangriff mit mit dem Bô gegen den Körper (oder seitlicher Schwerthieb von außen nach innen)

Die Abwehr ist die gleiche wie unter 13.) (357). Der rechte Fuß wird kraftvoll nach vorn gebracht, so nah wie möglich zum Gegner (eventuell mittels Gleitschritt), um einen Stoß mit dem Knauf des rechten Sai ausführen zu können (358).

Foto 356

Foto 357

Foto 358

Foto 359

Foto 360

Foto 361

Foto 362

15.) Angriff des Bô mit Jôdan nuki

Man weicht dem Angriff aus, indem der linke Fuß weit nach links gesetzt wird. Simultan hierzu wird mit dem rechten Sai ein Nage uke von links nach rechts ausgeführt (359 und 361). Die Stellung ist Gyakuashi. Während der Bô in weiter Distanz gehalten wird, indem man die Haltung des rechten Armes beibehält, stößt man seitlich mit der Ferse zu (Yoko geri: 360 und 362) oder man führt einen peitschenden Fußstoß unterhalb des rechten Arms des Gegners aus (ohne Abbildung).

16.) Angriff des Bô mit Jôdan nuki (oder Jôdan yoko honte uchi)

Man geht auf den Angriff zu und wehrt ihn mit linkem Age uke ab, während man in Nekoashi-Stellung wechselt. Gleichzeitig wird das rechte Sai gegen das vordere gegnerische Knie gestoßen (364). Man steht frontal in Richtung des Angriffs. Abwehr und Gegenangriff erfolgen simultan.

Foto 363

Foto 364

17.) Angriff des Bô mit Jôdan nuki (oder Jôdan yoko honte uchi)

Die Abwehr beginnt auf gleiche Weise wie unter 16.) beschrieben, doch wird hier ein rechter Age uke ausgeführt, der von einem Rückhandschlag mit dem linken Sai begleitet wird (365). Am Ort geht man in Zenkutsu dachi. Während man nun den Bô mit dem linken Sai nach unten drückt, erfolgt mit dem Knauf des rechten Sai ein Jôdan gyaku zuki (366).

Foto 365

Foto 366

Foto 367

Foto 368

Foto 369

18.) Angriff des Bô mit Gedan yoko uchi

Der Körper dreht sich in die Innenseite des Angriffs hinein, indem ein Fuß hinter den anderen über Kreuz gesetzt wird (Kake dachi). Die Sai werden in vertikaler Haltung angehoben (367). Das linke Sai wird nun direkt nach unten gestoßen, um den Bô zwischen Schaft und Seitenschaft einzufangen, so nah wie möglich am gegnerischen Handgelenk (368). Beim Gegenangriff wird das rechte Sai mit einem Nage uchi gegen den gegnerischen Hals gestoßen (369).

Zu beachten ist: Sobald der Bô zwischen Schaft und Seitenschaft verhakt ist, wird die Blockierung des Bô dadurch unterstützt, daß man ihn mit den Fingern der linken Hand ergreift.

19.) Angriff des Bô mit Chûdan yoko uchi

Die Ausweichbewegung ist die gleiche wie unter 18.) beschrieben. Die Abwehr erfolgt mit dem linken Sai (Nage uke), während mit dem rechten Sai ein Stoß gegen den Kopf ausgeführt wird. Die Stellung ist Kake dachi, der Körper ist aufrecht (370). Die Abwehr kann vollendet werden, indem man den rechten Fuß in Richtung des Gegners setzt, während der Bô auf Distanz gehalten wird (371) und mit dem rechten Sai ein Otoshi uchi ausgeführt wird (372).

Foto 370

Foto 371

Foto 372

Foto 373

Foto 374

Foto 375

Foto 376

Foto 377

20.) Angriff mit dem Schwert von außen nach innen

Die Abwehr erfolgt mit gekreuzten Sai, wobei das linke Sai vertikal, das rechte horizontal gehalten wird (373). Der linke Fuß wird hinter den rechten gesetzt (374), worauf der rechte Fuß einen Schritt nach vorn macht, während mit dem Knauf des rechten Sai ein Gegenangriff ausgeführt wird (375, 376) oder mit der Spitzte des linken (375, 377). Es ist darauf zu achten, daß in beiden Fällen ein Sai das Schwert weiter auf Distanz hält.

21.) Bunkai (Analyse) des Beginns der Chatanyara kata (S. 282 ff.)

Foto 378

Man ist zunächst lediglich mit dem linken Sai bewaffnet (das andere steckt auf der linken Seite im Gürtel). Man greift mit einem Fauststoß an, der aus knieender Position geführt wird. Dieser Fauststoß wird durch den Gegner geblockt (378). Man steht wieder auf, und mit der rechten Hand wird das Sai aus dem Gürtel gezogen (379), um mit einem Nage uke den Fauststoß (Gyaku zuki) zu blocken, mit dem der Gegner versucht, das Gesicht zu treffen (380). Die Bewegungsfolge wird mit einem Otoshi uke desselben Sai abgeschlossen, begleitet von einem Gleitschritt (381).

Foto 379

Foto 381

Foto 380

Foto 382

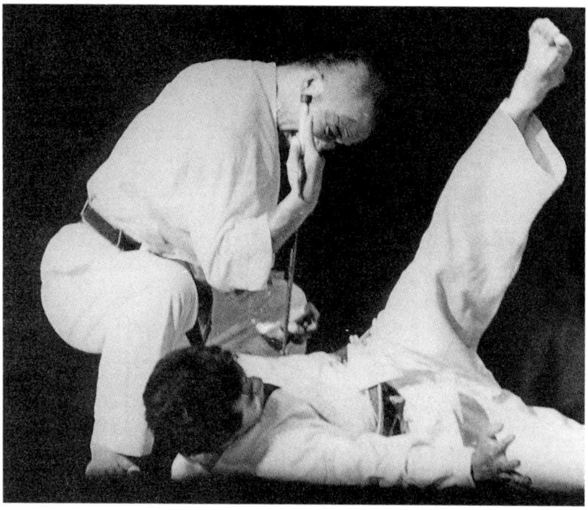

Foto 383

Fotos 382 und 383: Kampf Sai gegen Bô, vorgeführt durch Meister Izumi in Yonago, Japan (Embukai 1984). Auf Foto 383 ist der mit der Spitze des Sai vertikal geführte Gegenangriff auf den Gegner zu sehen, der mit einem Feger zu Boden geworfen wurde.

3. Abschnitt – Kata

Es existiert eine große Vielfalt an Sai-Kata, von denen allerdings nicht alle sehr alt sind. Früher hat jeder renommierte Meister seine eigenen Kata geschaffen, die Ausdruck seines Stils und seiner bevorzugten Techniken waren. Später, während der letzten Jahrzehnte, kam es zu verschiedenen Veränderungen auf dem Gebiet der Interpretation (Bunkai) einiger Passagen, die entweder gewollt waren oder zufällig erfolgten. Doch die grundlegenden Kombinationen und der Gesamtablauf wurden respektiert. Dies erklärt einige unterschiedliche Nuancen in den Kata verschiedener Experten.

In diesem Buch werden vier Kata mit dem Sai vorgestellt. Eine davon ist neueren Datums, während die anderen drei authentische alte Kata sind.

1. Übungs-Kata (aus dem Stil von Meister Suzuki)
2. Tsuken Shitahaku no sai (Stil von Meister Inoue)
3. Chatanyara no sai (Stil von Meister Inoue)
4. Hamahiga no sai (Stil von Meister Suzuki)

Foto 384: Tamano Toshio Sensei, 7. Dan, Schüler und Nachfolger von Tôguchi Seikichi (Shôreikan) und Schüler von Matayoshi Shinpô, bei einer Kata mit dem Sai. Das Foto entstand während eines Lehrgangs am Centre de Recherche Budo in Straßburg.

Kata 1. Übungs-Kata

Diese Kata ist ein Beispiel für eine moderne Kata, wie sie im Dôjô von Meister Suzuki (Shito ryû) praktiziert wird. Sie wurde offenkundig durch die Kata Gekisai[13] inspiriert, aus der im wesentlichen die Schrittfolge übernommen wurde. Diese Art Kata ist hervorragend dazu geeignet, Anfänger, vor allem solche, die niemals Karate praktiziert haben, mit den grundlegenden Kombinationen vertraut zu machen. Sie können hierdurch ihr Gleichgewicht, die Stellung der Hüften und die Gelenkigkeit der Handgelenke schulen. Andere Übungs-Kata (Sai jutsu renshûkei) wurden in jüngerer Vergangenheit aus den Karate-Kata Heian (oder Pinan) abgeleitet, wie z. B. eine Kata, die durch Meister Kanazawa Hirokazu bekannt gemacht wurde und welche eine direkte Adaption der Heian yondan kata darstellt. Es gibt auch zahlreiche Kata direkten chinesischen Ursprungs. In den Kata, die in diesem Kapitel vorgestellt werden, wird man bereits das Wesentliche finden. Wenn man später weitere Kata lernen möchte, die die hier vorgestellten vielleicht ergänzen, so wird dies keine größeren Schwierigkeiten mehr bereiten, es bleibt nur die Aufgabe, sich ihren Ablauf einzuprägen.

1. Yoi. Nach dem Gruß, bei dem die Fersen geschlossen sind (Musubi dachi), wird der linke Fuß ein wenig zur Seite gestellt, dann der rechte, und man geht in einen Hachiji dachi. Die Hände halten die Sai im Gyakute mochi. Sie werden zu den Schultern gehoben, wobei die Handflächen zum Körper zeigen, und dann wieder abgesenkt, wie für einen Morote gedan barai (vergleiche Zeichnungen a bis d auf S. 35).
2. Der rechte Fuß wird ein wenig nach vorn gesetzt. Es folgt eine Drehung auf beiden Füßen nach links, um einen linken Jôdan age uke im Zenkutsu dachi auszuführen, wobei das rechte Sai in Hikite kommt.
3. Vorwärts gehen und dabei einen rechten Chûdan jun zuki (oder Oi zuki) ausführen.
4. Den rechten Fuß zurücksetzen, um auf derselben Bewegungsachse

[13] Siehe Roland Habersetzer, »Katas, trésors infinis« in »Karaté de la Tradition«, Editions Amphora, Paris 1986.

Shiko dachi einzunehmen, während mit einem Chûdan yoko uke des linken Sai geblockt wird; der Ellbogen wird zum Körper zurückgeführt. Das rechte Sai ist wieder im Hikite.

5. Am Ort wird mit dem linken Sai ein Gedan barai uke ausgeführt.

6. Am Ort wird zum ersten Mal das linke Sai für einen Chûdan nage uchi in Honte mochi gebracht (der Schaft bildet nun die Verlängerung des Unterarms). Zu beachten ist, daß die Seitenschäfte des Sai am Ende der Bewegung in einer vertikalen Ebene liegen.

7. Der linke Fuß wird ein Stück nach vorn gesetzt, es folgt eine Drehung auf beiden Füßen nach rechts, um nun einen rechten Jôdan age uke auszuführen. Das linke Sai wird dabei in Hikite genommen. Diese Bewegungsfolge wird symmetrisch zur Sequenz 2, im Winkel von 180° in Bezug auf die vorherige Richtung, ausgeführt.

8. Vorsetzen des linken Fußes. Symmetrische Bewegungsfolge zu Sequenz 3 (Chûdan jun zuki).

9. Zurücksetzen des linken Fußes. Symmetrische Bewegungsfolge zu Sequenz 4 (Chûdan yoko uke).

10. Am Ort wird eine Bewegungsfolge symmetrisch zu Sequenz 5 ausgeführt (Gedan barai).

11. Am Ort wird eine Bewegungsfolge symmetrisch zu Sequenz 6 ausgeführt (Chûdan nage uchi).

12. Der rechte Fuß wird nach vorn in Richtung der zentralen Achse der Kata gedreht, auf der man sich nun weiterbewegt. Der linke Fuß wird in dieselbe Richtung gesetzt, um die Stellung Kihon dachi einzunehmen (kleiner Zenkutsu dachi) und dabei einen linken Chûdan yoko uke auszuführen.

13. Am Ort erfolgt ein Chûdan nage uchi mit demselben Sai.

14. Vorsetzen des rechten Fußes, und in einem zum vorherigen umgekehrten Kihon dachi wird ein rechter Chûdan yoko uke ausgeführt.

15. Am Ort erfolgt ein Chûdan nage uchi mit demselben Sai.

16. Zurücksetzen des rechten Fußes. Wieder in Kihon dachi, wird erneut ein Chûdan nage uke wie in Sequenz 13 ausgeführt. An dieser Stelle wird die Bewegung im Sinne eines Blocks ausgeführt.
17. Vorsetzen des rechten Fußes, dabei rechter Jôdan jun zuki.
18. Am Ort Jôdan nage uchi mit demselben Sai, …
19. … gefolgt von einem weiteren Jôdan nage uchi, der jedoch mit Rückhand ausgeführt wird (Drehung des Handgelenks, so daß die Handfläche nach unten zeigt. Man beachte auch, daß man, wie übrigens in allen Kata, diese Technik durch Jôdan Kaeshi uchi ersetzen kann), …
20. … gefolgt von einem Jôdan otoshi uchi, wiederum mit demselben Sai ausgeführt.
21. Drehung auf beiden Füßen nach hinten links, um im Winkel von 45° zur vorherigen Bewegungsachse einen Kôkutsu dachi (alte Form) einzunehmen und zugleich einen Gedan uke mit dem rechten Sai (Honte mochi) auszuführen.
22. Am Ort wird der Kopf nach links gedreht, d. h., man blickt nun entgegengesetzt zur Ausgangsrichtung entlang der zentralen Bewegungsachse der Kata. Es erfolgt ein Jôdan nage uchi mit dem linken Sai.
23. Das linke Bein wird angehoben (Ausweichbewegung), und im Sagiashi dachi wird das rechte Sai gehoben, ohne daß dabei die Position des linken Sai verändert wird.
24. Der linke Fuß wird wieder abgesetzt, so daß man wieder auf der Zentralachse im Zenkutsu dachi steht, entgegengesetzt zur Ausgangsrichtung. Mit dem linken Sai in Jôdan-Höhe und dem rechten Sai in Chûdan-Höhe, Schäfte parallel, wird ein Morote furi uchi ausgeführt. Die Techniken werden in der vertikalen Ebene, die durch die zentrale Körperachse verläuft, ausgeführt. (Vergleiche für die Sequenzen 21 bis 24 die Abbildungen für die gleichen, aber symmetrisch hierzu ausgeführten Techniken 32 bis 35).
25. Vorsetzen des rechten Fußes, um im Kihon dachi einen rechten Chûdan nage uchi auszuführen. Symmetrisch zu Sequenz 13.

26. Vorsetzen des linken Fußes, wobei ein linker Chûdan nage uchi ausgeführt wird. Symmetrisch zu Sequenz 15.
27. Zurücksetzen des linken Fußes, wobei ein rechter Chûdan nage uchi ausgeführt wird. Symmetrisch zu Sequenz 16.
28. Vorsetzen des linken Fußes, wobei ein linker Jôdan jun zuki ausgeführt wird. Symmetrisch zu Sequenz 17.
29. Symmetrisch zu Sequenz 18.
30. Symmetrisch zu Sequenz 19.
31. Symmetrisch zu Sequenz 20.
32. Symmetrisch zu Sequenz 21.
33. Symmetrisch zu Sequenz 22.
34. Symmetrisch zu Sequenz 23.
35. Symmetrisch zu Sequenz 24.
36. Der linke Fuß wird nach links gesetzt, um im Winkel von 45° zur Zentralachse der Kata Zenkutsu dachi einzunehmen, während die Sai in Hikite genommen werden.
37. Am Ort wird ein Chûdan otoshi uchi ausgeführt.
38. Nachdem erneut die Sai in Hikite gebracht wurden, wird am Ort ein Morote zuki ausgeführt, wobei sich das rechte Sai auf Jôdan-Höhe und das linke Sai auf Chûdan-Höhe befindet.
39. Zurücksetzen des rechten Fußes. Es erfolgt eine Drehung nach links, und es wird Zenkutsu dachi mit dem linken Bein vorn eingenommen. Man steht nun im Winkel von 45° zur Zentralachse der Kata, aber symmetrisch zur vorherigen Bewegungsrichtung. Die Sai werden in Hikite genommen.
40. Symmetrisch zu Sequenz 37.
41. Symmetrisch zu Sequenz 38.
42. Der linke Fuß wird wieder so gestellt, daß Hachiji dachi eingenommen wird, man blickt nun wieder in die Ausgangsrichtung entlang der

Zentralachse der Kata. Die Sai werden vor dem Körper angehoben, die Ellbogen sind am Körper, die Hände auf Höhe des Gesichts. Die Sai werden wieder abgesenkt, wie für einen Morote gedan barai (Yasume). Die Füße werden geschlossen. Rei.

Ende der Kata.

Übungs-Kata

8
9
10
11
12
13
14
15
16
17
18
19

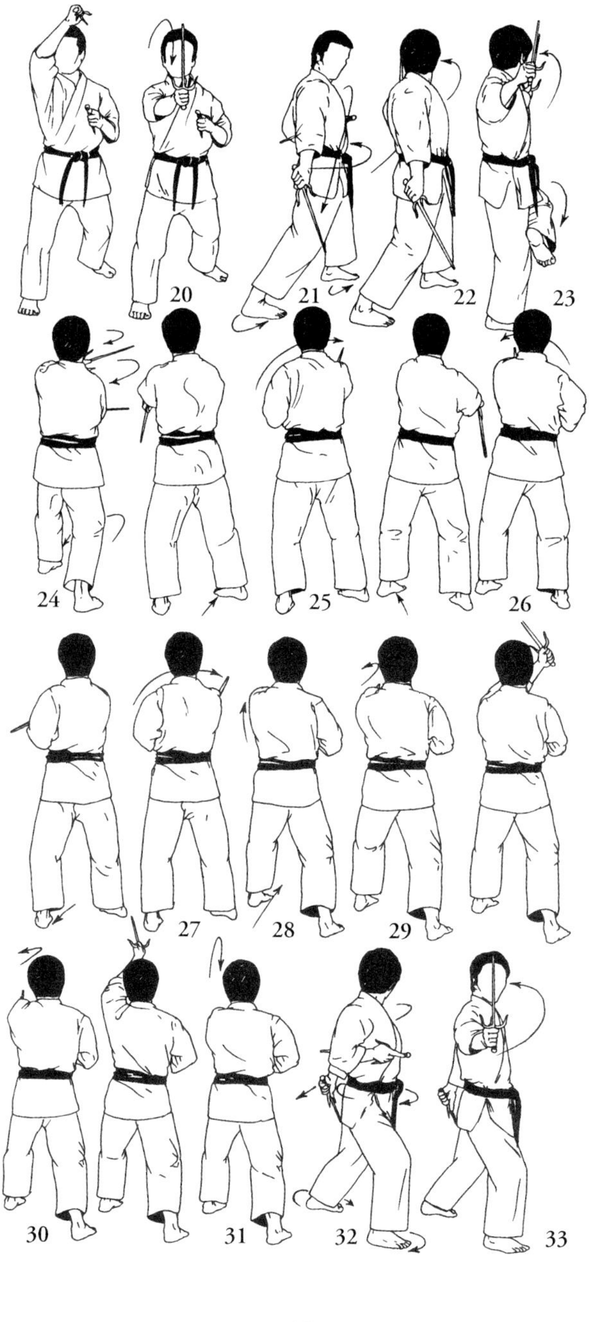
20
21
22
23
24
25
26
27
28
29
30
31
32
33

34
35
36
37
38
39
40
41
42

Kata 2. Tsuken Shitahaku no sai

Die hier vorgestellte Form ist jene, die von Meister Inoue in seinem Dôjô in Shimizu (Japan) gelehrt wurde.
Auf den Bildtafeln wurden Orientierungspfeile eingezeichnet, die den Ablauf der Kata leichter nachvollziehen lassen. Die Figuren wurden so genau wie möglich im Ablaufdiagramm positioniert.

1. Yoi. Nach dem Gruß mit geschlossenen Fersen (Musubi dachi) wird der linke Fuß ein wenig zur Seite gestellt, dann der rechte, und man geht in Hachiji dachi. Die Hände halten die Sai im Gyakute mochi. Sie werden zu den Schultern gehoben, wobei die Handflächen zum Körper zeigen, und dann wieder abgesenkt, wie für einen Morote gedan barai. Die so eingenommene Position entspricht der auf der Zeichnung dargestellten.
2. Der linke Fuß wird zurückgezogen, so daß man im Nekoashi dachi steht, und es wird ein Jôdan kosa uke ausgeführt.
3. Unmittelbar darauf folgt ein Morote chûdan otoshi uchi, indem die Sai vor der Brust nach unten geführt werden. Die Bewegung wird dadurch unterstützt, daß der rechte Fuß nach vorn gleitet. Die Position ist nun Shumoku dachi oder Fudô dachi.

Anmerkung: Im manchen Stilrichtungen werden die ersten beiden Bewegungssequenzen in natürlicher stehender Haltung ausgeführt, wobei der rechte Fuß ein wenig vor dem linken steht, und man führt die Technik von Sequenz 3 auf Jôdan-Höhe aus. Dies gilt z. B. für die Formen, wie sie von Meister Sakagami und von Demura Fumio gelehrt werden.

4. Doppelter Osame am Ort. Die Spitzen der Sai werden wieder nach hinten gerichtet.
5. Der linke Fuß wird nach links gesetzt, so daß man im Zenkutsu dachi steht; linker Gedan barai. (In anderen Stilrichtungen wird der rechte Fuß nach hinten gesetzt, während der linke seine Position beibehält.)
6. Am Ort wird mit demselben Sai ein Age uke ausgeführt.
7. Man geht nach vorn, während man einen rechten Chûdan zuki ausführt.

8. Am Ort wird ein rechter Chûdan nage uchi ausgeführt.

9. Am Ort: Gedan barai mit demselben Sai.

10. Man geht nach vorn, während man einen linken Chûdan zuki ausführt.

11. Am Ort: linker Chûdan nage uchi.

12. Am Ort: Gedan barai mit demselben Sai.

13. Analog Sequenz 7.

14. Analog Sequenz 8.

15. Am Ort erfolgt mit Unterstützung des vorn stehenden Fußes (es wird ein kurzer Gleitschritt zur Unterstützung der Bewegung ausgeführt, zuerst mit dem rechten Fuß, dann mit dem linken) ein Jôdan kaeshi uchi.

Anmerkung: In manchen Stilen wird diese Bewegung durch eine Rückhandbewegung mit dem Sai ersetzt. Die Hand bewegt sich dabei von innen nach außen, während durch Drehung des Handgelenks die Handfläche nach unten gerichtet wird. Diese Abweichung wird jedesmal, wenn ein Jôdan kaeshi uchi dargestellt wird, durch eine ergänzende Zeichnung des Arms repräsentiert, auf den ein weißer Pfeil weist. Siehe auch Fotos 295 und 296 auf S. 234.

16. Am Ort: Gedan barai mit demselben Sai.

17. Am Ort: linker Chûdan gyaku zuki.

18. Am Ort: rechter Chûdan zuki.

19. Der linke Fuß wird nach links hinten gesetzt, und man dreht auf dem rechten Fuß um 180° entgegen dem Uhrzeigersinn, während ein linker Gedan barai ausgeführt wird. In anderen Stilen wird vor der Drehung der rechte Fuß zur Seite gesetzt, während der linke an seinem Ort bleibt.

An dieser Stelle beginnt die gleiche Abfolge von Bewegungen in die entgegengesetzte Richtung.

20. Am Ort: Jôdan age uke mit demselben Sai.

21. Rechter Chûdan oi zuki.

22. Am Ort: rechter Chûdan nage uchi.

23. Am Ort: rechter Gedan barai.
24. Linker Chûdan oi zuki.
25. Am Ort: linker Chûdan nage uchi.
26. Am Ort: linker Gedan barai.
27. Analog Sequenz 21.
28. Analog Sequenz 22.
29. Am Ort erfolgt mit Unterstützung durch eine kleine Bewegung des rechten Fußes ein rechter Jôdan kaeshi uchi (oder die entsprechende Rückhandbewegung – siehe Sequenz 15).
30. Am Ort: rechter Gedan barai.
31. Am Ort: linker Chûdan gyaku zuki.
32. Am Ort: rechter Chûdan zuki.
33. Der rechte Fuß wird nach rechts gesetzt, man dreht sich auf dem linken Fuß um 90° im Uhrzeigersinn, während man einen rechten Gedan barai ausführt. Die Richtung ist jetzt genau entgegengesetzt der zentralen Bewegungsachse der Kata.
34. Am Ort: Chûdan nage uke.
35. Am Ort erfolgt mit Unterstützung durch eine kleine Bewegung des rechten Fußes ein rechter Jôdan Kaeshi uchi (oder entsprechende Rückhandbewegung).
36. Am Ort: rechter Gedan barai.
37. Am Ort: linker Chûdan gyaku zuki.
38. Am Ort: rechter Chûdan zuki.
39. Der linke Fuß wird nach hinten links gesetzt, und man dreht sich auf dem rechten Fuß um 180° entgegen Uhrzeigersinn. Linker Gedan barai in Richtung Zentralachse der Kata. Man blickt nun wieder in die Ausgangsrichtung. In manchen Stilen wird der rechte Fuß über Kreuz gesetzt, bevor man sich dreht, und der linke bleibt an seinem Platz.

Hier beginnt die dritte identische Abfolge von Bewegungen, diesmal wieder entlang der Zentralachse der Kata.

40. Am Ort: linker Jôdan age uke.
41. Rechter Chûdan oi zuki.
42. Am Ort: rechter Chûdan nage uchi.
43. Am Ort: rechter Gedan barai.
44. Linker Chûdan oi zuki.
45. Am Ort: linker Chûdan nage uchi.
46. Am Ort: linker Gedan barai.
47. Analog Sequenz 41.
48. Analog Sequenz 42.
49. Am Ort, mit Unterstützung durch eine kleine Bewegung des rechten Fußes: rechter Jôdan kaeshi uchi (oder entsprechende Rückhandbewegung).
50. Am Ort: rechter Gedan barai.
51. Am Ort: linker Chûdan gyaku zuki.
52. Am Ort: rechter Chûdan zuki.
53. Am Ort geht man in Shumoku dachi, während man einen Morote chûdan kake uke ausführt.
54. Ohne die Füße von der Stelle zu bewegen, geht man in Zenkutsu dachi, während ein Morote gedan barai ausgeführt wird.
55. Ohne die Füße von der Stelle zu bewegen, geht man wieder in Shumoku dachi, während die Sai zu den Hüften im doppelten Hikite gezogen werden.

Anmerkung: In manchen Stilen führt man diese Sequenz aus, indem man die Füße direkt nebeneinander stellt, wofür man den rechten Fuß nach hinten zieht. In diesem Fall beginnt die nächste Bewegungsfolge, indem man den rechten Fuß wieder nach vorn setzt.

56. Erneutes Einnehmen des Zenkutsu dachi, während mit beiden Knäufen ein Morote jôdan zuki ausgeführt wird.

57. Ein letztes Mal wird Shumoku dachi eingenommen, und es wird ein Jôdan kosa uke ausgeführt.

58. Die Sai werden für einen Morote chûdan otoshi uchi (analog Sequenz 3) nach unten geführt.

Anmerkung: In den Stilen, in denen die Bewegungsfolge 55 mit geschlossenen Füßen erfolgt, wird die Sequenz 58 im rechten Zenkutsu dachi ausgeführt.

59. Doppelter Osame am Ort, analog Sequenz 4.

60. Der linke Fuß wird nach hinten links gesetzt, und man dreht sich auf dem rechten Fuß um 180° entgegen Uhrzeigerrichtung. Linker Gedan barai auf der Hauptachse der Kata, aber entgegengesetzt der Ausgangsrichtung.

61. Am Ort: linker Jôdan age uke.

62. Der rechte Fuß wird nach rechts gesetzt und ein rechter Chûdan nage uchi wird im Winkel von 90° zur vorherigen Richtung ausgeführt.

63. Am Ort erfolgt mit Unterstützung durch eine kurze Bewegung des vorderen Fußes ein rechter Jôdan kaeshi uchi (oder die entsprechende Rückhandbewegung), analog Sequenz 15.

64. Analog Sequenz 16.

65. Analog Sequenz 17.

66. Analog Sequenz 18.

67. Der linke Fuß wird nach links hinten gesetzt, und man dreht sich auf dem rechten Fuß um 180° entgegen Uhrzeigerrichtung.

68. Am Ort erfolgt mit Unterstützung durch eine kurze Bewegung des linken Fußes ein linker Jôdan kaeshi uchi (oder die entsprechende Rückhandbewegung).

69. Am Ort: linker Gedan barai.

70. Am Ort: rechter Chûdan gyaku zuki.

71. Am Ort: linker Chûdan zuki.

72. Der rechte Fuß wird nach rechts hinten gesetzt, und man dreht sich um 90° auf dem linken Fuß in Uhrzeigerrichtung. Rechter Chûdan nage uchi auf der Zentralachse der Kata entgegen der Ausgangsrichtung.

73. Der linke Fuß wird vorgesetzt, während ein linker Chûdan nage uchi ausgeführt wird.

74. Der rechte Fuß wird vorgesetzt, während ein rechter Chûdan nage uchi ausgeführt wird.

75. Am Ort erfolgt mit Unterstützung durch eine kurze Bewegung des rechten Fußes ein rechter Jôdan kaeshi uchi (oder die entsprechende Rückhandbewegung).

76. Am Ort: rechter Gedan barai.

77. Am Ort: linker Chûdan gyaku zuki.

78. Am Ort: rechter Chûdan zuki.

Hier beginnt die Wiederholung der Sequenzen 53 bis 59 in entgegengesetzte Richtung (entgegen der Ausgangsrichtung, auf der Zentralachse der Kata).

79. Analog Sequenz 53.

80. Analog Sequenz 54.

81. Analog Sequenz 55.

82. Analog Sequenz 56.

83. Analog Sequenz 57.

84. Analog Sequenz 58.

85. Analog Sequenz 59.

86. Analog Sequenz 60. Man befindet sich nun wieder auf der zentralen Achse der Kata, mit Blick in die Ausgangsrichtung (d. h., man schaut in dieselbe Richtung wie beim Yoi).

87. Der rechte Fuß wird entlang der Achse nach vorn gesetzt. Im Shiko dachi werden die Sai horizontal mit den Knäufen zueinander und den Spitzen der Schäfte nach außen weisend auf Schulterhöhe gebracht (siehe auch Foto 387 auf S. 309).

88. Der rechte Fuß wird zum linken geführt, und man richtet sich wieder auf (Musubi dachi); die Sai befinden sich vertikal vorm Körper, die Ellbogen sind dabei nahe am Körper.

89. Der rechte Fuß wird entlang der Achse zur Seite gesetzt, und in natürlicher Haltung wird auf beiden Seiten ein Jôdan otoshi uchi ausgeführt.

Anmerkung: In manchen Stilen wird diese Bewegung im Shiko dachi ausgeführt.

90. Der rechte Fuß wird wieder zurückgesetzt. Das rechte Knie wird nahe dem linken Fuß auf den Boden gesetzt. Beide Knäufe der Sai zeigen zum Boden (Foto 385 auf S. 309).

91. Man erhebt sich sofort wieder, indem der rechte Fuß auf der Zentralachse nach vorn gesetzt wird, während ein rechter Chûdan nage uchi ausgeführt wird.

92. Am Ort erfolgt mit Unterstützung durch eine kurze Bewegung des rechten Fußes ein Jôdan kaeshi uchi (oder die entsprechende Rückhandbewegung).

93. Am Ort: rechter Gedan barai.

94. Am Ort: linker Chûdan gyaku zuki.

95. Am Ort: rechter Chûdan zuki.

96. Der linke Fuß wird nach hinten links gesetzt, es erfolgt eine Drehung um 180° entgegen Uhrzeigerrichtung, und es wird ein linker Gedan barai ausgeführt. In manchen Stilen wird der rechte Fuß vor der Drehung über Kreuz gesetzt, während der linke Fuß an seinem Ort bleibt.

97. Am Ort: linker Jôdan age uke.

98. Rechter Chûdan oi zuki entlang der Zentralachse, entgegengesetzt zur Ausgangsrichtung.

99. Linker Chûdan oi zuki.

100. Rechter Chûdan oi zuki im Shiko dachi, der Körper steht seitlich.

101. Man bleibt am Ort im Shiko dachi und führt einen rechten Chûdan otoshi uchi aus.

102. Noch immer am selben Ort, doch mit nach links gedrehtem Kopf, erfolgt ein linker Chûdan otoshi uchi.

103. Der linke Fuß wird nach rechts geführt und der Körper um 180° entgegen Uhrzeigerrichtung gedreht. Man steht aufrecht, die Sai hängen auf natürliche Weise vorm Körper mit leichter Ausrichtung nach links (mit dieser Sequenz wird Schwung für die folgende Bewegungsfolge geholt).

104. Man setzt den rechten Fuß entlang der Zentralachse nach vorn, so daß man im Shiko dachi steht (oder im Nekoashi dachi), während man einen Morote chûdan uke ausführt.

105. Der rechte Fuß wird nach links gesetzt und der Körper um 180° in Uhrzeigerrichtung gedreht. Es erfolgt eine zu Sequenz 103 spiegelsymmetrische Bewegung (Schwungholen).

106. Der linke Fuß wird nach vorn gesetzt, so daß man im Shiko dachi steht, und es wird ein Morote chûdan uke ausgeführt.

107. Am Ort: Morote osame.

108. Der linke Fuß wird entlang der Zentralachse zurückgesetzt, man steht im Shiko dachi; der Blick ist nach vorn gerichtet, und man führt mit dem linken Sai einen Gedan barai und mit dem rechten einen Chûdan yoko uke aus. Diese Haltung ist auch auf Foto 225, S.198 dargestellt.

109. Der linke Fuß wird direkt neben den rechten gesetzt, worauf letzterer unverzüglich angehoben wird, um einen Sagiashi dachi einzunehmen. Diese Bewegung erfolgt synchron zu einem rechten Gedan barai und einem linken Jôdan age uke.

110. Der rechte Fuß wird abgesetzt, so daß man im Hachiji dachi steht, und während man sich so dreht, daß man in Richtung der Zentralachse schaut, werden die Sai gehoben, wobei die Ellbogen nahe am Körper sind.

111. Die Sai werden wieder abgesenkt, wie für einen Morote gedan barai (Yasume). Die Füße werden geschlossen. Rei.

Ende der Kata.

Tsuken Shitahaku no sai

32
33
19
21
20
31
30
22
29
24
23
28
25
27
26

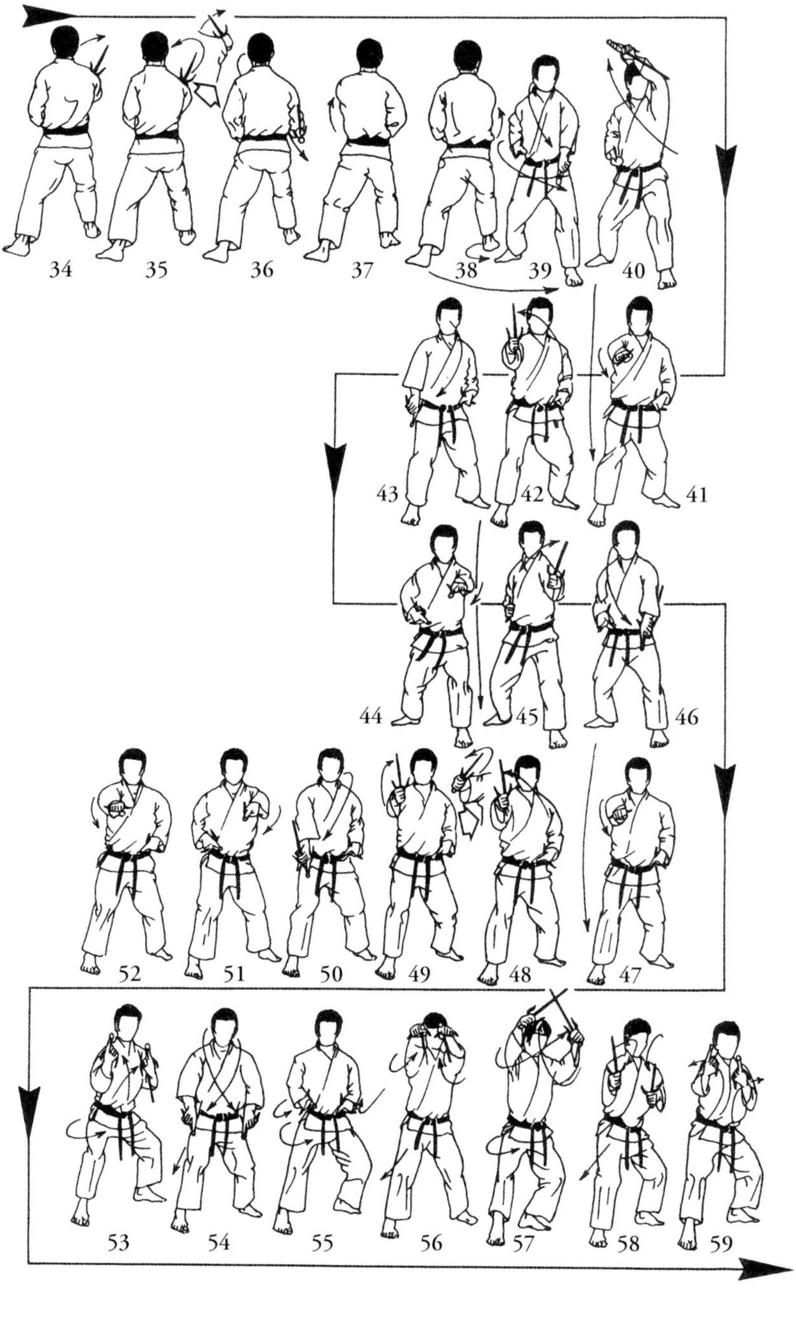
34
35
36
37
38
39
40
43
42
41
44
45
46
52
51
50
49
48
47
53
54
55
56
57
58
59

66
67
65
68
74
64
69
63
70
73
60
61
62
71
72

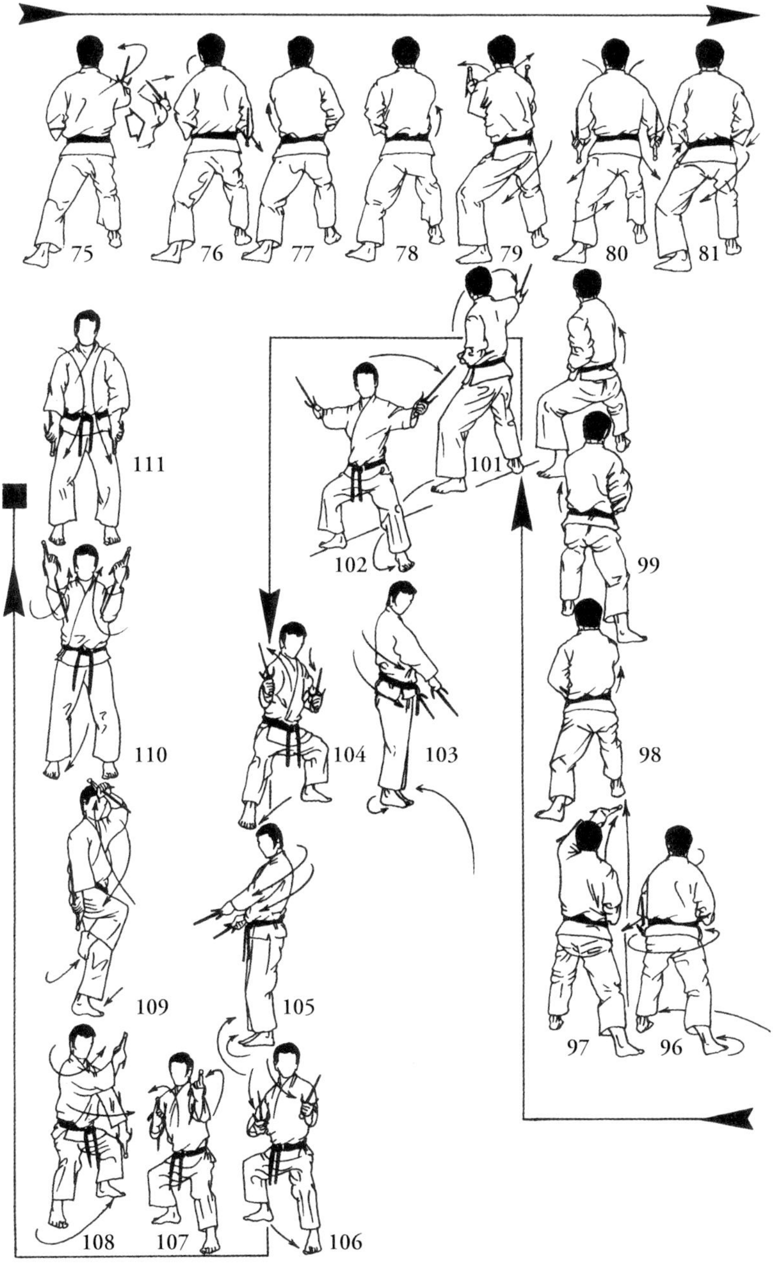
75
76
77
78
79
80
81
101
99
111
102
104
103
98
110
109
105
97
96
108
107
106

82
83
84
85
86
87
88
89
90
91
92
93
94
95

Kata 3. Chatanyara no sai

Die hier vorgestellte Form ist jene, die von Meister Inoue in seinem Dôjô in Shimizu (Japan) gelehrt wurde.
Auf den Bildtafeln wurden Orientierungspfeile eingezeichnet, die den Ablauf der Kata leichter nachvollziehen lassen. Die Figuren wurden so genau wie möglich im Ablaufdiagramm positioniert.
Der Beginn dieser Kata mit einem im Gürtel steckenden Sai ist recht ungewöhnlich.

1. Yoi. Nach dem Gruß wird Hachiji dachi eingenommen. Die Hände werden auf Höhe des Gesichts gehoben, die Handflächen zeigen zum Kopf, die Ellbogen sind am Körper. Die linke Hand hält einen Sai, während die rechte leer ist. Das zweite Sai befindet sich links am Gürtel. Beide Hände werden wieder abgesenkt, wie für einen Morote gedan barai. Die Haltung entspricht jetzt der in der Zeichnung dargestellten.
2. Der rechte Fuß wird nach rechts gesetzt und der Körper nach links gedreht, während die rechte Hand auf Kopfhöhe erhoben wird.
3. Übergang in Zenkutsu dachi. Dabei werden die Hüften nach links gedreht, während die Arme gekreuzt werden. Die linke Hand mit dem Sai wird vor der Brust gekreuzt wie für einen Chûdan yoko uke, während die rechte Hand auf Gedan-Höhe abwehrt.
4. Am Ort: Die Hüften werden nach rechts gedreht, und es erfolgt eine Abwehr mit dem Sai nach links mit Gedan barai, während die rechte Faust in Hikite genommen wird. Die Stellung wird zu einem wenig ausgeprägten Shumoku dachi.
5. Der rechte Fuß wird vorgesetzt, und es erfolgt ein Schlag mit Jôdan jun zuki (Oi zuki), wobei aber das linke Knie auf den Boden gebracht wird.
6. Man steht wieder auf, zieht das zweite Sai aus dem Gürtel und vollführt einen rechten Chûdan nage uchi, während das linke Sai in Hikite gebracht wird. Die Stellung ist Zenkutsu dachi.

7. Am Ort: Jôdan kaeshi uchi mit demselben Sai (oder mit einer entsprechenden Rückhandbewegung. Vergleiche Anmerkungen zur 2. Kata).

8. Am Ort: rechter Gedan barai.

9. Am Ort: linker Chûdan gyaku zuki.

10. Am Ort: rechter Chûdan zuki.

11. Man dreht sich nach hinten links und vollführt auf derselben Achse, aber in die entgegengesetzte Richtung, einen linken Chûdan nage uchi. Dies stellt die zu Sequenz 6 symmetrische Bewegung dar.

12. Symmetrisch zu Sequenz 7.

13. Symmetrisch zu Sequenz 8.

14. Symmetrisch zu Sequenz 9.

15. Symmetrisch zu Sequenz 10.

16. Der Körper wird nach rechts gedreht, und während der rechte Fuß versetzt wird, wird ein rechter Nage uchi im Zenkutsu dachi im Winkel von 90° zur vorherigen Achse ausgeführt. Dies stellt eine Wiederholung der Bewegungsfolge 6 in eine andere Richtung dar.

17. Wiederholung der Sequenz 7.

18. Wiederholung der Sequenz 8.

19. Wiederholung der Sequenz 9.

20. Wiederholung der Sequenz 10.

21. Drehung des Körpers nach hinten links. Während der linke Fuß im Kreisbogen nach hinten geführt wird, erfolgt ein linker Gedan barai auf derselben Achse, aber in entgegengesetzte Richtung (in manchen Stilrichtungen wird der rechte Fuß dabei über Kreuz gestellt, während der linke Fuß an seinem Ort bleibt). Die Position ist Zenkutsu dachi.

22. Am Ort: Age uke mit demselben Sai.

23. Schritt nach vorn auf derselben Achse, während ein rechter Chûdan jun zuki erfolgt.

24. Am Ort: rechter Chûdan nage uchi.
25. Am Ort: rechter Gedan barai.
26. Schritt nach vorn auf derselben Achse, während ein linker Chûdan jun zuki erfolgt.
27. Am Ort: linker Chûdan nage uchi.
28. Am Ort: linker Gedan barai.
29. Schritt nach vorn auf derselben Achse, während ein rechter Chûdan jun zuki erfolgt.
30. Am Ort: rechter Chûdan nage uchi.
31. Am Ort: Jôdan kaeshi uchi mit demselben Sai (oder die entsprechende Rückhandbewegung), …
32. … gefolgt von einem rechten Jôdan otoshi uchi.
33. Am Ort: rechter Gedan barai.
34. Am Ort: linker Chûdan gyaku zuki.
35. Am Ort: rechter Chûdan zuki.
36. Am Ort wird, während man Shumoku dachi einnimmt, ein Morote chûdan kake uke vollführt.
37. Am Ort wird wieder Zenkutsu dachi eingenommen und ein Morote gedan barai ausgeführt.
38. Der rechte Fuß wird zurückgesetzt, so daß man im Nekoashi dachi steht. Gleichzeitig werden beide Sai in Hikite genommen.
39. Der rechte Fuß wird wieder nach vorn gesetzt, um im Zenkutsu dachi mit den Knäufen der Sai mit Morote jôdan zuki zuzustoßen.
40. Der rechte Fuß wird zurückgesetzt, um im Nekoashi dachi einen Jôdan kosa uke auszuführen.
41. Der rechte Fuß wird wieder nach vorn gesetzt, und es wird ein Morote chûdan otoshi uchi (Yori ashi) ausgeführt.

42. Der rechte Fuß wird zurückgesetzt, so daß man wieder im Shumoku dachi steht. Beide Sai werden wieder in Bereitschaftsstellung genommen (Osame).

Anmerkung: Von Sequenz 29 bis Sequenz 42 bleibt der linke Fuß an seinem Platz. Die Bewegungsfolgen 36, 41 und 42 erfolgen im klassischen Shumoku dachi (das Gewicht lagert auf dem hinteren Bein) oder im Fudô dachi (das Gewicht wird auf beide Beine verteilt, die Knie sind gebeugt).

43. Drehung nach hinten links, wobei der linke Fuß im Bogen nach hinten geführt wird (in manchen Stilrichtungen wird der rechte Fuß dabei über Kreuz gestellt, während der linke Fuß an seinem Ort bleibt), und es wird ein Gedan barai auf derselben Achse, aber in die entgegengesetzte Richtung als zuvor ausgeführt.

44. Der rechte Fuß wird angehoben und das linke Bein gestreckt (Sagiashi dachi), und es wird ein Gedan uke im Winkel von 90° nach rechts ausgeführt. Das rechte Sai ist im Honte mochi, das linke wird in Hikite genommen.

45. Der rechte Fuß wird abgesetzt, so daß man im Zenkutsu dachi steht, und es wird in dieselbe Richtung ein Gedan barai ausgeführt, wobei das Sai jedoch wieder im Gyakute mochi gehalten wird.

46. Am Ort: linker Chûdan gyaku zuki.

47. Am Ort: rechter Chûdan zuki.

48. Der linke Fuß wird angehoben, das rechte Bein gestreckt, und man dreht sich nach links; es erfolgt ein linker Gedan uke in die zu Sequenz 44 entgegengesetzte Richtung (symmetrischer Bewegungsablauf zu Sequenz 44).

49. Symmetrisch zu Sequenz 45.

50. Symmetrisch zu Sequenz 46.

51. Symmetrisch zu Sequenz 47.

52. Wiederholung von Sequenz 16. Rechter Chûdan nage uchi.

53. Der linke Fuß wird nach vorn gesetzt, so daß man im Zenkutsu dachi steht, und es wird ein linker Chûdan nage uchi ausgeführt. Dies stellte eine Wiederholung der Sequenz 30 dar, jedoch in die entgegengesetzte Richtung.
54. Wiederholung von Sequenz 30. Rechter Chûdan nage uchi.
55. Wiederholung von Sequenz 31.
56. Wiederholung von Sequenz 32.
57. Wiederholung von Sequenz 33.
58. Wiederholung von Sequenz 34.
59. Wiederholung von Sequenz 35.
60. Wiederholung von Sequenz 36.
61. Wiederholung von Sequenz 37.
62. Wiederholung von Sequenz 38.
63. Wiederholung von Sequenz 39.
64. Wiederholung von Sequenz 40.
65. Wiederholung von Sequenz 41.
66. Wiederholung von Sequenz 42.
67. Wiederholung von Sequenz 43. Man befindet sich nun erneut auf der zentralen Achse der Kata, blickt jedoch in die entgegengesetzte Richtung als zuvor.

Anmerkung: Von Sequenz 54 bis Sequenz 66 bleibt der linke Fuß an seinem Platz. Die Bewegungsfolgen 60, 65 und 66 erfolgen im klassischen Shumoku dachi oder im Fudô dachi. Die Serien 29 bis 43 und 54 bis 67 sind vollkommen identisch; sie laufen auf der gleichen Achse, aber in unterschiedliche Richtungen ab.

68. Der rechte Fuß wird nach vorn gesetzt, der Körper dreht sich nach links und man begibt sich auf derselben Achse in Shiko dachi. Die Sai werden horizontal vor den Körper geführt, die Knäufe zeigen zueinander. Die Ellbogen zeigen nach außen (vgl. Foto 387 auf S. 309).

69. Man richtet sich wieder auf, während der rechte Fuß zum linken geführt wird und die Sai in die Senkrechte gebracht werden. Die Unterarme sind parallel zum Körper, und die Ellbogen zeigen nach unten.

70. Der rechte Fuß wird zur Seite gesetzt, so daß man nun wieder im Shiko dachi steht, wobei zwei simultane Chûdan nage uchi erfolgen in Richtung der Achse, die durch die Schultern führt (jedoch erfolgt die Bewegung als Rückhandschlag; die Handflächen zeigen zum Boden).

71. Am Ort: doppelter Morote jôdan otoshi uchi.

72. Am Ort und ohne die Stellung Shiko dachi zu verändern, bückt man sich, wobei die Knäufe der Sai von oben nach unten zum Boden gestoßen werden (siehe Foto 386 auf S. 309, auf dem diese Technik im Vergleich zur korrespondierenden Technik der Kata Tsuken Shitahaku no sai – Foto 385 – dargestellt wird).
Zu beachten ist, daß man von Sequenz 67 bis Sequenz 79 in ein und dieselbe Richtung blickt.

73. Der rechte Fuß wird zurückgesetzt, und man pariert im Shumoku dachi mit einem linken Chûdan uke.

74. Der linke Fuß wird zurückgesetzt, und man pariert im Shumoku dachi mit einem rechten Chûdan uke.

75. Der rechte Fuß wird zurückgesetzt, man steht im Shumoku dachi und bringt die Sai auf der rechten Seite etwas hinter dem Körper über Kreuz. Die Spitzen der Sai weisen zum Boden. Mit dieser Bewegung wird Schwung geholt für den darauffolgenden Bewegungsablauf.

76. Man bleibt am Ort, jedoch geht man mit einer kraftvollen Drehung der Hüften nach vorn in Zenkutsu dachi, und man pariert mit Jôdan kosa uke.

77. Der rechte Fuß wird nach vorn gesetzt, wobei ein Morote chûdan otoshi uchi im Shumoku dachi (oder Fudô dachi) ausgeführt wird.

78. Ohne den Oberkörper zu bewegen, wird der linke Fuß vor den rechten über Kreuz gesetzt, die Füße berühren einander.

79. Man schlägt mit weit geführtem Jôdan otoshi uchi über Kopfhöhe. Dabei bewegt man sich weiter in diese Richtung, indem der linke Fuß hinter den rechten über Kreuz gesetzt wird. Die linke Ferse ist angehoben.

80. Der linke Fuß wird nach links gesetzt, und man nimmt erneut Shiko dachi auf derselben Achse ein, während man mit dem Sai einen Jôdan nage uchi ausführt, wodurch die Sai in zueinander symmetrische Position gelangen. Die Haltung ist ähnlich der von Sequenz 71, man blickt jedoch in die entgegengesetzte Richtung.

81. Man vollführt eine Drehung, die sich aus zwei Teildrehungen zusammensetzt: Zuerst wird der rechte Fuß um den linken herumgeführt (1), dann wird der linke Fuß zum rechten herangesetzt (2). Am Ende steht man im Heisoku dachi und führt einen Jôdan kosa uke aus. Man blickt entlang der Zentralachse der Kata in Ausgangsrichtung.

82. Der rechte Fuß wird nach vorn gesetzt, und man führt im Shumoku dachi (oder im Fudô dachi) einen Morote otoshi chûdan uchi aus.

83. Am Ort werden beide Sai in Bereitschaftsstellung gebracht (Osame).

84. Am Ort geht man in Shiko dachi, und es erfolgt ein linker Gedan barai und ein rechter Chûdan uke (diese Bewegung ist identisch mit der Sequenz 108 der Kata Tsuken Shitahaku no sai).

85. Am Ort: rechter Gedan barai, begleitet von linkem Jôdan age uke.

86. Der linke Fuß wird auf eine Linie mit dem rechten Fuß gebracht, die Sai werden vorm Körper angehoben, bevor sie durch Morote gedan barai voneinander entfernt werden. Yasume. Rei.

Ende der Kata.

Chatanyara no sai

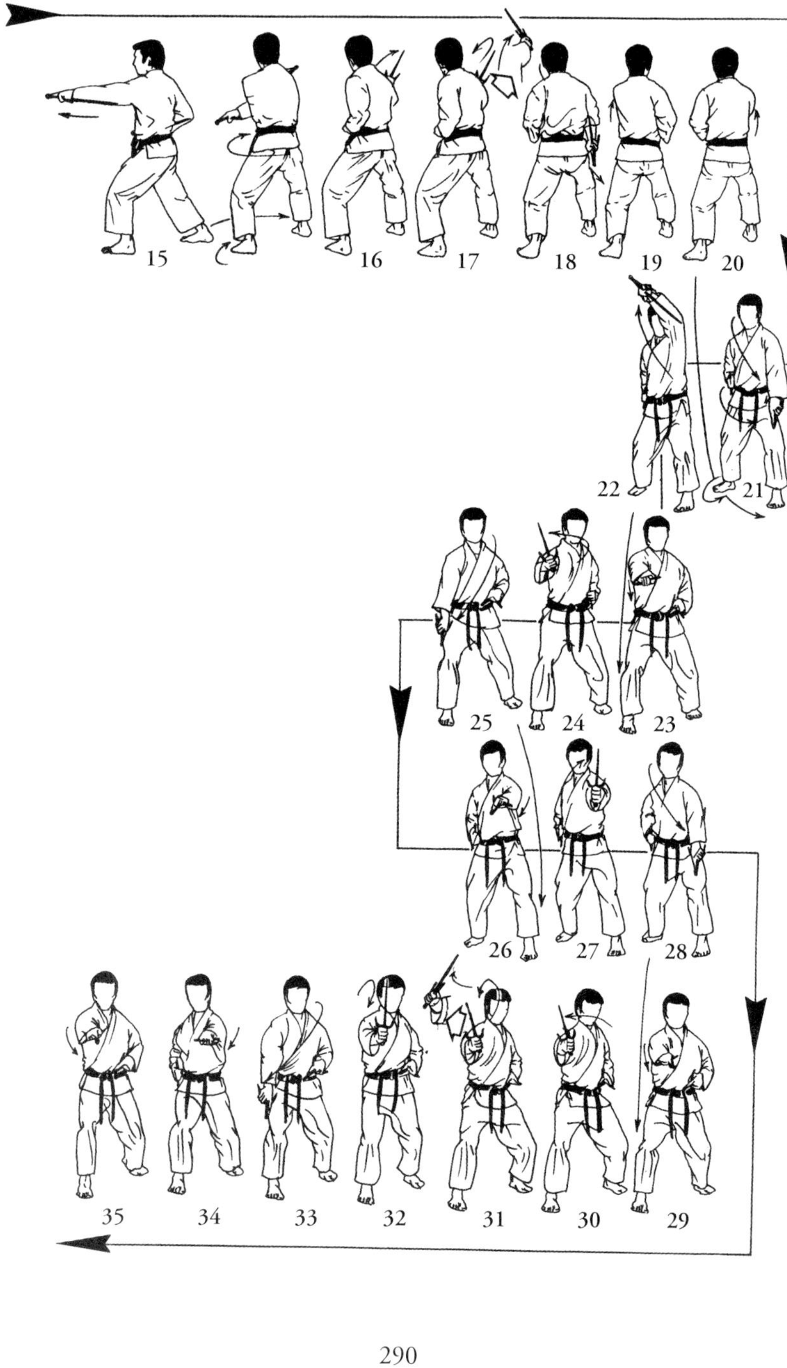
15
16
17
18
19
20
21
22
23
24
25
26
27
28
29
30
31
32
33
34
35

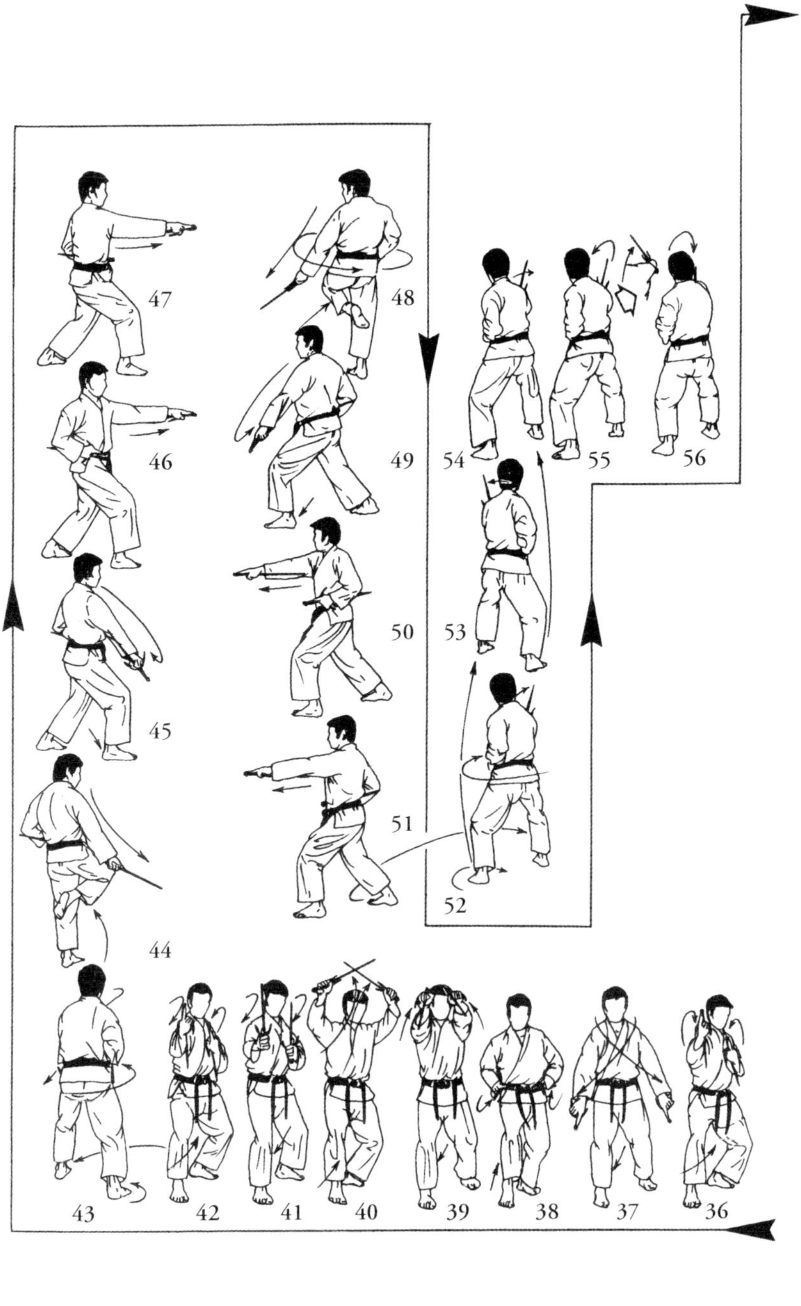
47
48
46
49
54
55
56
45
50
53
51
52
44
43
42
41
40
39
38
37
36

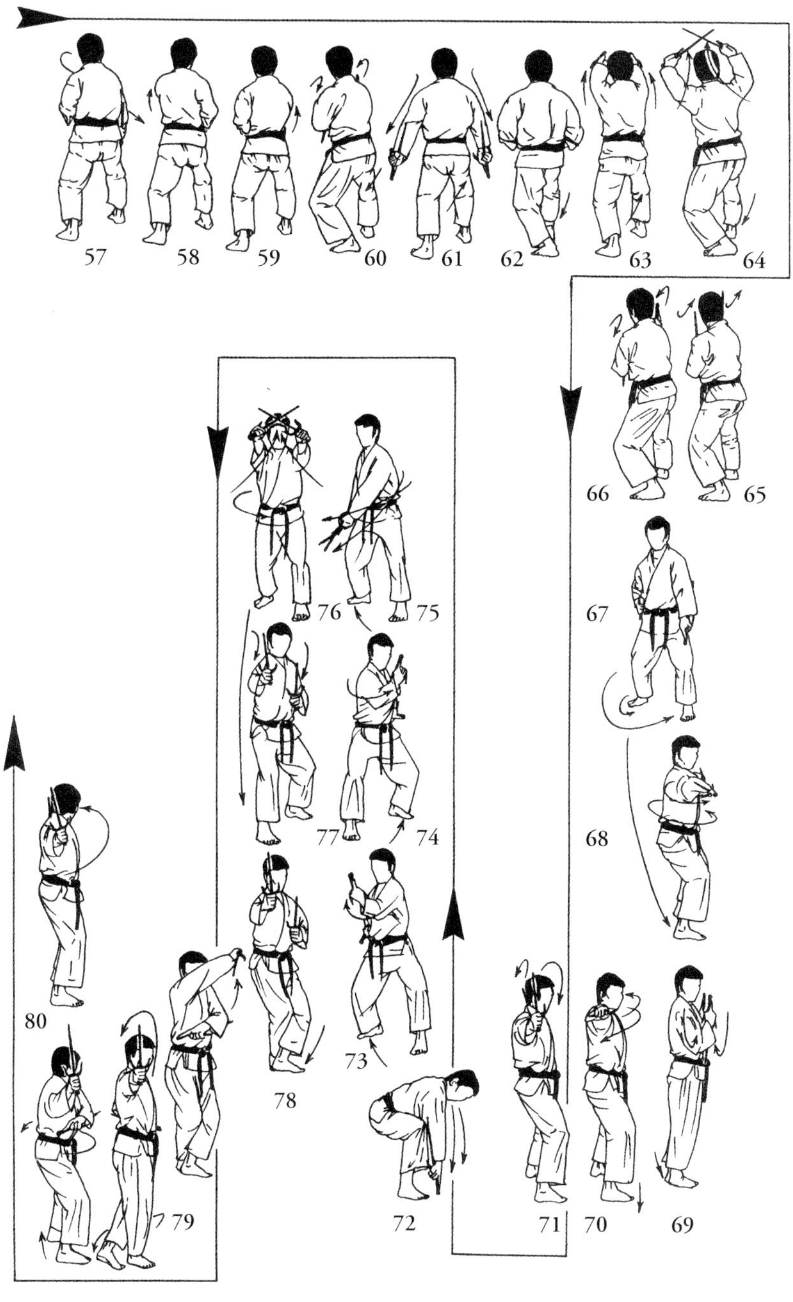
57
58
59
60
61
62
63
64
65
66
67
68
69
70
71
72
73
74
75
76
77
78
79
80

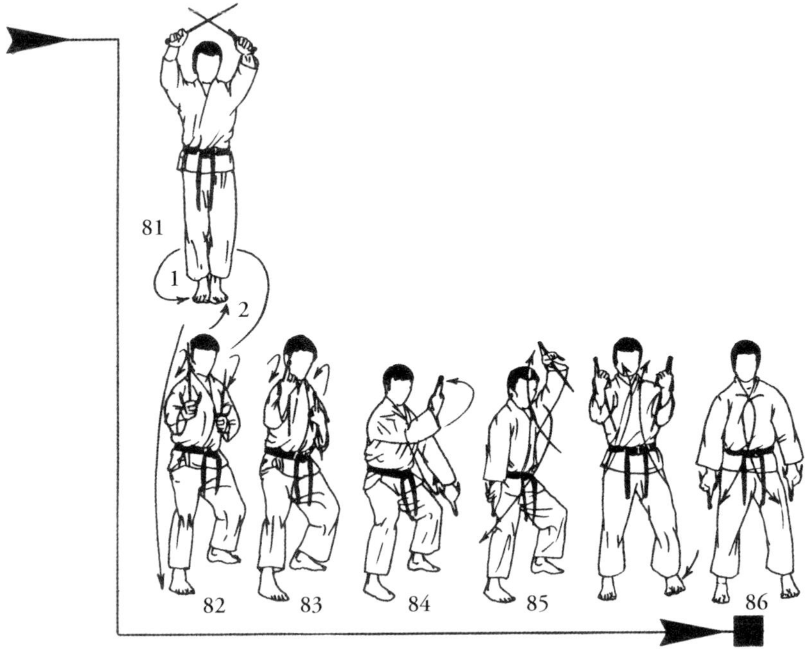
81
1
2
82
83
84
85
86

Kata 4. Hamahiga no sai

Die hier vorgestellte Form ist jene, die von Meister Suzuki gelehrt wird. Es finden sich hierin ganze Serien von Bewegungen, die identisch mit Bewegungsfolgen aus den Kata von Tsuken und von Chatan sind.

1. Yoi. Nach dem Gruß nimmt man Hachiji dachi für Yoi ein, ebenso wie in den vorher beschriebenen Kata.
2. Der linke Fuß wird zurückgesetzt, um in Nekoashi dachi zu gehen, wobei ein Jôdan kosa uke ausgeführt wird.
3. Man gleitet ein Stück auf beiden Füßen nach vorn (Yori ashi), um in Zenkutsu dachi Morote chûdan otoshi uchi auszuführen.
4. Die Hüften werden nach links gedreht, und die linke Fußspitze wird nach außen gedreht, so daß man am Ort Shumoku dachi (oder Fudô dachi) einnimmt, während man Morote chûdan kake uke ausführt.
5. Übergang in Zenkutsu dachi am Ort, zugleich linker Morote gedan barai.
6. Am Ort: Jôdan zuki mit beiden Knäufen.
7. Der linke Fuß wird vorgesetzt; zugleich linker Chûdan nage uchi.
8. Der rechte Fuß wird vorgesetzt, zugleich rechter Chûdan nage uchi, …
9. … worauf unverzüglich am Ort ein Jôdan nage uchi mit der Rückhand erfolgt …
10. … und daraufhin sofort ein Jôdan otoshi uchi.
11. Immer noch am Ort: rechter Gedan barai, …
12. … linker Jôdan gyaku zuki, …
13. … rechter Jôdan zuki.
14. Am Ort nimmt man Shumoku dachi (oder Fudô dachi) ein, während man Morote chûdan kake uke ausführt. Dies stellt eine Wiederholung der Sequenz 4 dar.

15. Wiederholung von Sequenz 5.

16. Wiederholung von Sequenz 6.

17. Der linke Fuß wird nach links in Zenkutsu dachi gesetzt im Winkel von 90° zur vorherigen Bewegungsachse, wobei ein linker Jôdan age uke ausgeführt wird.

18. Der rechte Fuß wird nach vorn gesetzt, so daß man in rechtem Zenkutsu dachi steht. Dabei wird ein rechter Jôdan zuki ausgeführt, …

19. … gefolgt von einem rechten Chûdan nage uchi …

20. … danach von einem Jôdan nage uchi mit der Rückhand …

21. … und schließlich einem Jôdan otoshi uchi mit derselben Hand.

22. Ohne die Zenkutsu-Stellung und den Ort zu verändern, erfolgt ein rechter Gedan barai, …

23. … dann ein linker Jôdan gyaku zuki …

24. … und ein rechter Jôdan zuki.

25. Man dreht sich auf dem linken Fuß nach rechts und versetzt den rechten Fuß, um wieder auf derselben Achse, aber in entgegengesetzter Richtung im Zenkutsu dachi zu stehen. Rechter Gedan barai.

26. Am Ort: rechter Jôdan age uke. Diese Bewegungsfolge ist symmetrisch zu Sequenz 17.

27. Symmetrisch zu Sequenz 18.

28. Symmetrisch zu Sequenz 19.

29. Symmetrisch zu Sequenz 20.

30. Symmetrisch zu Sequenz 21.

31. Symmetrisch zu Sequenz 22.

32. Symmetrisch zu Sequenz 23.

33. Symmetrisch zu Sequenz 24.

34. Drehung nach rechts, indem der rechte Fuß versetzt wird. Man steht

nun im Shumoku dachi im Winkel von 90° zur vorherigen Achse und vollführt einen Morote chûdan uke.

35. Am Ort: beide Sai werden in Bereitschaftsstellung gebracht (Osame). Man steht im Shumoku dachi oder im Fudô dachi.

36. Am Ort geht man in Zenkutsu dachi und vollführt einen Morote gedan barai.

37. Am Ort: Morote jôdan zuki mit den Knäufen.

38. Der linke Fuß wird nach vorn gesetzt, während ein Chûdan yoko uke ausgeführt wird.

39. Der rechte Fuß wird nach vorn gesetzt, während ein Chûdan yoko uke ausgeführt wird.

40. Am Ort: rechter Chûdan nage uchi. Dies stellt die Wiederholung der Sequenz 8 in die entgegengesetzte Richtung dar.

41. Wiederholung der Sequenz 9.

42. Wiederholung der Sequenz 10.

43. Wiederholung der Sequenz 11.

44. Wiederholung der Sequenz 12.

45. Wiederholung der Sequenz 13.

46. Wiederholung der Sequenz 14.

47. Wiederholung der Sequenz 15.

48. Wiederholung der Sequenz 16.

49. Der rechte Fuß wird weit über Kreuz nach links gesetzt. Daraufhin werden beide Füße nach links gedreht, so daß man sich nun im Shiko dachi, im Winkel von 90° zur vorherigen Achse, befindet. Die Sai werden während dieser Drehung hoch erhoben, und während die neue Stellung stabilisiert wird, wird ein Morote gedan uke nach links ausgeführt.

50. Die Sai werden zurückgeführt: der rechte wird in Hikite genommen,

der linke ist parallel zum Boden, während man am Ort Shumoku dachi einnimmt. Daraufhin geht man in Zenkutsu dachi, während man mit den Knäufen einen Morote zuki ausführt.

Anmerkung: Bei manchen Ausführungsformen der Kata, wie z. B. bei der von Meister Inoue praktizierten nimmt man während des doppelten Tsuki wieder die Stellung Shiko dachi ein, so daß man seitlich steht. Dies wurde in der Zeichnung im Rahmen dargestellt.

51. Am Ort: Drehung auf beiden Füßen nach rechts; es wird auf derselben Achse, aber in entgegengesetzte Richtung im Shiko dachi ein Morote gedan uke nach rechts ausgeführt. Diese Sequenz ist symmetrisch zu Bewegungsablauf 49.

52. Symmetrisch zu Sequenz 50.

53. Der rechte Fuß wird zum linken geführt, so daß man im Musubi dachi steht, und man läßt die Sai senkrecht in den Händen nach unten gleiten, um sie an den Spitzen zu ergreifen.

54. Der linke Fuß wird zurückgesetzt, man steht in Nekoashi dachi, und es wird ein Jôdan kosa uke ausgeführt. Dabei werden die Seitenschäfte der Sai vor dem Kopf gekreuzt.

55. Beide Füße gleiten nach vorn (Yori ashi), und im Shumoku dachi (oder im Fudô dachi) wird ein Morote otoshi uchi mit den Seitenschäften der Sai ausgeführt.

56. Der linke Fuß wird nach vorn gesetzt, und es erfolgt ein Morote gedan uke, wobei die an den Spitzen gehaltenen Sai voneinander entfernt werden.

57. Der rechte Fuß wird nach vorn gesetzt und die Technik aus Sequenz 55 wiederholt.

58. Am Ort werden die Hände ein wenig geöffnet, um die Sai nach unten gleiten zu lassen. Sie werden daraufhin wieder im Gyakute mochi ergriffen.

59. Am Ort geht man in Zenkutsu dachi und führt einen Morote chûdan nage uchi aus.

60. Am Ort erfolgt ein Morote jôdan nage uchi mit der Rückhand (von innen nach außen, während die Handflächen so gedreht werden, daß sie zum Boden zeigen).

61. Der rechte Fuß wird einen halben Schritt zurückgesetzt, danach wird der linke Fuß in die Kniekehle des Standbeins gelegt (Sagiashi dachi). Zugleich werden ein rechter Jôdan yoko uke und ein linker Gedan uke ausgeführt, wobei beide Sai im Honte mochi gehalten werden.

62. Der linke Fuß wird einen halben Schritt nach hinten gesetzt und der rechte Fuß in die Kniekehle des Standbeins gelegt, um die zur Sequenz 61 symmetrische Technik auszuführen. Zu beachten ist, daß in den Techniken 61 und 62 der Körper zur drei Vierteln seitlich steht und die Arme in Richtung der durch die Schultern führenden Achse ausgestreckt sind.

63. Drehung auf dem linken Fuß nach rechts. Der rechte Fuß wird so abgesetzt, daß man im Shiko dachi steht. Die Stellung ist leicht schräg zur Zentralachse der Kata. Die Arme werden ausgebreitet, und es wird ein Morote chûdan nage uchi mit der Rückhand ausgeführt. Die Seitenschäfte der Sai sind dabei vertikal ausgerichtet.

64. Der linke Fuß wird zurückgesetzt, so daß man auf der zentralen Achse im Nekoashi dachi steht. Das linke Sai wird in senkrechter Lage vor den Körper gebracht, die Spitze befindet sich auf Höhe des Kinns. Währenddessen wird das rechte Sai hinter dem Körper in eine horizontale Lage gehoben.

65. Am Ort und ohne die Haltung des linken Sai zu verändern, wird mit dem rechten Sai im Kreisbogen auf das linke Sai geschlagen.

66. Man verlagert die Körperposition nach oben, indem der rechte Fuß zum linken geführt wird und die Beine gestreckt werden (Heisoku dachi). Man sticht mit dem rechten Sai horizontal entlang dem linken, das nach wie vor senkrecht gehalten wird, bis der Seitenschaft des rechten Sai auf den Schaft des linken trifft.

67. Der linke Fuß wird zurückgesetzt, während das linke Sai in Hikite genommen wird. Das rechte Sai befindet sich dabei in horizontaler Lage

vor dem Körper. Daraufhin erfolgt ein Schlag nach vorn mit Morote zuki mit beiden Knäufen (Jôdan und Chûdan).

68. Der rechte Fuß wird zurückgesetzt und die zu Sequenz 67 symmetrische Technik ausgeführt.

69. Es erfolgt eine vollständige Drehung (zunächst beschreibt der rechte Fuß einen Bogen von 360° um den linken, dann wird der linke Fuß angehoben, um gegen die Kniekehle des Standbeins gelegt zu werden im Sagiashi dachi), woraufhin man mit einem linken Gedan uke im Winkel von 90° zur vorherigen Achse pariert. Das linke Sai ist dabei im Honte mochi.

70. Der linke Fuß wird im Zenkutsu dachi auf dieser Achse nach vorn gesetzt, wobei ein linker Gedan barai mit dem wieder im Gyakute mochi gehaltenen Sai erfolgt.

71. Am Ort: rechter Jôdan gyaku zuki, …

72. … gefolgt von einem linken Jôdan zuki.

73. Drehung auf dem linken Fuß nach rechts. Der rechte Fuß wird hochgehoben, und es wird auf derselben Achse, aber in entgegengesetzte Richtung die zu Sequenz 69 symmetrische Technik ausgeführt.

74. Symmetrisch zu Sequenz 70.

75. Symmetrisch zu Sequenz 71.

76. Symmetrisch zu Sequenz 72.

77. Drehung auf dem rechten Fuß nach links, der linke Fuß wird zurückgesetzt, um Nekoashi dachi auf der zentralen Achse in Ausgangsrichtung einzunehmen. Zugleich wird mit Morote gedan uke pariert, indem die Sai im Honte mochi auseinandergeführt werden. Die Handrücken zeigen nach vorn.

78. Am Ort: Jôdan kosa uke.

79. Der rechte Fuß wird nach vorn gesetzt, so daß Zenkutsu dachi eingenommen wird, und es wird ein Morote chûdan otoshi uchi ausgeführt. Dies stellt eine Wiederholung der Sequenz 3 dar.

80. Wiederholung der Sequenz 4.

81. Wiederholung der Sequenz 5.

82. Wiederholung der Sequenz 6.

83. Drehung nach hinten links, wobei der linke Fuß bogenförmig nach hinten geführt wird. Während man leicht schräg zur Zentralachse der Kata einen Shiko dachi einnimmt, führt man einen linken Gedan barai und einen rechten Age uke aus.

84. Man vollführt eine vollständige Drehung nach links. Diese erfolgt in zwei Teilbewegungen. Zunächst wird der rechte Fuß in weitem Kreisbogen vor den linken geführt (1), und danach wird der linke Fuß zurückgesetzt (2), um einen Shiko dachi leicht schräg zur Zentralachse der Kata einzunehmen, diesmal allerdings nach vorn gerichtet. Es werden gleichzeitig ein linker Gedan barai und ein rechter Chûdan uke ausgeführt (diese Technik ist identisch mit der aus Sequenz 108 der Kata von Tsuken und mit der aus Sequenz 84 der Kata von Chatan).

85. Am Ort: linker Jôdan age uke, zugleich mit einem rechten Gedan barai (identisch mit der Technik aus Sequenz 85 der Kata von Chatan).

86. Der linke Fuß wird auf eine Linie mit dem rechten gebracht, die Sai werden vor dem Körper angehoben, bevor sie mit Morote gedan barai auseinandergeführt werden. Yasume Rei.

Ende der Kata.

Hamahiga no sai

10
11
12
13
14
15
16
17
18
19
20
21

22
23
24
25
26
27
28
29
30
31
32
33

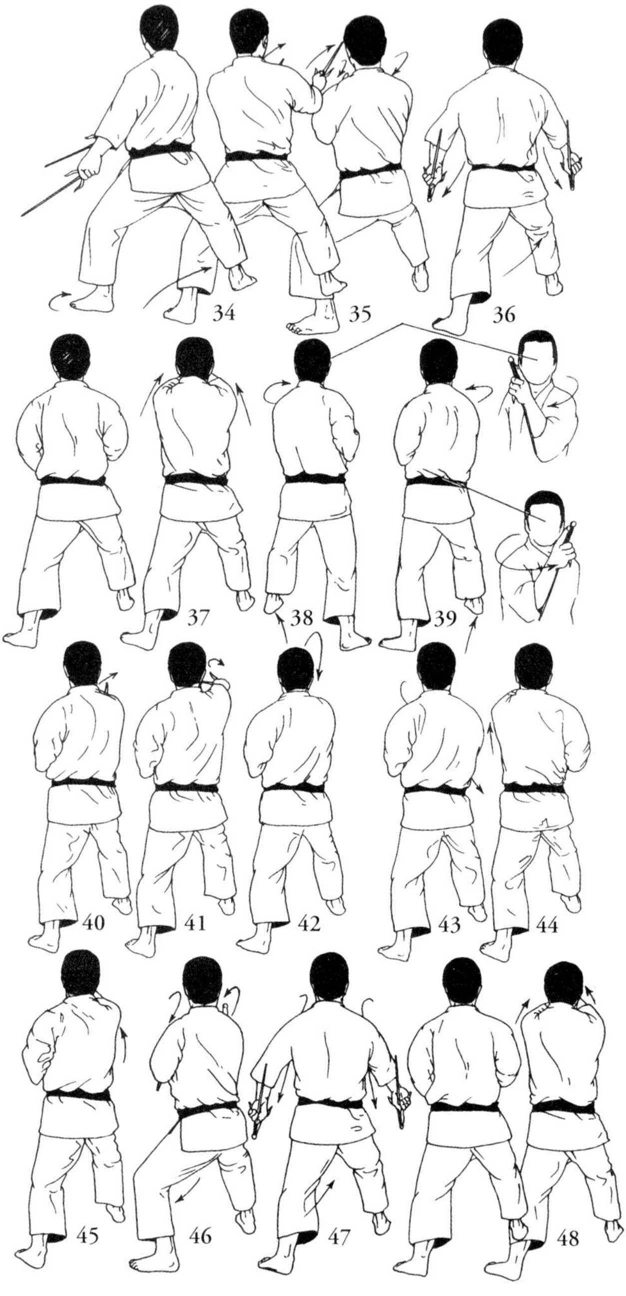
34
35
36
37
38
39
40
41
42
43
44
45
46
47
48

49

50

51

52

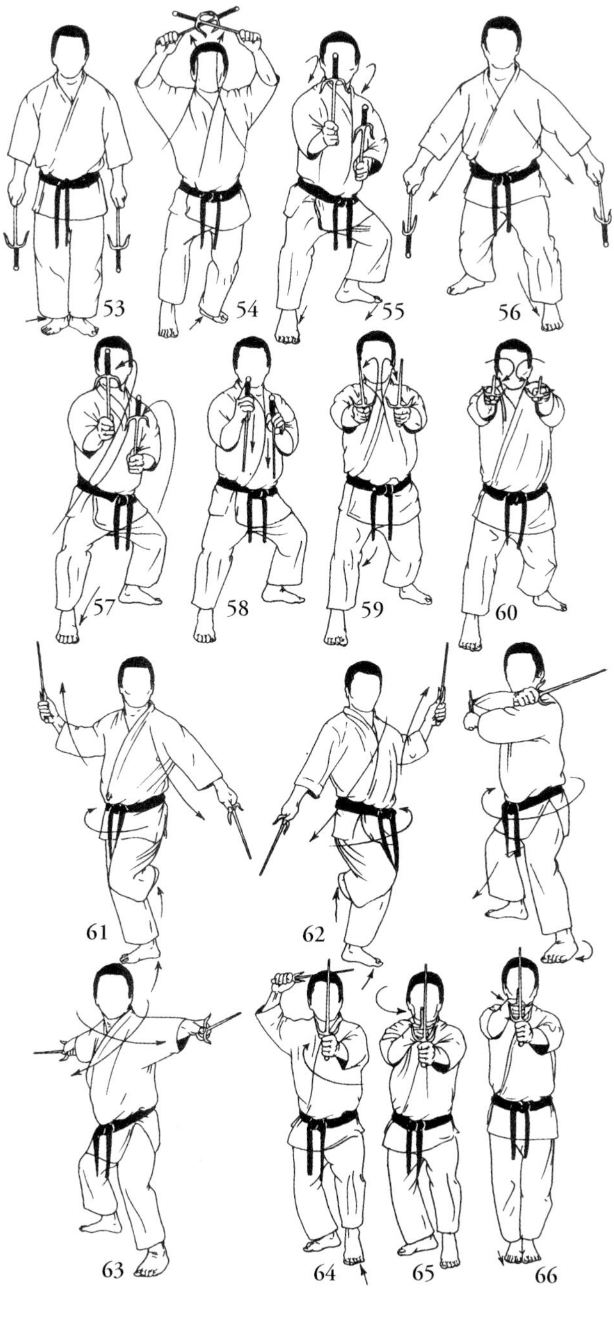
53
54
55
56
57
58
59
60
61
62
63
64
65
66

67
68
69
70
71
72
73
74
75
76
77
78

79
80
81
82
83
84
85
86

Foto 385

Foto 386

Foto 387

Foto 385: Bewegung 90 aus der Kata Tsuken Shitahaku no sai.

Foto 386: Bewegung 72 aus der Kata Chatanyara no sai.

Foto 387: Bewegung 87 der Kata Tsuken Shitahaku no sai; zugleich Sequenz 68 der Kata Chatanayara no sai.

Foto 388

Foto 389

Foto 388: Im Dôjô von Nagamine Shôshin Sensei, 10. Dan, führt ein Sempai (fortgeschrittener Schüler mit hoher Graduierung) eine Kata der eigenen Shôrin-Schule aus. Man beachte die Leichtigkeit des Griffes der linken Hand, die sich geöffnet hat, damit das Sai sich leicht drehen kann. Das Sai wird hier lediglich mit dem Daumen gehalten.

Foto 389: Chûdan morote zuki im Shiko dachi, die Folgetechnik der auf Foto 388 dargestellten Technik. In jedem Dôjô auf Okinawa werden eigene Kobudô-Kata gelehrt, die entweder von den Meistern des Ortes zusammengestellt wurden oder von ebenso weit entfernten wie spärlichen Quellen abstammen, die zu überprüfen gänzlich unmöglich ist. Aber die Techniken an sich sind trotz alledem stets die gleichen.

Das Werfen des Sai

Der Leser hat auf den bisherigen Seiten möglicherweise ein wichtiges Kapitel in der Kunst des Umgangs mit dem Sai vermißt – die Wurftechniken. Sie wurden absichtlich nicht behandelt. Tatsächlich sind sie außerordentlich gefährlich in ihrer Anwendung. Für den einzelnen Praktizierenden erwachsen Gefahren beispielsweise aus dem Abprallen eines Sai, das sein Ziel nicht korrekt getroffen hat. Noch gefährlicher ist natürlich das Üben mit Partner. Es soll jedoch nicht verschwiegen werden, daß einige der alten Kata mit einem dritten Sai, das flach am Rücken anliegend im Gürtel steckte, praktiziert wurden. Das dritte Sai war dafür bestimmt, eine im Kampf zerbrochene Waffe zu ersetzen, oder als Wurfgeschoß eingesetzt zu werden.

Zum Werfen wird ein Sai in der Mitte des Griffs (und nicht etwa an der Spitze) ergriffen, der Daumen ist gebeugt und preßt den Griff gegen die vier anderen Finger, die gestreckt und angespannt sind. Die Seitenschäfte liegen flach auf der Handfläche. Das Sai wird nun emporgehoben und mit einer kraftvollen Bewegung des Handgelenks geworfen. Die Spitze zeigt dabei direkt aufs Ziel. Die Reichweite ist aufgrund des Gewichts der Waffe gering. Man zielt entweder direkt nach vorn oder aber schräg nach unten auf den Fuß des Gegners, der durch das Sai am Boden festgenagelt werden soll, was eine originelle Anwendung dieser Waffe darstellt. Experten im Umgang mit dem Sai beherrschen noch eine raffinierte weitere Technik. Sie besteht darin, beide Sai in eine Entfernung von ein bis zwei Metern vor sich auf den Boden zu werfen, wo die ineinander verkeilten Seitenschäfte den vorderen Fuß des Gegners blockieren. Die Sai stecken schräg zu beiden Seiten des Fußes im Boden und drücken gegen diesen. Auf diese Weise wird der Gegner festgehalten, ohne daß er verletzt wird.

Es ist anzumerken, daß die normalerweise in den Spezialgeschäften im Westen erhältlichen verchromten Sai sich für das Werfen nicht eignen. Die einzigen Sai, die hierfür in Frage kommen, sind die aus Okinawa importierten. Sie bestehen aus dunklem Schmiedeeisen und besitzen einen achteckigen Querschnitt.

Die Wurftechnik erfordert ein sehr hohes Trainings- und Geschicklichkeitsniveau, welches man sich nur durch langjähriges Training der Grundtechniken, die in diesem Werk beschrieben wurden, aneignen kann.

Inhaltsverzeichnis

Vorwort zur deutschen Ausgabe des »Kobudô« 9

Einführung in das Studium des Kobudô 16

A) Ryûkyû - Kobu - Jutsu 16

B) Landwirtschaftliche Geräte, Kriegswaffen, kodifizierte Künste: die Herausbildung einer Kultur 18

C) Ein eindrucksvolles Arsenal 24

D) Grundlagen für das Kobudô-Training 26

E) Stufen auf dem Weg zur Meisterschaft 27

F) Prinzipien 29

1.) Der Geist 29

2.) Die Höflichkeit 30

3.) Die physischen und physiologischen Prinzipien 32

4.) Die Positionen (Tachi) 35

5.) Die Trainingskleidung – Keikogi oder Hakama? 39

Teil I – Bô 41

Einleitung 43

1. Abschnitt – Hôjô undô (Grundtechniken) 47

Vorstellung 47

1. Kapitel – Technische Grundlagen 51

A) Das Halten des Bô (Honte no kamae) 51

B) Die Körperpositionen (Tachi) 55

C) Körpereinsatz beim Umgang mit dem Bô 56

D) Grundhaltung 57

E) Griffwechsel 58

F) Der Gruß (Rei) 62

G) Einnehmen der Ausgangshaltung (Yoi) 63

H) Einnehmen der Bereitschaftshaltung 64

I) Rückkehr in die Ausgangshaltung (Naore oder Yasume) 69

J) Ortswechsel 71

2. Kapitel – Die Angriffstechniken 74

A) Die Schlagtechniken (Uchi waza) 74

1.) Der seitliche Schlag (Yoko honte uchi) 75

2.) Der vertikale Schlag (Tate honte uchi) 80

3.) Die Schwingtechniken 83

B) Die Stoßtechniken (Tsuki waza) 86

1.) Der direkte Stoß (Tsuki) 87

2.) Der direkte gleitende und bohrende Stoß (Nuki) 89

3.) Der gleitende Stoß nach unten (Gedan nuki oder Gedan zuki) 91

3. Kapitel – Die Verteidigungstechniken 93

A) Mittlere Abwehrtechniken (Chûdan uke oder Yoko uke) 93

1.) Block von innen nach außen (Soto uke) 93

2.) Haken-Block (Kake uke) 94

3.) Block von außen nach innen (Uchi uke) 95

4.) Schräger Block (Harai uke) oder vertikaler Block (Tate uke) 95

B) Tiefe Abwehrtechniken (Gedan uke) 96

1.) Fegeabwehr (Nagashi uke oder Hane uke) 96

2.) Schräger Block (Harai uke oder Yoko uke) 98

3.) Vertikaler Block (Tate uke) 99

4.) Fegender Block (Gedan barai oder Gedan ura uke) 100

5.) Preßabwehr (Osae uke oder Otoshi uke) 102

6.) Schaufel-Abwehr (Sukui uke) 102

7.) Preßabwehr mit zwei Händen (Otoshi morote uke) 102

C) Hohe Abwehrtechniken (Jôdan uke) 103

1.) Schaufel-Abwehr (Sukui uke) 104

2.) Der Block mit zwei Händen (Morote age uke) 105

3.) Seitlicher hoher Block (Jôdan yoko uke oder Jôdan harai uke) 105

4.) Hohe Fegeabwehr (Jôdan nagashi uke) 106

5.) Mit beiden Händen nach unten gepreßter Block (Otoshi morote uke) 106

4. Kapitel – Kombinationen (Renzoku waza) 108

2. Abschnitt – Kumite (Kampftechniken) 113

Bô Kumite 113

A) Einfache Abfolgen 114

1.) Angriff mit Chûdan ura uchi von links nach rechts 114

2.) Angriff mit Gedan ura uchi von links nach rechts 115

3.) Angriff mit Gedan yoko honte uchi von links nach rechts 116

4.) Angriff mit Gedan ura uchi von links nach rechts 117

5.) Angriff mit Gedan yoko honte uchi von rechts nach links 118

6.) Angriff mit Jôdan ura uchi von links nach rechts 119

7.) Angriff mit Chûdan zuki 120

8.) Angriff mit Jôdan zuki 121

9.) Angriff mit Jôdan tate honte uchi 122

10.) Angriff mit Jôdan yoko (oder tate) honte uchi 123

11.) Angriff mit Jôdan tate (oder yoko) honte uchi 124

12a) Angriff mit Chûdan yoko honte uchi von rechts nach links 125

12b) Angriff mit Chûdan yoko honte uchi (oder Tsuki) 126

13.) Angriff mit Chûdan yoko honte uchi (oder Tsuki) 127

B) Kombinationen 128

1.) 14 Übungsserien 128

2.) Sechs Serien von Tamano Sensei 148

3.) Die Serie von Inoue Sensei 153

3. Abschnitt – Kata 159

Die Hauptkata für den Bô 159

Kata 1. Shôun no kon 161

Kata 2. Shûshi no kon (dai) 173

Kata 3. Shûshi no kon (shô) 180

Kata 4. Sakugawa no kon (shô) 182

Teil II – Sai 189

Einleitung 191

Geschichte und Verwendung 191

Die Meister des Sai 193

1. Abschnitt – Hôjô undô (Grundtechniken) 197

1. Kapitel – Das Halten des Sai 197

2. Kapitel – Die Verteidigungstechniken (Uke waza) 199

A) Tiefe Abwehrtechniken (Gedan uke) 199

1.) Fegende Abwehr (Gedan barai oder Gedan harai) 199

2.) Nach unten geführte Abwehr (Otoshi uke) 204

3.) Blocken über Kreuz (Gedan juji uke oder Gedan kosa uke) 204

B) Hohe Abwehrtechniken (Jôdan uke) 205

1.) Blocken über Kreuz (Jôdan juji uke oder Jôdan kosa uke) 205

2.) Nach oben geführter Block (Jôdan age uke) 207

3.) Block durch Verhaken (Jôdan kake uke) 209

4.) Fegende Abwehr 210

C) Mittlere Abwehrtechniken (Chûdan uke) 212

1.) Block durch Verhaken (Chûdan kake uke) 212

2.) Fegende Abwehr 213

3. Kapitel – Die Angriffstechniken (Tsuki und Uchi waza) 218

A) Direkte Angriffe (Tsuki waza) 218

1.) Stöße mit dem Knauf (Tsuki) 218

2.) Stöße mit der Spitze (Tsuki komi oder nuki) 219

3.) Stöße mit der Gabel des Sai (Yoku zuki) 220

B) Indirekte Angriffe (Uchi waza oder Furi dachi) 220

1.) Stöße mit dem Knauf 220

2.) Stöße mit dem Schaft 220

4. Kapitel – Das Wiederergreifen (Osame) 229

5. Kapitel – Kombinationen (Renzoku waza) 231

2. Abschnitt – Kumite (Kampftechniken) 236

1.) Angriff des Bô mit rechtem Chûdan yoko honte uchi (oder Chûdan zuki) 236

2.) Angriff des Bô mit linkem Chûdan yoko honte uchi (oder Chûdan zuki) 237

3.) Angriff des Bô mit rechtem Chûdan yoko honte uchi 238

4.) Angriff des Bô mit Jôdan honte uchi 239

5.) Angriff des Bô mit Tate honte uchi 240

6.) Angriff des Bô mit Jôdan yoko honte uchi (oder Tate honte uchi) 242

7.) Angriff des Bô mit rechtem Tate honte mochi 243

8.) Angriff des Bô mit rechtem Tate honte mochi 244

9.) Angriff des Bô mit Tate honte uchi (oder vertikaler Schwerthieb) 245

10.) Angriff des Bô mit Tate honte uchi 246

11.) Tiefer Rückhandangriff mit dem Bô 248

12.) Tiefer Rückhandangriff mit dem Bô 249

13.) Tiefer Rückhandangriff mit dem Bô 250

14.) Rückhandangriff mit dem Bô gegen den Körper (oder seitlicher Schwerthieb von außen nach innen) 251

15.) Angriff des Bô mit Jôdan nuki 252

16.) Angriff des Bô mit Jôdan nuki (oder Jôdan yoko honte uchi) 253

17.) Angriff des Bô mit Jôdan nuki (oder Jôdan yoko honte uchi) 253

18.) Angriff des Bô mit Gedan yoko uchi 254

19.) Angriff des Bô mit Chûdan yoko uchi 255

20.) Angriff mit dem Schwert von außen nach innen 256

21.) Bunkai (Analyse) des Beginns der Chatanyara kata 257

3. Abschnitt – Kata 259

Kata 1. Übungs-Kata 260

Kata 2. Tsuken Shitahaku no sai 268

Kata 3. Chatanyara no sai 282

Kata 4. Hamahiga no sai 294

Das Werfen des Sai 311

Roland Habersetzer: Kobudô 2 – Nunchaku, Tonfa, Polizei-Tonfa

Eine Waffe, welcher Art auch immer sie sei,
ist stets nur eine Verlängerung der Hand,
und sie ist Ausdruck eines Willens.
Roland Habersetzer

Der zweite Band über das okinawanische Kobudô ist dem Nunchaku und dem Tonfa gewidment. Der Leser findet in diesem Handbuch eine Vielzahl von Grundtechniken für Angriff und Verteidigung, Kumite-Techniken sowie repräsentative klassische und moderne Kata. Alle Techniken werden ausführlich und auf nachvollziehbare Weise in Wort und Bild vorgestellt.

Seit über 30 Jahren bezieht Roland Habersetzer den Umgang mit modernen Waffen in seine Budopraxis mit ein. Dies gilt auch für den Tonfa. Der Tonfa im klassischen Kobudô wird paarweise verwendet, und es existiert ein großer Reichtum an Verteidigungs- und Schlagtechniken, was seine Zweckbestimmung als Waffe für den Kampf auf Leben und Tod verdeutlicht.

Der moderne Tonfa der Polizei, auch als »Mehrzweckeinsatzstock« bekannt, wird dagegen als Einzelwaffe verwendet, und seine Haupteinsatztechniken bestehen u. a. darin, durch schmerzhafte Hebel Gehorsam zu erzwingen. Auf diese Weise kann ein Verdächtiger unter Kontrolle gebracht werden, ohne daß seine physische Integrität gefährdet wird. Der letzte Teil dieses Buches ist der modernen Anwendung dieser alten Waffe gewidmet.

Roland Habersetzer
Kobudô 2 – *Nunchaku, Tonfa, Polizei-Tonfa*
Aus dem Französischen von Frank Elstner
256 S., 370 Fotos, 600 Zeichnungen
2. Auflage 2022,
ISBN 978-3-938305-03-4
€ 24,60

Jamal Measara: Okinawa Sai-jutsu

Zweisprachige Ausgabe

Dieses Buch mit seinen über 250 Fotografien ist eine illustrierte Darstellung der Kunst des Okinawa Sai-jutsu. Mit seinen umfangreichen Erläuterungen der Stellungen, Grundtechniken und Bunkai ist dieses Buch ein unentbehrlicher Weggefährte für Schüler, Lehrer und Anhänger des klassischen Kobudo. Zudem enthält es eine vollständige Darstellung der grundlegenden Kata Ni Chō Sai in Wort und Bild.

Der Autor, Sensei J. Measara, ist eine führende Autorität auf dem Gebiet der okinawanischen Kampfkünste. Der gebürtige Malaysier lebt seit 1980 in Deutschland. In seinen Lehrgängen, die ihn in zahlreiche Länder führen, verbreitet und lehrt er die klassischen Kampfkünste Okinawas.

With over 250 photographs, this book is an illustrated presentation of the art of the Okinawan Sai-jutsu. With its comprehensive commentary on stances, basic techniques, and bunkai, it is an essential companion for students, teachers and friends of classical Kobudō. Additionally, the basic kata Ni Chō Sai is completely represented in this book with written explanations and photographs.

The author, Sensei J. Measara, is a foremost authority in the field of Okinawan Martial Arts. Malaysian by birth, he has made Germany his base since 1980. He travels the globe teaching and spreading the classical martial arts of Okinawa.

Jamal Measara
Okinawa Sai-jutsu
(Deutsch/English)
160 Seiten, ca. 260 Fotos
1. Auflage 2012
ISBN 978-3-938305-33-1
18,90 €

Enzyklopädie der Kampfkünste des Fernen Ostens

Das Lebenswerk eines Großmeisters des Budo

Diese Enzyklopädie ist das Ergebnis von fünf Jahrzehnten des Sammelns und der methodischen Aufarbeitung des Wissens über die traditionellen Kampfkünste, welche seit vielen Jahrhunderten in allen Ländern des Fernen Ostens praktiziert werden. Diese Arbeit hatte im Lauf der Zeit zur Entstehung von insgesamt 80 Werken über die Kampfkünste geführt.

Mit Unterstützung seiner Frau Gabrielle hat Roland Habersetzer es vollbracht, die Quintessenz seiner Forschungen auf dem Gebiet der Kampfkünste in Form von ca. 9 400 Haupteinträgen in einem Werk von etwa 1 200 Seiten zusammenzufassen. Die Einträge beleuchten technische, historische, philosophische, religiöse, kulturelle und biographische Aspekte der Kampfkünste aus Japan, China, Korea, Indien, Malaysia, Vietnam, Kambodscha, Birma, Thailand, Indonesien und den Philippinen. Insbesondere grundlegende Konzepte und herausragende Persönlichkeiten werden mit großer Ausführlichkeit und beispielhafter Tiefgründigkeit dargestellt.

Damit stellt dieses Werk die weltweit umfangreichste und umfassendste Darstellung dieser Thematik war. Die französische Originalausgabe erschien erstmals im Jahr 2000 und wird seither von den Autoren kontinuierlich erweitert und aktualisiert.

Gabrielle und Roland Habersetzer
Enzyklopädie der Kampfkünste
des Fernen Ostens
Aus dem Französischen von Frank Elstner
1 214 Seiten mit über 1 000 Abbildungen
1. Auflage 2019
ISBN 978-3-957840-29-5
69,90 €

www.palisander-verlag.de